★★★ 鸣谢 ★★★

中国新媒体传播学年会

南京大学新闻传播学院

南京大学人文社会科学高级研究院

2012

China Computer-Mediated Communication Studies

巢乃鹏 主编

中国网络传播研究

第6辑

6

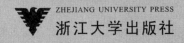

ZHEJIANG UNIVERSITY PRESS
浙江大学出版社

《中国网络传播研究》

（第 **6** 辑）

目　录

专题：社会化媒体使用与社会资本

观点

论文

研究生专栏

关键词分析

媒介经验

专题：社会化媒体使用与社会资本

SPECIAL

SNS使用与社会资本建构

——一项基于30位中国SNS用户的生命史研究

付晓燕

摘　要　本研究通过30位不同年龄、不同专业、不同社会政经地位的中国SNS用户的生命史和互联网使用经验，展示了中国网民丰富和复杂的网络社会服务使用形态、使用动机。进而，研究者按照Nahapiet和Ghoahal(1998)提出的社会资本三个内涵——结构面、认知面和关系面来考察SNS用户的SNS使用行为对其个人社会资本累积状况的影响，并在此基础上分析影响网民个体社会资本累积的因素。

关键词　社会资本，互联网，SNS，人际关系，生命史研究

尽管互联网承载着信息传播、文化教育、消遣娱乐等多种社会功能，但互联网的核心价值始终是它促进我们社会联系的能力，并使个体借由新的社会联系的建立体验或实现生命更多的可能。正如Web技术的发明者Boler所言："互联网发明的初衷并非向被动的受众传递资讯，而是为了'分享创造力'。"近年来像Facebook、中国的人人网、开心网和新浪微博这类社交网络服务的风行，恰恰是因为它满足了网民渴望通过互联网使用与外界建立联结的需求。中国社会学界大量研究表明，在职业流动、地位获得和企业发展等方面，社会关系网络都发挥了明显的正功能。那么在虚拟空间中所建立和发展的社会关系网络对个体的现实生活是否也发挥了同样的作用呢？

中国关系研究的学者们一直认为："中国人的家庭生活及其模式"是构成关系的社会原点。但如今随着信息传播技术(ICT)的革新，个体对个体的信息交流与共享的广度与深度也随之提高，网络空间的人

作者简介　付晓燕，南京大学新闻传播学院讲师。

本文是付晓燕主持的教育部人文社会科学研究青年基金项目《互联网使用与社会资本建构》(项目号12YJCZH050)的研究成果之一。

际传播和社交活动也因此发生了很多质的改变。

特别是近年来，关系学给关系研究带来的消极或批判性立场随着社会网和社会资本理论的普及潜在地得到纠正，越来越多的人已经意识到：有目的地通过关系方式来获取社会上的稀缺资源不但不应有以往道德上的焦虑，还应该成为衡量个体或组织能力与发展潜质的重要指标。多年前，在观察了英国伦敦区各种最前沿的文化产业中的人如何交流、沟通和行动之后，Andreas Wittel 就指出：活在当代，特别是都市的一种主要能耐，就是建立网络，不断建立网络……建立网络的能力，决定了成功、名气、财富、参与、主权。翟学伟也指出："关系从来都是人类社会的本质，自然也是社会学研究的核心。"同时，借助田野方法对中国人的关系状态进行研究也已成为许多学者揭示中国社会经济现象的主要途径，这些研究都在说明，无论在中国哪个地域和哪种生活领域，我们都能看到关系的存在与作用。今天传播学领域在从事媒介使用行为的研究时，当然也不能忽视关系在其中所发挥的影响。正是在这样的背景下，"ICT 与社会资本的互动关系"这一研究课题普遍地吸引了当今世界各国研究者和政策制定者的关注。

SNS 诞生后，国际学术界对"SNS 与社会资本"之间互动关系的研究也持续跟进，但这类研究大多采用传播学研究方法中主流和传统的问卷调查法。尽管问卷调查能用来确认因果关系，但是他们却无法提供充分和丰富的数据以解释复杂的现象，例如 SNS 以何种方式帮助个体提升社会资本？此外，由于"SNS 与社会资本"这个研究领域尚处于初始阶段，现有的研究还没有比较可靠的研究模式。因此，研究者试图通过质化研究的方式来进行一些探索性研究，从 SNS 用户的亲身体验出发理解 SNS 的功能和社会影响。

一、问题的提出

过去的大量研究已经表明互联网正使很多人拥有越来越多的社会联结，[①]特别是可以帮助使用者建立所谓的弱联结关系，即陌生人或没有直接亲属关系的人之间的关系。但是这样的联结对使用者的社

① Katelyn Y. A. McKenna, John A. Bargh. (2004). The Internet and Social Life, Annual Review of Psychology. 55(1):573-590.

会资本累积有何意义？它是以何种方式帮助个体提升社会资本？却鲜有实证资料支持。

美国学者进行了一项2603个样本的网络调查以检验美国在校大学生的互联网使用行为对个体社会资本的影响。研究发现，Facebook深度使用与大学生的生活满意度、社会信任、公民参与、政治参与等行为确实存在正相关。但是研究者也指出，Facebook使用的各项变量与使用者的社会资本之间缺乏积极和显著的关联。[①] 2004年Facebook创办以后，SNS与社会资本之间互动关系的研究就大量跟进。早期的研究表明，Facebook用户主要是通过该网站“寻找”他们之前在网下的社会联系而非通过“浏览”的方式和自己遇到的一个完全陌生的人建立联系。[②] 2007年，密歇根大学的Ellison、Steinfield和Lampe开展了一项研究——“Facebook好友的益处”，该研究检验了Facebook使用与使用者社会资本之间关系。[③] 研究者随机抽取了286个密歇根大学的学生作为研究样本，发现Facebook帮助用户提升了生活满意度，特别是那些原本自我评价较低的学生，但是用户的架接性社会资本没有明显提升。其测量指标主要有使用时长、使用项目类别、好友数量，以及用户使用Facebook前后态度改变的自我评估。但是其样本中近7成是女性，平均年龄仅为20岁，因此其研究结果还有待进一步检验。

同时，社会资本是需要长期积累的，相对于经济资本和文化资本，社会资本需要更多的时间来经营。从理论上讲，“社会资本不是暗指一种即期的、正式的法律或商业契约的经济交换，而是短期利他与长期自利的一种产物，行动者为他人的利益牺牲了自己的利益，但一般来说，行动者期望这种牺牲能够在将来的某个不确定的时候，如果有

---

① Valenzuela Sebastián, Park Namsu, and F. Kee Kerk. (2009) "Is There Social Capital in a Social Network Site?: Facebook Use and College Students' Life Satisfaction, Trust, and Participation." Journal of Computer-Mediated Communication, vol. 14:4, pp. 875-901.

② Lampe, C., Ellison, N., & Steinfield, C. (2006). A Face(book) in the crowd: Social searching vs. social browsing. Proceedings of the 2006 20th Anniversary Conference on Computer Supported Cooperative Work (pp. 167-170). New York: ACM Press.

③ Ellison, N. B., C. Steinfield, and C. Lampe (2007). The Benefits of Facebook Friends: ' Social Capital and College Students' Use of Online Social Network Sites, Journal of Computer-Mediated Communication (12), pp. 1143-1168.

需要，就能得到回报”①。社会资本的这一特性，也表明社会网络成员之间的利他行为的回报时间是非常漫长的，相对于经济资本和文化资本，作为“互惠性回报”的社会资本需要更多的时间才能观察或者考察得到。因此，当前大多数研究都表明，互联网的出现的确有助于帮助个体增加“弱连接”，但是无助于增加个体社会资本。这种悖论的出现，或许和过往这些研究大多是短期的数据收集有关。

正如社会资本问题研究专家林南所言，互联网所承载的资源已经超出了单纯的信息用途，现有的证据已经充分证明，越来越多的个体行动者已经参与到各种新形式的社会网络和社会关系中。毋庸置疑，其中的相当一部分活动正是在进行社会资本的创造和使用。②

此外，研究者还希望改变过去以传播技术和媒介内容为中心的研究思路，从使用者的角度出发，探寻 SNS 用户采纳这一技术的深层动因，以及 SNS 使用行为对使用者社会资本的影响。台湾学者吴筱玫也曾指出：“科技与文化的互动不单纯是‘科技’的事，也是‘人’的事，两者彼此影响，造就了文化差异，例如中文与英文的思维逻辑不同，文化形貌也不一样，而文化形貌不同，也使其采纳新科技的态度有差异，换言之，并不是所有人都拥抱科技，拥抱与否端赖各地当时的文化条件。”③SNS 在中国的发展，自然也要考虑到中国特殊的文化背景，以及中国网民在现阶段的心理需求。目前，中国大陆还鲜有针对中国 SNS 用户的系统和深入的研究，在谈到 SNS 相关问题时，基本上都是引用国外的研究报告。因此，本人认为有必要进行扎根于中国国情的 SNS 使用行为研究，并在此基础上解答如下问题：

（1）SNS 使用是否提升了用户的社会资本；

（2）如果提升了用户的社会资本，是以何种方式？如果没有提升，是何种原因阻碍了用户社会资本的提升？

---

① 姜磊：《都市里的移民创业者》，社会科学文献出版社 2010 年版，第 50 页。[Lei, Jiang, Migrant Self-Employment in Urban China , Beijing, Social Sciences Academic Press (china), 2010, pp. 50. (in Chinese)]

② 林南：《社会资本：关于社会结构与行动的理论》，张磊译，上海人民出版社 2005 年版，第 214 页。[Nan, Lin, Social Capital: A Theory of Social Structure and Action, Shanghai, Shanghai People's Press, 2005, p. 241. (in Chinese)]

③ 吴筱玫：《传播科技与文明》，智胜文化出版 2009 年版，第 8 页。[Xiaomei, Wu, Communicaion Technology and Civilization, Taipei, BestWise Publishing Co., Ltd (tw), 2009, pp. 8. (in Chinese)]

二、相关概念界定

(一)社会资本

出于本研究中研究问题的需要,研究者倾向于采用华裔美国学者林南关于社会资本的定义——“嵌入于一种社会结构中的可以在有目的的行动中摄取或动员的资源”,也即,“经由社会关系所得到的资本”。林南在马克思的资本概念基础上把资本定义为“资本是对于个人资源的投资,以便在生产中获得利益”。在这里,“资本被视为由行动者在他们所属网络与团体中,有利于联系资源与取得资源而产生的社会资产”①。

尽管传统上,人们总是将“资本”这一术语来指可触摸的、可耐久的、可转让的物体,如建筑物、机器等,这些事物的累积数量可以估计,它们的价值可以测度。但是社会资本则被视为不可触摸性的资源,比较类似于知识和技能。② 在互联网时代,社会资本中的知识自然也将以数字化信息符号为依托的各种资讯囊括在内。事实上,在后工业社会,资产已经不仅仅是指有形的劳动资料,而更多地表现为有利于提高行动效率的各种信息,特别是由“结构洞”和“弱连接”所提供的有利于提高信息扩散效率,同时最小化“噪音”,降低传输成本,推动合作行为展开的数字化信息。

本研究所关注的重点在于 SNS 使用者的个体使用行为,针对他们的社会资本研究相应地也是从个体层面切入。但是在研究最后,研究者也将按照科尔曼所建议的,从个体层面的社会资本入手,但是回到宏观层面来总结研究结论,并提出政策建议。

---

① 林南:《社会资本:关于社会结构与行动的理论》,张磊译,上海人民出版社 2005 年版,第 108 页。[Nan,Lin,Social Capital:A Theory of Social Structure and Action,Shanghai,Shanghai People's Press,2005,p. 108. (in Chinese)]

② 帕萨·达斯吉普特、伊斯梅尔·撒拉格尔丁:《社会资本——一个多角度的观点》,张慧东等译,中国人民大学出版社 2005 年版,第 413 页。[Partha Dasgupta. &Ismail Serageldin eds. Social Capital: A multifaceted Perspective, Beijing, China Renmin University Press, 2005, p. 413. (in Chinese)]

(二)SNS

SNS,全称 Social Networking Services,即社会性网络服务,专指旨在帮助人们建立社交网络的互联网应用服务。也指社会现有已成熟普及的信息载体,如短信 SMS 服务。SNS 的另一种常用解释:全称 Social Network Site,即“社交网站”或“社交网”。尽管社交网站与微博服务在使用方式上有很多细微差异,但是从“自我展示、传播信息与人际互动”的核心功能上二者并不存在本质上的差异,都属于社会性网络服务的范畴。

本研究的调查还发现,目前不少社交网站用户都在同时使用微博服务,甚至同时用两种服务来与同一批好友联络。因此,研究者认为,如果将研究平台仅仅局限在 SNS 网站上,继而在“用户的个体社会资本提升”与“SNS 网站使用”之间建立联系是很不合理的。考虑到微博服务也具备帮助用户建立社交网络的功能,因此本研究将中国的人人网、开心网,以及新浪微博都纳入考察范围,所以文中 SNS 均指社会性网络服务,也即 Social Networking Services,而非 Social Network Site。

三、研究方法

(一)被访对象样本描述

研究者于 2010 年 8 月到 2011 年 2 月,共访谈 SNS 用户 30 人,其中女性 11 人,男性 19 人,学生 13 人,职场人士 17 人。被访者最大年龄 47 岁,最小年龄 20 岁,多数访谈者年龄在 22~29 岁之间。从学历上看,被访者中最高学历为博士,最低学历为高中。多数被访者为本科以上学历。从原籍分布上看,被访者来自北京、山东、湖北、四川等 13 个省份。访谈对象本人的职业(所学专业)包括企业高管、公务员、媒体从业者、公司职员、高校教师、会计、艺术创作者、农民工等。其原生家庭的社会和经济地位(父母职业)也有较大差异,既有普通农民、下岗职工、中小企业职员,也有成功的民营企业家、国企管理者、公务员和校长等。在 SNS 使用时间和频率上,几乎所有的访谈对象每天都至少会使用其中一种,其中时间最长的为个案 21,他表示除了睡觉时间,其他时间几乎都泡在 SNS 上。而有些个案则表示使用时间的长度并不能完全代表用户对 SNS 的依赖度，例如个案 30 每天都会登录 5 次以上，只是停留时间不会太长，有些访谈对象认为这样的用户也是重度使用者。

多数情况下中介人在征求被访者同意的情况下向调查者提供了他们的联系方式(电话、邮箱、SNS 账号)。研究者首先将这些被访者加为 SNS 好友(人人网、开心网或新浪微博)，经过一段时间的观察和互动之后，再与被访者确定访谈时间与地点，同时在访谈结束后，还会请求其中一部分被访者提供符合研究要求的受访对象。

调查初始，研究者将被研究者的个体特征定义为：现居北京，有十年互联网使用经验，一年以上开心网使用经验，每周使用开心网时间超过 7 小时，较多地在开心网上转帖、评论、更新状态、写日志、上传照片或使用游戏功能的职场活跃用户。但是经过 5 个个案的试访谈以后，研究者发现很多开心网用户其实在同时使用人人网和新浪微博，甚至分门别类地使用不同的 SNS 管理不同的社会关系，单靠开心网使用行为的研究是无法全面了解用户的 SNS 使用行为的。此外，研究初始阶段，研究者考虑到当前国内外针对 SNS 的研究几乎都是以学生用户为研究对象，但研究者根据“社会资本”理论的分析，认为学生用户生活单一，对“社会资本”的需求有限，其“利他互惠行为的回报情况”在短时间内也难以观察到，遂决定以鲜受关注的“SNS 职场用户”为研究对象。但是，在访谈过程中，这些职场用户在介绍自己的互联网使用经验时，都特别强调大学期间就已经开始利用互联网拓展人脉关系，尽管当时并没有专业的社交网络服务。研究者因此开始意识到，大学生群体并非没有“社会资本”的需求，相反，处于快速“社会化过程”中的大学生对于“人脉关系”有着非常强烈的需求。在这种情况下，研究者调整了个案选取标准，扩大了研究主体的范围：将互联网使用时间改为 5 年，将学生用户、人人网和新浪微博的用户纳入研究范围。

(二)参与式观察与生命史访谈

在本研究中，研究者先是在自己的 SNS 页面上观察哪些用户比较活跃，然后再将焦点集中在少数活跃用户身上，观察他们在 SNS 空间上公开的资料的内容(日志、照片、转帖)以及他们与其他好友的互动情况(评论他人的照片、留言或参与网络游戏)，然后再选取有典型意义的人为访谈对象。在访谈结束后，再对照访谈的内容，核实其 SNS 使用行为与其自我叙述的情况是否吻合，特别是他们的使用动机和使用方式之间的勾连性。针对那些由中介人推荐的个案,研究者通常是先加为好友,经过类似的观察过程以后,再做访谈,访谈之后再通过其SNS使用行为核实其访谈内容的真实性。

个人生命史的研究最早见于美国芝加哥学派社会学家W.I.托马斯和F.W.兹纳尼茨基发表的五卷本《身处欧美的波兰农民》。在这本巨著中,他们开创了"生活研究法"。传统的研究关注的是重大政治、军事、经济事件,领导人物及其作用,但是托马斯等人则从普通人的生活经历中发现了历史的轨迹。他们在书中试图寻求"普通人"的失业贫困、社会动荡、拥挤、无根漂泊等问题,自下而上书写历史,在书中呈现出一个个真实的个案。而这种记录与分析方法的优点就在于内容详细、生动具体。[①] 台湾教育学研究者熊同鑫认为:"生命史研究具有个案研究的特性,另一个层面而言,它是一种"新民族志"(neo-ethnography)研究的方式。生命史研究提供了人们谈论自己、描述自己经验的一种管道;研究者是在以'询问'为导向的方法中,让人们讨论他们的人生,以进行资料的收集。使用生命史研究方法,研究者关注的是研究对象的过往经历。"[②]

在本研究的访谈部分,研究者采用"生命史访谈法",请访谈对象讲述自己自接触互联网以来使用社交服务如电子邮件、QQ、BBS、SNS、微博等的历程,以及在此过程中发生的、他们自己记忆所及的与网络社交活动相关的生命故事,研究者再根据其中与研究主题相关的部分进行追问。这种半开放式访谈,可以保留每个个案经验性资料的独立性和完整性,也可以通过访谈对象具体和琐碎的口述,收集到丰富的经验资料。

(三)社会资本的测量

通过文献,研究者发现,1998年由Nahapiet和Ghoahal在关于"社会资本、智能资本与组织知识"的研究当中,所提出的社会资本三个内涵,分别为结构面(structural dimension)、认知面(cognitive di-

① 姜磊:《都市里的移民创业者》,社会科学文献出版社2010年版,第71页。[Lei, Jiang, Migrant Self-Employment in Urban China , Beijing, Social Sciences Academic Press (china), 2010, pp. 71. (in Chinese)]

② 熊同鑫,"窥、溃、馈:我与生命史研究相遇的心灵起伏",《应用心理研究》2001年第12期,第107—131页。

mension)和关系面(relational dimension),是被实证研究引用最多的测量个体社会资本的研究工具。因此,研究者试图从这三个维度出发,考察SNS使用者的日常使用行为是否有助于其个人社会资本的增加。具体考察标准为:

(1)社会资本的结构面:对访谈对象的SNS网络进行社会网络分析,考察其SNS用户的好友构成情况,除了现实生活中密切联系的正式社交网络之外,该用户的SNS好友还有哪些人?其SNS网络规模有多大?该用户是否利用SNS构建了异质性社交网络,其建构的社交网络是否具有“向上触及性”?

(2)社会资本的认知面:SNS使用行为是否帮助使用者提升对社会规范的认知?考察SNS用户在SNS空间上获取和对外分享的内容是否有助于增加对自己和他人价值理念的认知。该用户是否会关注SNS上的新闻类信息,是否会主动发表评论,是否关注好友发表的评论以及其他人发表的评论;是否通过书评、影评、日志等方式进行自我暴露,特别是传达自我的价值观,或者,反之,关注朋友的价值传达。

(3)关系面:SNS使用行为是否帮助使用者缩短了与其“弱连带关系”之间的心理距离?考察用户在SNS上与弱连带对象互动的情况,例如转帖、赠送礼物、游戏过程中是否与弱连带关系展开互动。

如果访谈个案在上述三个构面都没有提升,就被归类到“社会资本零增长”群体,而在以上三个构面中至少有一项提升的访谈对象,就被归类到“社会资本提升者”群体。

通过文献综述,本研究确立了如下分析框架,

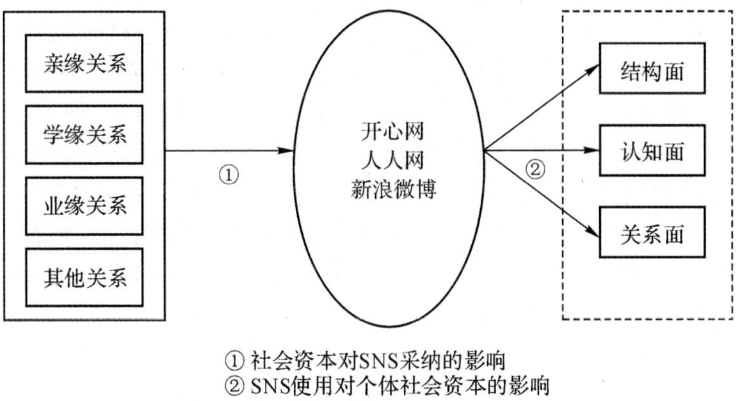

图 1

经过对访谈文本、访谈对象的网络日志以及研究者的观察日志的文本分析,研究者对30个个案的社会资本累积状况进行分类,发现其中18个个案的SNS使用行为或多或少地提升了他们的个人社会资本,其中,有5个个案社会资本大幅度提升;而个案04被归为"社会资本零提升者",其余11个个案社会资本略有提升,但提升幅度有限。

四、SNS使用与社会资本的提升

通过访谈对象使用互联网的生命史资料的收集,研究者获取了40余万字的第一手资料。有些资料非常明确地支持了社会资本可以借由SNS使用的方式累积。

为了保持个案内部结构的完整性,真实、全面地展示SNS在个体社会资本累积上所发挥的作用,同时也是为了探寻用户创造性地使用SNS的动力来源和发展过程,研究者在分析"SNS使用与社会资本"提升的方式和原因时采取了个案取向的分析法。研究者选取了5个典型个案,从他们最早的互联网使用经验到如今成为SNS深度用户的历程中分析互联网,特别是SNS对个体社会资本创造的价值。

(一)"贵重"资源的维持与"工具性"行动的展开

林南认为:"互联网之所以可以提供社会资本,其意义在于他们所蕴含的资源超越了单纯信息的目标。互联网也提供交换的管道,以及集体性形成的可能性(Fernback,1997;Jones,1997b;Watson,1997)。这些'虚拟'(virtual)的联结,让使用者得以超越时间与空间的限制而与他人相互联系。同时,利用互动的工具取得信息,使得互联网不只拥有丰富的社会资本,对于那些在生产与消费市场均采取目的性行动的参与者而言都是重要的投资。"[①]本研究的访谈对象中就有好几位都有"工具性"地使用互联网,特别是SNS来维护重要的社交资源,开展具"现实回报性"行动的经验。其中最具代表性的是个案23,拥有十万微博粉丝的某知名网站的CEO。在他看来,SNS不仅是一个信息平

① 林南:《社会资本:关于社会结构与行动的理论》,张磊译,上海人民出版社2005年版,第344页。[Nan,Lin,Social Capital:A Theory of Social Structure and Action,Shanghai,Shanghai People's Press,2005,p.344.(in Chinese)]

台，其实还是一个人际沟通的重要平台，这种人际沟通对于从事IT行业的他非常重要。

如果你很弱的话，你没什么影响力的话，那你可能还想不清楚，你没有太多的朋友。那么到了我现在的情况，比如说十万粉丝里面可能有一千人，是我们这个圈子里面，而且我们这个圈子跟我有很大关系的这些人。实际上他在看我每天做了什么，看了什么，带来什么新的想法，分享了什么有价值的东西。事实上这都是一个，他了解我的过程。所以今天我刚在一个行业年会见到了一些嘉宾。我们见了面他们就问，你最近去了美国，除了你以前在微博上说的，你还有什么可以跟我们分享的东西？这就是我们人际交往的一个东西，所以我们还是觉得有价值的。

就我们这个行业圈子来说，我们之间信息的沟通，互相产生的一些个关系，这些东西都是非常必要的，是不是？SNS的使用也都是非常必要的。其实在这里面，我们也是通过这样的一个平台，我们有了更多沟通，也有了很多关系。（个案23）

可见，SNS可以帮助用户维持与各种重要人脉资源的联系，同时展开一些工具性行动。特别是对于公关、营销和公务员这类需要较多地进行关系维护工作的职业来说，SNS是一种开放、低成本、合宜的关系维护平台。

(二)“孤独感”的降低与“关键词朋友”的情感支持

在GRE备考过程中，宅男mars(个案05)获取备考信息和情感支持几乎都是通过互联网，特别是微博。

我现在微博好友有一些是根据关键词加的，包括GRE这个关键词。现在使用什么不管是腾讯、QQ，还是新浪微博，感觉比较理性。一定要注意就是我加这个人，首先这个人有共同的关键词，有共同的兴趣。有一些考GRE的朋友是没见过面，但是都知道我们是10月份GRE要考，但是不是同一个新东方培训班上认识的，就是通过微博发现的这个人，然后我们也会有一些互相鼓励的东西。比如说背GRE的时候感觉有什么情绪上的波动什么的，我会发一些牢骚什么的。然后我的这种网友会看到我的评论，他会给我评论，然后我会回给他的评论，这样来往好多次。

假如说我今天背单词背得比较烦了，我发一条微博，我不想让我的大学同学看见，然后打个电话来安慰我一下，我不需要安慰，我只需要一个网友回帖跟我说:"是啊,我也背得很烦!"这就够了。

正是因为我现实生活中缺乏这种交流的方式,跟人沟通的方式,所以才使我把所有的精力都放在微博上了。把所有的跟人交流的这种欲望都通过微博发泄出来了。(个案05)

从个案05的SNS使用状况看,卡内基梅隆大学Robert Kraut教授的研究团队在1998年得出的"因为网络沟通者之间不能进行现实接触,所以这种网络空间纽带并不能解决孤独和压抑"的研究结论,在今天需要被重新修正了。

事实上,Mars的新浪微博使用经验正好印证了Katelyn McKenna和John Bargh的研究结论:在某些情境下,互联网正使很多人拥有越来越多的社会连结。而且,由于互联网使用帮助使用者降低疏离感和孤独感,扩大了他们的社会交往圈,从而减少了抑郁症,这显然对社会资本的提高有大量有利影响。①

SNS可以创造一种"远距离的亲密感",从而帮助用户降低"孤独感",同时还可以通过各种"关键词"寻找结识新朋友,编织新的关系纽带,获得新的情感支持。SNS将自愿的社会联系推向了新的从未梦想到的高度——人们可根据任何一种共同的兴趣在全球范围内选择与人交往,不再受所处的地理位置所限。

(三)不同社交网络的"自我呈现"与关系理性的"精致化"

在SNS使用过程中,个案02非常理性地将各种社会关系进行了分类,并分别通过三种不同的应用平台进行这三种社交网络的资源维护。

我在新浪微博、开心网和人人网这三个网站上所表现的状态,其实是根据我日常生活中接触的三个不同的圈子有所选择的。其实当然我觉得我用这三个网站,我用它的目的既不是为了增强我的人际联系,也不是为了了解什么新闻,我用这个网站的目的是以娱乐为目的去用它。但是我发现在以娱乐为目的用这三个网站的时候,其实我是根据从高到低,然后社会等级结构的方式。我在上面有不同的自己的人格展现。

我觉得可能是根据这种不同的角色关系结构我自己。因为我发

① Katelyn Y. A. McKenna, John A. Bargh. (2004). The Internet and Social Life, Annual Review of Psychology. 55(1):573-590.

现像新浪微博上它是一种围观效应，上面不是业界的名人就是社会上的名人。你即便是可以加对方为好友，但是你在上面的层级是比这些人低的。开心网是由于它的时间比人人网开放得要早，所以在那一时间大家同时在开心网上注册的人大部分都是人际圈子里面认识的。但是可能因为人人网我注册得比较晚，我发现在这个网上我认识的用户都是比我年纪要小的人，可能正好是这三个圈子的人在使用这三种不同的网站，所以我在这三种不同的网站上才会有不同的情绪表述。可能不是我根据这个网络划分人际圈子，而是根据使用三个网络的人际圈子决定我自己的行为。(个案 02)

早前康波(A. W. Comb)和斯尼格(S. P. Snygg)等学者基于现实生活中人际互动行为的研究已经表明，人们的社交行为是分场合的。他们所提出的"场合交往论"就强调："交往者要认识自己所面对的交往情境，在这个认识的基础上，对他人施予的刺激作出应答性的反应，采取适当的交往行为。"[①]在 SNS 出现之前，个体不可能自由选择自己的"观众"，进而展开如此"理性"和"精致"的自我呈现。基于"P2P"技术的 SNS 服务让个体不仅可以自主地选择交往对象，而且可以积极地、主动地进行"分门别类"的自我呈现，它实际上又进一步调动了使用者的主体性，让网络社交行为也越来越接近现实生活中人与人之间的互动方式。

(四)"边陲行动者"与"核心行动者"联结的建立

社会资本研究者提出过一个地位效用命题：初始位置越佳，行动者更有可能接近与运用较佳的社会资本。[②] 而拥有低度价值资源以及因此在社群中处于较低位置的行动者，则遭遇更大的结构限制，以及稀少的创新机会。[③] 也就是说，那些初始位置相对较高的人们，能够获得较佳的结构机会来触及较好的社会资本。但是人们更关心的是下一个问题："是否存在某种机制，让初始地位较低的人们能够触及较佳

---

① 俞国良著：《社会心理学》，北京师范大学出版社 2006 年版，第 348 页。

② 林南：《社会资本：关于社会结构与行动的理论》，张磊译，上海人民出版社 2005 年版，第 103－104 页。[Nan, Lin, Social Capital: A Theory of Social Structure and Action, Shanghai, Shanghai People's Press, 2005, p. 103-104. (in Chinese)]。

③ 林南：《社会资本：关于社会结构与行动的理论》，张磊译，上海：上海人民出版社 2005 年版，第 51 页。[Nan, Lin, Social Capital: A Theory of Social Structure and Action, Shanghai, Shanghai People's Press, 2005, p. 51. (in Chinese)]

的社会资本?”个案09(一个原生家庭社会资本很低的普通在校学生)的经历显示:以SNS为代表的各种互联网应用方式正因具有帮助“边陲行动者”联结“核心行动者”的能力而成为提升“社会资本低度拥有者”社会资本的一种潜在机制。

微博对我来说就有一个特别好的事情,就是“微博开发者大会”,我知道那个东西对我有用,我就特想去。就找别人(那些sina的高层)的微博里边有我的,然后就发现正好有两个符合的对象。我就给他们发了条微博表示想组团参加这个会,但是一方面资金有点吃力,就想试试能不能请他们帮忙,结果也就两个小时曹国伟就回了。

××大学××专业同学想组团参与“微博开发者大会”,能否以团购的票价获得入场券?100还是有些咬牙……@曹国伟 @刘新征 可否帮帮忙[火炬]

回复@曹国伟:我看行。@苗颖 安排一下。①

我们当时就觉得可好了。然后那条微博就被迅速地转发开来,说,这是新浪发明的,说这个放到古代就是领导批阅的方式。苗颖(曹国伟秘书)也迅速地给我们办这事嘛。(个案09)

(五)“圈外”朋友的网络互动与架接性社会资本的提升

随着SNS使用行为的普及,越来越多的人开始反思这种“圈子”文化可能带来的负面影响,其中之一就是同质化的互动带来的信息单一化、片面化问题。事实上,SNS用户也不乏善于突破现实生活中“圈子”的局限,拓展“异质性”社交网络的个案。

就是你之前的获取方式其实是这么一圈人,网络是一种跳跃式的接触模式。日常生活的话你可能就是某一个圈子里的人,圈子之外的人你接触到他的这种概率会非常低。但是,网络的话这种人和人之间就是说没有这种所谓的这种圈的概念。基本在网络上分人群的话,基本是按照一个年代来分的,不是按照这个专业的范畴来分的。

拿这个校内网举例吧,因为它那个就是你加一个好友,你可以看到他的好友的这种好友。就是你的一个好友,然后他本身他还有一个交友圈子,然后你看到他那交友圈子,你就跟他那个圈子有联系了。

① 转引自国栋的微博。

你加完他好友，然后他的好友的好友分享的东西，就是会通过他的那个方式然后传递到你这，然后分享多了你可能就会发现这个人很有意思，然后就是直接加他好友。

然后就是这个朋友又有一个交际圈子然后又这么分散出去了，最后他实际可能就包括北京这一片院校，基本都能有点就是这样的能说得上话的朋友吧，其实就是这么发展出来的，然后就是那种链锁传递的那种感觉，这种方式就是扩大交际范围。（个案 11）

在这样一个由 SNS“好友”的“好友”建构的社交网络里，使用者又在进行什么类型的社交活动，从中获得什么“回报”呢？

我们做这种具象的雕塑，可能需要做人，做动物，然后里边可能就是需要有解剖的这种实体，或者说是那个图样，但是在我们这个圈的话就是只能接触到那些仿制的那种石膏翻铸成的。那种解剖图他实际就是说也只能看到一个表层的一个东西，当然实际很多东西我们都接触不到，但是学校又不给安排我们去医院，现在也不能随便看那种尸体。但是你在网上就很有意思，就比如你拿一幅画过来，我们看可能觉得完全没有任何问题，但是这时候可能有一个医生过来说哪一根肌肉这插的是不对的位置，或者是他的某一个骨节多了几厘米，但是他们在这一块就很专业了。那这时候你就会发现哦，确实这块我们可能掌握的没有人家那么清晰，那你跟他交流的话就是说你会得到的那个准确的程度就会比你在这个圈里头交流高。（个案 11）

马克·格兰诺维特提出的“弱连带的强效应理论”已经证明：“强连带关系对人们的行动提供了信任的基础，但由于弱连带提供了人们取得自身所属的社会圈之外的信息管道，更可能扮演不同团体间的‘桥’，这种起桥梁作用的‘弱连带’的存在可以增加其所在团体成员与外界互动的机会，从而使得资源与信息传播渠道多样化。”[①] 小天的这种 SNS 使用正是通过大量拓展“弱连接”关系认识“圈外朋友”，从中获取异质性的信息资源，进而提升自己的架接性社会资本。

① 罗家德：《社会网分析讲义》，社会科学文献出版社 2005 年版，第 13 页。[Jiade, Luo, Socia Network Analysisl, Beijing, Social Sciences Academic Press(china), 2005, pp. 13. (in Chinese)]

五、SNS使用与“社会资本的零增长”

在访谈过程中,也有一些每天花费大量时间使用SNS的访谈对象表示,开心网、微博和人人网的使用并没有对自己现实生活中的人际关系有所改善,他们大多认为SNS给自己带来的更多是负面影响,例如浪费时间和精力,甚至有访谈对象表示这些东西都是工业时代的废物。这些“社会资本零增长”的群体是以怎样的方式使用SNS?是什么因素阻碍了他们在SNS使用过程中累积社会资本?

(一)安全感及“微薄信任”不足

信任是社会资本的至关重要的组成元素,也是文明社会能力的一个组成部分。它是政治参与、利用新技术的意愿的先决条件。[①] 在普特南看来,参与和信任是相互依赖的:“信任来自于丰富的联合生活,同时又助于自发地产生新的交往并形成联合。”社会资本理论假定:一般说来,我们同其他人的联系越多,我们越信任他们,反过来也一样。我们对他人越坦诚,与他人交往就越容易,并越能维持持久的关系。不信任正好带来相反的结果——我们对开始与他人互动犹豫不决(因此可能丧失重要的机会),仔细检查我们的一举一动(因此保持时刻的“警惕”),并沿着安全的路线行动(避免任何革新)。能动性、积极精神和自由的总的水平因此降低了[②]。

本研究的访谈资料也显示,那些在SNS使用过程中愿意大量“自我暴露”、结识异质性交往对象、与弱连带关系展开互动的用户通常都比较容易信任他人。而“社会资本零增长”的这一群体,则往往不相信陌生人。

不过,在SNS与社会资本的议题上,信任已经不仅仅是指对SNS上交往对象的信任,还包括对互联网技术,特别是SNS技术的信任。

① [波兰]彼得·什托姆普卡:《信任:一种社会学理论》,程胜利译,中华书局2005年版,第19页。[Piotr Sztompka, Trust: A Sociological Theory, Beijing, Zhonghua Publishing House, 2005, p. 19. (in Chinese)]

② 林南:《社会资本:关于社会结构与行动的理论》,张磊译,上海人民出版社2005年版,第140页。[Nan, Lin, Social Capital: A Theory of Social Structure and Action, Shanghai, Shanghai People's Press, 2005, p. 140. (in Chinese)]。

对网络传播技术的不信任，特别是关于“个人隐私保护”以及“非面对面”交流过程中各种沟通障碍的担忧成为抑制使用者“畅所欲言”的一个心理障碍。

如今，“我们正迈向一个由我们经济体中有效率的组织所驱动的世界，而经济体则愈趋仰赖一些所谓的‘稀薄信任’(thin trust)，即彼此较陌生的人们之间的信任(Newton，1999)”[①]。因此，如果不能通过一些制度性保障来提升整个社会“微薄信任”的水平，那么不管 SNS 技术如何升级，中国用户都难以从中真正获益。

(二)“消遣娱乐性”的内容消费

SNS 使用过程中，不同的内容消费方式也影响着使用者的社会资本累积状况。本研究发现，在使用过程中，尽管有些用户表示只是把 SNS 当做一个娱乐工具，但是他们在内容消费上却不仅仅是娱乐，他们关注时政信息，关心他人的评论，也发表自己对一些事件的观点。但是有一群人，从他们的使用方式不难发现：SNS 完全是“消遣娱乐工具”。

本研究中的个案 04 每天使用 SNS 工具时间超过 8 小时，但是该研究对象热衷转发的信息都是集中在情感类、美容类、娱乐类信息。同时，个案 04 也并不关注其好友在转帖过程中的价值传达，她并不像某类用户那样在意朋友发表的观点和评论。

由此推论，SNS 用户如果只是把 SNS 当做一个娱乐消遣的工具的话，那么纵使如个案 04 这样每天使用 SNS 超过 8 小时，SNS 使用行为与社会资本之间还是无法建立正向关联，甚至有可能因为用户的“网络沉迷”而导致她脱离现实社会。这与胡奇(Hooghe，2002)的研究结果是契合的：社会资本的某些面向与花在电视上的时间、偏好娱乐性节目以及商业电视台呈负相关。[②]

(三)社交网络规模过小或同质化程度过高

过往研究已经表明，个体的社交网络的规模越大并不意味着其必

① David Halpern：《社会资本》，黄克先，黄慧茹译，巨流图书出版 2008 年版，第 222 页。[David Halpern，Social Capital，Taipei，Chu Liu Book Company Press，2008，p. 222. (in Chinese)]

② Hooghe，Marc(2002). Watching Television and Civic Engagement：Disentangling the Effects of Time，Programs，and Stations. Press/Politics，7(2)，84-104.

然拥有越多的社会资本。但是,如果社交网络规模过小或者同质化程度过高,则其社会资本必然较低。

现实生活中人们的社会互动较常发生在具备类似生活形态与社会政治经济地位的个人之间。在 SNS 上,人们的社交行为也具有同样的倾向。社会资本零增长的这群 SNS 用户始终封闭在一个固定的圈子内的 SNS 使用者。他们在 SNS 上的好友基本上也是在现实生活中关系密切的好友。因此,尽管他们也花费了大量时间和精力在 SNS 上,但是他们获取的信息内容往往较为单一,难以获取异质性资源。他们的个人社会资本也难以通过 SNS 的使用而提升。

因此,SNS 社交网络具有一定规模,同时这个网络包含并大于"使用者在现实生活中密切互动的社交网络",这两个条件是 SNS 用户在 SNS 使用过程中得以累积社会资本的一个必要前提。

(四)使用技能局限

在 SNS 使用技能的问题上,计算机的操作水平已经不是主要问题。事实上,随着 ICT 的革新,如今各种网络应用方式已经越来越友好。因此在 SNS 使用技能上的问题,大多是因为不能很好地理解电脑中介沟通方式的特点。拥有近十万粉丝的 CEO 用户个案 23 就表示,在 SNS 上的表达是有技巧可言的,需要很好的规划。而一般的年轻用户,特别是学生用户则往往缺乏相应的知识,更多的人则是缺乏相应的意识。

由于不愿意主动地去摸索 SNS 使用的技巧,有些 SNS 用户不仅不能提升自己的沟通效果和社会资本,反而破坏了个人形象,降低了个人的社会资本。在本研究中有 5 个个案都明确提出其 SNS 上的好友的一些使用行为,诸如频繁更新状态、无病呻吟地表达、炫耀个人"优越感"等让他们产生了反感情绪,甚至在 SNS 上取消了和朋友的联系。

可见,在 SNS 上过度追求被关注,而大量"灌水"的行为确实引起了众人的反感,个案 27 更是称这种行为"在强奸他人的眼睛"。正如《财富》杂志的高级编辑大卫·柯克帕特里克所言:"Facebook 效应带来的社会变革并不一定全是积极的。每个人都开始公开自己的个人生活意味着什么?我们是否已经变成了一个由展示者组成的国家或世界呢?很多人仅仅把 Facebook 看做生活的一小部分,这些人把 Facebook 作为自恋的平台而不是交流工具。”[1]

因此，深入理解 SNS 的传播特性以及人际沟通的方法和原则也是提升用户在 SNS 使用行为中社会资本的一个重要前提。

六、结语和讨论

本研究的调查证明，以 SNS 为媒介的交流在维持和创建社会关系中具有巨大的潜能。SNS 不仅可以巩固用户在现实生活中原有的社会关系，也能建立新的社会关系，这些最初在 SNS 空间建立的网络关系还可以延续到网络之外，与前者一样带给用户具有现实回报性的社会资本。更重要的是，SNS 有利于帮助个体建立和维系更大、更多样的社会关系网，这不仅有利于提升个体的社会资本，也将有利于团体组织、公共参与等集体行动的展开。

以 SNS 为媒介的交流方式可以帮助个体改善人际关系和社会资本，但不可能彻底改变个体原有的社交生活方式。个体原有的社会资本，包括原生家庭的社会资本、教育经历、职业属性、常联络社交网络的 SNS 采纳情况和 ICT 使用历史中的社会资本回报经验都是影响用户 SNS 使用方式的因素。在此基础上，用户对待 SNS 的态度以及 SNS 使用过程中的主动程度和开放程度决定了个体从 SNS 使用中累积社会资本的多寡。

早期林南的社会资本研究已经表明：在中国，女性往往更多地依赖亲属连带社会资本，而男性则能突破亲缘关系的局限，拓展亲属之外的社会联系，本研究的调查一定程度上呼应了林南的研究结论。尽管针对 Facebook 的众多研究都表明女性用户比男性用户更多地使用 SNS，[2]同时，女性更多地在 SNS 上展示自己的真实生活，如家庭、情感关系、以及发表自己对事物的观点。[3] 但是本研究同样发现，在基于

---

① ［美］大卫・柯克帕特里克：《Facebook 效应》，沈路等译，华文出版社 2010 年版，第 11 页。［David Kirkpatrick, The Facebook Effect, Beijing, Cheers Publishing Company Press, 2010, p. 11. (in Chinese)］

② Joinson, A. N. (2008). “Looking at', Looking up' or Keeping up with' people? Motives and uses of Facebook”. CHI 2008 Proceedings: 1027-1036.

③ Sveningsson Elm, M. (2007). “Gender stereotypes and young people's presentations of relationships in a Swedish Internet community”. YOUNG, 15 (2): 145-167.

SNS的社交关系构建上，女性相比男性更为被动和封闭。一些原本社会资本较低的女性用户在构建SNS社交网络时是“低水平、重复建设”，她们的SNS好友圈里多是和自己具有高度类似社会属性的好友。而那些原本拥有较高社会资本的男性用户却能充分利用自己较高的社交能力，建构出更加“复杂和多元”的社交网络，为自己现实生活中原有的社交网络嵌入更具向上联结性（社会结构的上层）、异质性的社会关系。二者在“SNS网络的结构面”存在的差异已经潜在地表明：在未来，这两类人的“社会资本鸿沟”不仅会客观存在，而且会持续扩大。

在SNS使用过程中，用户所消费的内容的属性也影响着个体的社会资本营造。那些主要消费娱乐休闲类信息的用户几乎不可能从SNS使用行为中获得社会资本的提升。而注重新闻类信息消费，特别是价值分享的用户，则能从SNS使用过程中知晓更多社会规范，增进好友间共识的形成，这些都有利于个体社会资本的提升。因此，在研究一个媒介技术的社会影响时，研究者不能仅仅从技术层面分析其社会价值，还需要进一步细分“受众”所采用的内容。

最后，研究者认为，传播学者应改变过去将媒介技术视为“促进或阻碍社会行为的工具”的过度悲观或过度乐观的技术决定论观点。而应从“科技与社会互动”的观点将人与媒介技术之间的关系视为一种共构和协作的关系。互联网技术与使用者个体的社会资本是一种互动关系，二者共同构建了使用者在网上和网下的生活世界。

连接策略与微博用户线上社会资本的获取

——基于南京大学学生微博使用的分析

严婷婷　巢乃鹏

摘　要　微博以其强大的信息传播功能、庞大的用户数量及重要的社会影响力受到了广泛关注。本研究从社会网络的角度出发，探讨了大学生微博用户的不同连接策略与其个人所感知的线上社会资本之间的关系。本研究归纳出三种大学生用户微博使用的基本动机，并分析了不同使用动机对连接策略的影响。研究发现，大学生微博用户更倾向于用微博来维持原有关系，其次为寻求潜在联系，最后是建立弱关系。维持原有关系对内部社会资本和外部社会资本都影响显著，而建立弱关系则只对外部社会资本有显著影响，潜在联系只对内部社会资本有显著影响。

关键词　微博，动机，连接策略，社会资本

微博又称微型博客，源于美国的 Twitter，是 Web 2.0 时代兴起的一种集成化、开放化的互联网服务。微博集成了强大的大众传播和人际传播功能，包括评论、转发、@、私信等。中国互联网络信息中心(CNNIC)2012 年 7 月发布的《第 30 次中国互联网络统计报告》显示，截至 2012 年 6 月底，我国微博用户数达到 2.73 亿，网民使用率达 50.9%。其中手机微博用户数量由 2011 年底的 1.37 亿增至 1.70 亿，增速达到 24.2%。微博在不到两年时间就发展成为超过一半以上中国网民使用的重要互联网应用，其对网络社会及现实社会的影响不容忽视。

作为一种新型的信息传播和人际沟通工具，微博的社交属性及其对个人社会资本的影响已经开始受到关注。但是相对于 SNS 网站，

作者简介　严婷婷，硕士研究生，南京大学新闻传播学院，E-mail：412906653@qq.com；巢乃鹏，教授，南京大学新闻传播学院，E-mail：npchao@nju.edu.cn。

对微博社会网络和社会资本的研究仍然较少。并且大部分有关微博的研究都集中于微博使用、个人亲密关系寻求和一些人际沟通的特质或情境属性,而较少研究微博使用后的结果。因此,本研究希望从社会网络的角度出发,探讨微博中的人际沟通策略及其对社会资本的影响。此外,本研究也希望能站在大学生这一微博使用的重要群体的角度,揭示大学生群体使用微博动机到底有哪些?并在此基础上进一步探讨这些使用动机与不同人际沟通策略之间的关系。

一、理论与文献回顾

(一)微博使用动机

1974年,E·卡茨在其著作《个人对大众传播的使用》中首先提出使用与满足理论(Uses and Gratifications)①。该理论认为,受众基于特定的动机与需求来接触媒介,并将受众的媒介接触行为概括为一个"社会因素+心理因素——媒介期待——媒介接触——需求满足"的因果连锁过程。② 这也是本研究的理论基础和得以成立的前提:受众出于一定的目的和需求使用媒体,并在使用中表现出不同类型和不同程度的主动性。

随着微博的迅猛发展,有关微博的使用动机也受到了学者的关注。国外的AkshayJava(2007)③等学者对Twitter进行研究,发现用户发表微博的目的可以分为更新自我状态、交流对话、共享信息以及报道新闻等4种。吴迪、何璇(2010)④则分别从传播者和受众两个角度对微博用户的使用动机进行了分析,该研究认为,从传播者的角度而言,从事微博活动的人们具有自我表达、自我推荐、追求虚拟权力、传播信息、娱乐消遣、社会认同、人际关系的建立与维系等使用满足诉

① 郭庆光:《传播学教程》,中国人民大学出版社1999年版,第179-184页。

② 张国良:《20世纪传播学经典文本》,复旦大学出版社2003年版。

③ AkshayJava, SanJose, TimFinin, BelleTseng. WhyweTwitter: Understanding MicrobloggingUsageandCommunities[C]. Proeeedings of the gthWeb KDD and1st SNA — KDD2007workshoPonWebminingandsoeialnetworkanalysis, Pages: 56-65, Califomia, 2007, ACMPree.

④ 吴迪、何璇:《微博用户的使用与满足诉求》,《青年记者》,2010年7月下。

求。而从受众的角度而言，从事微博活动的人们则具有环境认知、寻求共鸣、获取知识、娱乐消遣等使用满足诉求。王娟(2010)[①]对微博使用动机的研究相对较为成熟，她采用深度访谈和问卷调查的实证研究方法，发现用户使用微博客的动机主要有记录、信息性、公开表达、便捷性、娱乐消遣、习惯与陪伴、社会交往等。其中，前两种动机最为强烈。

纵观以上研究，我们发现对于互联网各种应用的使用动机研究已有不少，有相同之处，也有不同点，归类不一，表述方式也有所差异。我们认为:研究对象的不同可能是导致这种情况的一个原因。对于不同的研究对象(特别是不同社会特征的研究对象)，其使用微博的动机应该有一定的差别。因此，我们认为应区别不同的使用者，更清晰地描述其使用动机。针对本研究所针对的大学生使用群体，我们根据前文中所展现的已有研究中的微博使用动机，并进一步进行了归纳，初步确立了微博使用的七种动机:便捷易用、自我呈现与满足、信息性、娱乐消遣、社会交往、从众、互动。本研究在此基础上通过问卷调查和因子分析的方法来揭示大学生群体微博使用的动机究竟有哪些。

问题 1:大学生微博用户使用微博的动机有哪些?

(二)社会网络理论

1. 社会网络、关系和沟通策略

社会网络这一概念最初来源于对经济领域的研究，20 世纪 70 年代，以 H·怀特为代表的社会学家，运用社会学的理论和方法来研究经济行为和经济体系，认为经济活动不是存在于“真空”中，而是“嵌入”社会结构之中的，社会结构就是一种“关系网络”。格兰诺维特认为，不仅经济行为，所有的行为都嵌入到关系网络中，都受社会因素或社会结构的影响。而关系是个体间资源流动的渠道。[②] 李继宏(2003 年)将“关系”定义为在具体的事件过程中关系主体间的信息和资源的流通渠道，他指出，“关系(tie)”指的是人与人之间、组织与组织之间由

① 王娟:《微博客用户的使用动机与行为——基于技术接受模型的实证研究》，山东大学硕士学位论文，2010 年。

② 周玥:《嵌入、社会网络、社会资本——基于新经济社会学视角的社会领域统战问题研究》，《湖北省社会主义学院学报》2012 年 6 月。

于交流和接触而存在的一种纽带联系。[①] 边燕杰(1999)同样认为,关系不同于社会学分析中的变量关系和阶级关系,它是由于交流和接触产生的那种纽带联系。[②]

关系不是一个个体的特征,而是发生在两个人或更多人之间的互动关系特征。[③] 按照关系的持续程度、互动的频率、亲密程度和互惠程度等,可分为强关系和弱关系。强关系主要发生在亲戚、家人和亲密朋友之间,以及在年龄、性别、职业身份、教育程度、收入水平等社会经济地位相似的个体之间。而弱关系则产生自在社会经济地位不同的个体之间。

Nicole B. Ellison(2011)研究发现,Facebook 用户的沟通行为可以分为弱关系、维持原有关系、寻求潜在联系三种。[④] 其中维持原有关系,即通过社交网站维系线下已经存在的关系——强关系;建立弱关系则是指通过浏览资料、共同兴趣等信息结成新联系,但这里的浏览资料与"社会浏览"不同,它是基于一定的线下联系而形成的,比如共同的地域、共同的学校等。同时,用户也会通过 SNS 的使用将可能存在的关系激活,即潜在联系——技术上可能实现但并没有被激活的联系。建立潜在联系事实上是一种社会信息寻求行为,相对来说比较复杂,因为它有效实现了 SNS 中线上和线下沟通行为的相互作用。

何国平、何瀚玮(2012 年)[⑤]提出微博的成功可以归结为关系的营造。不同于门户性网站的层级性、点对面的信息发布方式,微博更多通过微博主的连接关系(linkage) 来扩散信息。也就是说微博实际上就是一个社会关系的网络,而这一社会网络是通过微博用户间的互动而形成的。另一方面,互动行为是嵌入在社会关系中的,不同的社会网络关系制约主体间的互动行为。从微观的层面看,对于不同的互动对象,个体也会产生不同的互动偏好和沟通策略。

---

① 李继宏:《强弱之外——关系概念的再思考》,《社会学研究》2003 年第 3 期。

② 边燕杰:《社会网络和求职过程》,载涂肇庆、林益民主编:《改革开放与中国社会》,西方社会学文献述评,牛津大学出版社 1999 年版。

③ 沈浩:《微博重塑"社会关系的总和"?》,《传承》2011 年第 3 期。

④ Nicole B. Ellison, Charles Steinfield, Cliff Lampe, Connection strategies: Social capital implications of Facebook-enabled communication pratices, *new media & society*, 2011, 13 (6): 873-892.

⑤ 何国平、何瀚玮:《内容一关系的组合界面:微博传播力考察》,《山东社会科学》2012 年第 4 期。

由于微博与Facebook在人际沟通功能方面的相似性，我们也将微博中的互动偏好和沟通策略分为建立弱关系、维持原有关系、寻求潜在联系3种。并在验证微博用户间是否存在这3种不同沟通策略的基础上进一步提出：

问题2：微博用户更倾向于哪种连接策略？

2.微博中的沟通策略

研究者经常发现，寻求满足和实际获得的满足之间存在差异，这种差异会导致人们在媒体消费的行为中产生变化以减少两者之间的差异。[①] 也就是说，受众使用媒介的不同动机及满足情况会影响受众的媒介使用。我们从使用与满足理论出发，探讨微博受众人际沟通层面的使用，探讨不同微博使用动机与其互动偏好之间的关系。从现实的角度讲，在同一时间段上，人们对网络有很多的需要和动机，也有很多可供选择的交往对象，这就说明网民在决定最后交往对象的时候，是通过博弈来产生居于支配地位的需要和动机，从而产生了网络交往这个行为，实现自己的社会需要。[②] 从社会网络的角度讲，网民会根据不同的使用动机选择相应的沟通。因此我们提出：

问题3：不同的微博使用动机与连接策略之间有什么关系？

3.社会资本

从社会网络的角度讲，有利于行动的社会关系和资源都是镶嵌在具体的人际关系当中的。如果不存在人际间的实际交往关系，社会资本将难以产生或随之消失，这就是社会资本的嵌入性。[③] 正如前面提到的，微博的成功可以归结为关系的营造，微博通过用户间的连接关系(linkage)来扩散信息，它实际上就是一个社会关系的网络。[④] 本研究认为，微博用户间在相互连接和互动的过程中产生了社会资本。

本研究所说的社会资本指微观层面上的，关注个人对社会资本的使用——为了在工具性行为(如找到好的工作)中获得回报或在表达

① 王璐：《基于"使用与满足"的SNS虚拟社区知识共享研究——以豆瓣网为例》，兰州大学研究生学位论文，2011年。

② 滕云、杨琴：《网络弱关系与个人社会资本获取》，《重庆社会科学》2007年第2期。

③ 郭毅、朱扬帆、朱熹：《人际关系互动与社会结构网络化——社会资本理论的建构基础》，《社会科学》2003年第8期。

④ 何国平、何瀚玮：《内容 一关系的组合界面：微博传播力考察》，《山东社会科学》2012年第4期。

性行动中保持所得,个人如何获取和使用嵌入在社会网络中的资源。[①] 林南认为社会资本是作为通过占据战略网络位置和/或重要组织位置的社会关系而获得的资源。可以操作化地定义为行动者在行动中获取和使用的嵌入在社会网络中的资源。[②]

众多有关SNS与社会资本的研究,均证明SNS的使用对社会资本有正向影响。Ellison(2011)[③]在研究中证实与潜在联系沟通可能会影响到外部社会资本,而与密友沟通则可能影响到内部社会资本。陈雅琪[④](2011)也认为社交网站的使用与用户社会资本存在密切关系,不同的使用强度和使用偏好会对用户感知的社会资本产生不同程度的影响。使用强度与用户桥梁式社会资本和纽带式社会资本积极相关,使用偏好中信息获取和人际交流有利于维系和加强现实生活中原有关系,以及构建和拓展新朋友,从而带来纽带式社会资本和桥梁式社会资本的增加。

那么对于微博来说,它既是一种信息交流媒介,又是一种人际沟通平台,这种兼具SNS的特性和大众传播媒介的特性的网络应用服务对用户的人际关系和内嵌于人际关系之中的社会资本有何影响呢?我们认为微博通过评论、转发、@、私信等功能可以与好友进行公开或私下的互动,从而维持或加深关系亲密度,进而对社会资本产生影响。Ruo MO等(2012年)[⑤]也已经证实微博使用、微博满意度和亲密关系寻求与内部和外部社会资本正相关。从Ruo MO的研究中,我们发现微博用户对不同的关系对象有不同的沟通策略,从而产生不同的社会资本影响。所以,本研究想进一步明确这种影响,探讨微博社会网络

① 林南著,张磊译:《社会资本——关于社会结构与行动的理论》,上海人民出版社2004年版,第24、30、31页。

② 林南著,张磊译:《社会资本——关于社会结构与行动的理论》,上海人民出版社2004年版,第24、30、31页。

③ Nicole B. Ellison, Charles Steinfield, Cliff Lampe, Connection strategies: Social capital implications of Facebook-enabled communication pratices, *new media & society*, 2011, 13 (6) 873-892.

④ 陈雅琪:《社交网站SNS使用与用户社会资本的关系研究》,华中科技大学硕士学位论文,2011年。

⑤ Ruo MO、Yingqi HAO、Xuan WU、Rui X、Shu ZHANG、Louis LEUNG, Linking Psychological Attributes and Microblog Usage to Social Capital in Mainland China, Paper submitted to the 21st Asian Media and Information Center (AMIC) Conference Shah Alam, Malaysia, July 11-14, 2012.

中不同的连接策略与社会资本的关系。

但是目前大部分有关微博与社会资本的研究都是探讨微博行为层面的使用与社会资本的关系。我们认为并不是所有的网络使用都是社会性的,不同的网站使用将产生不同的社会资本结果。如果单纯从行为层面来考察微博使用与可感知的个人社会资本的关系,并不能反映这种关系的本质。因此,本研究着重考察社会网络层面上的连接策略与可感知的个人社会资本之间的关系。即:

问题4:微博社会网络中不同的连接策略对个人社会资本有何影响?

二、研究方法

本研究采用问卷调查法进行资料搜集。考虑到调查实施的可行性与便利性,本研究将样本框选定在南京大学仙林校区,该校区为南京大学本科学生所在地。我们采用随机抽样法,将仙林5栋宿舍楼的所有宿舍进行编号,以宿舍为单位进行随机抽样,共抽取150个宿舍,每个宿舍4人,共得到600个样本。问卷调查在2011年12月19日到2011年12月26日间进行。共发放问卷600份,实际回收问卷498份,有效问卷244份。其中,男性占44.4%;女性占55.6%。

三、结果与讨论

(一)微博使用动机

我们首先根据文献归纳了7个微博使用动机,分别为:便捷易用、自我呈现与满足、信息性、娱乐消遣、社会交往、从众、互动。在此基础上我们综合了Davis(1989)、Kevin(2003)、Wang(2003)、黄钰棠(2005)、Trammell(2004)、金兼斌(2004)、陈红梅(2006)、黄钰棠(2005)、苏芬媛(1996)、Dholakia(2004)、刘毓洁(2006)等提出的量表分别对这7个动机进行测量。每个动机使用3~5个题项测量,诸如:"我使用微博的原因是它的操作很方便,非常容易上手。"用5点量表从1(完全不同意)到5(完全同意)进行排列。

该量表总体KMO值达到.877(p=0.000),满足做因子分析的条件。我们对7个使用动机的题项进行了探索性因子分析,以主成分因子分析方法提取因子，并剔除了交叉加载项和不可解释的题项，然后运用方差最大法对因子矩阵进行正交旋转，最终得到了3个因子。我们根据旋转后的因子矩阵将3个因子重新命名，它们分别是：1.外部信息性；2.便捷易用；3.社会化。在旋转后的因子矩阵中，我们发现第一矩阵的5个题项综合了信息、娱乐和社会交往几个因素，但是他们都有一个共同的特点：希望获得周围外界社会的信息，以使自己与周围环境相适应。因此，我们将这个新的因子命名为外部信息性。第二个矩阵有4个题项，基本与我们之前的量表没有变化，因此仍为“便捷易用”。第三个矩阵有7个因子，综合了互动和社会交往，而这些题项都表现了个人希望保持自己的社会化程度，与他人保持联系的意愿和行为，因此我们将其命名为“社会化”动机。

这3个因子分别从技术和内容两个层面诠释了大学生微博用户的使用动机。一方面，大学生用户基于微博应用本身的技术特性——便捷易用而采纳它；另一方面，微博在内容层面上的信息性和社交性，满足了大学生用户监测周围环境的需求，同时也能加强大学生的社会化程度，这也是大学生微博用户使用微博的重要动机。

（二）连接策略

我们借鉴了Ellison(2011)的量表，将其分为了三个维度，分别是：建立弱关系、维持原有关系、寻求潜在联系。每个维度用4或5个题项测量，题项诸如“我喜欢在微博中结识新朋友”，回答者的答案从1（非常不同意）到5（非常同意）进行排列。3种连接策略量表的alpha值分别为：弱关系：0.777；维持原有关系：0.882；潜在联系：0.752。

数据显示，大学生微博用户对3种连接策略都有一定的使用倾向，但是相对而言，用户更倾向于用微博来维持原有关系（M＝3.48），其次为寻求潜在联系（M＝3.21），最后是建立弱关系（M＝3.10）。总体来说，3种连接策略的偏态分布并不明显，呈现出一种较平均的分布，这与SNS用户明显地倾向于用其来维持原有关系（Ellison，2009）存在很大的不同。这可能与微博的社会网络特性有关：相比于SNS较单纯的用于社交目的，其社会网络主要基于线下关系而形成，是一个强关系的熟人社会；微博则更加复杂，它一方面可用于社交，另一方面则成为信息沟通和自媒体平台，这不仅削弱和淡化了微博的社交属性，也使得微博更加开放和兼容，形成一个弱连带的陌生社会。而正是这一社会网络特性使得微博用户在微博上的沟通策略没有出现明显的偏态分布，而是 3 种连接策略兼而有之而略微倾向于维持原有关系。

(三)微博使用动机与连接策略

表 1　微博使用动机与连接策略(互动偏好)的回归分析

微博使用动机	连接策略					
	建立弱关系		维持原有关系		寻求潜在联系	
	β	P	β	P	β	P
外部信息性	0.293	0.219	0.658**	0.008	0.530**	0.009
便捷易用	0.652**	0.006	1.049***	0.000	0.701***	0.001
社会化	0.409#	0.088	0.419	0.090	0.471*	0.021
R^2		0.049		0.108		0.094
调整 R^2		0.037		0.096		0.082
F 检验	$F=4.000, p=0.008^a$		$F=9.278, p=0.000^a$		$F=8.097, p=0.000^a$	

注：* $p \leqslant 0.05$；** $p \leqslant 0.01$；*** $p \leqslant 0.001$；$N=244$。

接着，我们以使用动机为自变量，以沟通策略——3 种连接策略为因变量进行回归分析。

结果显示，“外部信息性”动机对维持原有关系和寻求潜在联系有显著影响，感知微博的“便捷易用”性对 3 种连接策略都有显著影响，“社会化”动机则只对寻求潜在联系影响较显著，对建立弱关系也有一些影响($p=0.088$)。

我们发现，无论对于哪种连接策略，感知微博的“便捷易用”性都起到了很大的作用。也就是说，微博的“便捷易用”性是大学生用户用其来进行社会交往、与他人进行互动的重要考虑因素，无论对于陌生人还是亲密朋友，微博本身的技术特性都起了很大的作用。尤其是对于“建立弱关系”的连接策略来说，“便捷易用”是其唯一的显著影响动机。而对于维持原有关系策略来说，感知微博“便捷易用”性和“外部信息性”都起了显著影响。

从社会资本的角度来看，维持和获得有价值资源是行动的两个主要动机，但前者比后者更重要(Lin，1944a)。无论是对于社区还是个体行动者而言，首先是努力维持他们拥有的或能够得到的资源。只有当现有的有价值资源得到保证时，行动者才会去寻找获得另外的有价值资源，即同质优先原则。[①] "便捷易用"动机表现个人使用微博很大程度是因为其轻松易用，只要花很小的代价，所以对于建立弱关系这一连接策略来说，便捷易用动机占到了最重要的影响因素；而"外部信息性"则能够提供个人与周围群体保持联系的信息，了解他人的最新动态，而这有助于人际沟通和加深人们的关系，因此"外部信息性"和"便捷易用"动机强烈的个人更倾向于使用微博来维持原有关系和寻求潜在联系。

（四）微博连接策略与社会资本

Putnam（2000）根据关系的强弱，区分了两种基本的社会资本形式：内部社会资本和外部社会资本。他把来源于强关系的社会资本称为"内部社会资本"（bonding social capital），而来源于弱关系的社会资本称为"外部社会资本"（bridging social capital）。[②] 内部社会资本描述了来自亲密个人关系的利益，包括情感支持、物质援助，或其他"大的"好处（比如借一大笔钱的意愿）。外部社会资本，指来自泛泛之交的好处，比如来自远距离关系的新信息和更宽阔的世界视角。Williams 在分析强关系和弱关系的特点的基础上总结道：内部社会资本有如下共性：情感支持、提供通向有限资源的路径、可传递性、对外部成员的敌意。外部社会资本的共同特征是：开放的视野、与更广阔的人群的接触、视自己为一个大群体中的一员、能在更广阔的社群范围内产生互惠的机制。

由此出发，本研究将社会资本分为外部社会资本和内部社会资本，并采用 Williams(2006)[③]的线上社会资本量表对内部社会资本和外部社会资本进行测量，每个维度都使用了 10 个题项，诸如"与他人交往使我对发生在南京大学以外的事感兴趣"，回答者的答案从 1（强烈反对）到 5（强烈同意）进行排列。社会资本量表的 alpha 值分别为：

---

① Ruo MO、Yingqi HAO、Xuan WU、Rui X、Shu ZHANG、Louis LEUNG, Linking Psychological Attributes and Microblog Usage to Social Capital in Mainland China, Paper submitted to the 21st Asian Media and Information Center (AMIC) Conference Shah Alam, Malaysia, July 11-14, 2012.

② Putnam RD (2000) Bowliing Alone: The Collapse and Revival of American Community. New York: Simon and Schuster.

③ Williams, D. (2006). On and off the 'net: scales for social capital in an online era. Journal of Computer-Mediated Communication, 11(2), 593-628.

内部社会资本:0.679;外部社会资本:0.849。

最后,我们以3种连接策略为自变量,社会资本(包括内部社会资本和外部社会资本)为因变量分别进行回归分析。结果显示,潜在联系只对内部社会资本有显著影响,维持原有关系对内部社会资本和外部社会资本都影响显著,而建立弱关系则只对外部社会资本有显著影响。

表2 微博连接策略与社会资本的回归分析

连接策略	社会资本			
	内部社会资本		外部社会资本	
	β	P	β	P
建立弱关系	0.082	0.466	0.481***	0.002
维持原有关系	0.246*	0.019	0.582***	0.000
寻求潜在联系	0.318*	0.028	0.293	0.131
R^2	0.151		0.312	
调整 R^2	0.139		0.303	
F 检验	$F=13.115, p=0.000^a$		$F=34.216, p=0.000^a$	
	$N=226$		$N=230$	

注:* $p\leqslant0.05$; ** $p\leqslant0.01$; *** $p\leqslant0.001$; $N=244$。

刘明月、陆欣(2012)[①]认为SNS是将用户现实生活中的关系网搬到虚拟的网络世界中,而微博使这个关系网具有了无限扩大的可能,它构成的弱关系网带来的社会资本对人们的工作生活起到重要的作用,这种社会资本包括人际、心理、信息等多方面。在人际方面,微博带来的弱关系使用户更容易认识不同行业、不同阶层的人,为拓宽交际圈、创造更广泛的人脉资源做铺垫。在心理上,微博的较高关注可以满足情感和归属的需求,进而满足尊重的需求,对缓解压力也有很好的帮助。在信息上,多元的弱关系网提供了更加多元化的信息。这些都是人们拓展和维系弱关系的强烈需求。这两位学者强调的是建立弱关系对个人社会资本的影响,他们认为通过微博建立弱关系能够增加外部社会资本。确实,弱关系能使个人拥有更开放的视野,接触更广阔的人群,拓展个人社会关系的范围和广度,是外部社会资本的来源。因此建立弱关系这一连接策略对外部社会资本有显著影响,这

① 刘明月、陆欣:《微博与SNS社交网站的需求竞争分析》,《新闻传播》2012年5月。

是预料之中的结果。

但是弱关系对于加深原有关系的紧密度并没有太大贡献。而原有关系一般都是比较亲密的个人关系，能够提供情感支持、物质援助等，是内部社会关系的来源。原有关系的强度也决定了个人提供这些支持的意愿和获得这些支持的可能性，所以维持原有关系对内部社会资本有显著的影响这也是预料之中的事。但是我们的结果显示维持原有关系对个人感知的外部社会资本也有显著影响，甚至这种显著性还超过了对内部社会资本的影响。由于我们的样本框选定在南京大学在校学生群体，其使用原因很大程度是周围的同学都开始使用，通过微博可以获得周围同学的最新状态并与其互动。而这一维持现下好友关系的使用偏好，首先加强了内部社会资本；其次，由于同校好友之间相互链接，且微博本身具有好友推荐功能，基于共同的教育背景，学生群体很容易由此建立起关系，拓展自己的社会关系。因此导致这一研究结果的出现。

此外，寻求潜在联系只对内部社会资本有影响，这与 Ellison (2011)[①]对 SNS 的研究结果有所不同。Ellison 对 Facebook 的调查显示，潜在关系寻求策略对两种社会资本都有显著影响。因为 Facebook 用户可以通过浏览好友的好友链接寻找新的联系，激活潜在联系，而微博用户同样可以通过浏览好友的粉丝或关注来链接至新的关系，所以，在这点上微博和 SNS 网站有很大的相似处。但是，为什么在微博中寻求潜在联系只对内部社会资本影响显著呢？从 SNS 和微博本身的特性来看，SNS 主页一般有用户的详细资料，包括学校、地域等，用户可以通过浏览好友的“朋友”的链接查看他人的页面，并由此寻找到社区中的潜在联系。而微博主页则只包含很少的个人资料，用户通过浏览微博主页并不能确定太多相关信息，这对于潜在联系的发掘实际上是很不利的。因此，在微博上除了已经存在的强关系能够通过浏览其微博主页进行确认外，微博用户很难通过微博确认潜在的陌生好友，从而对外部社会资本影响甚微。

① 刘明月、陆欣：《微博与 SNS 社交网站的需求竞争分析》，《新闻传播》2012 年 5 月。

四、结论

我们首先探讨了大学生微博用户的使用动机，归并出了3种微博使用动机，分别为：(1)外部信息性；(2)便捷易用；(3)社会化。其中外部信息性和社会化动机都显示了微博的社会网络特性，即其对大学生微博用户社会关系的维系和拓展作用。同时，研究发现，大学生微博用户基于不同的使用动机，会产生不同的互动和沟通行为。

其次本研究探讨了大学生怎样使用微博来建立和发展社会关系，并评估这些连接策略对个人社会资本的影响。我们特别关注大学生微博用户与谁沟通、沟通的内容是什么。结果显示：3种不同的连接策略中维持原有关系最常见、建立弱关系最少见，但是总体来说，3种连接策略的偏态分布并不明显，呈现出一种较平均的分布。

最后我们探讨了这些沟通策略是否对大学生的线上社会资本有显著影响。结果显示，维持原有关系对内部社会资本和外部社会资本都影响显著，而建立弱关系则只对外部社会资本有显著影响，潜在联系只对内部社会资本有显著影响。

附　录：

表1　微博使用动机旋转成分矩阵[a]

	成分		
	3	1	2
我使用微博的原因是它的操作很方便，非常容易上手	0.258	0.764	0.144
我使用微博的原因是我可以通过多种方式（手机、MSN）发布微博	0.207	0.824	0.149
我使用微博的原因是相比于博客，我只需写三言两语，省时省力	0.247	0.842	0.128
微博能够随时记录我的日常生活轨迹、灵感和想法	0.384	0.749	0.028
通过微博我能了解到最新信息以及最流行、最受关注的话题	0.852	0.206	0.018
在微博上我可以转发一些有意思、有价值的帖子，或者提供有价值的信息供别人分享	0.857	0.237	−0.031
微博上有许多有用的知识能够让我从中学到很多	0.782	0.230	0.079
微博能够给我提供娱乐和消遣	0.741	0.219	0.100

续表

	成分		
	3	1	2
微博能够让我有机会让我看到陌生人甚至名人的生活动态，包括他们的所思、所见、所想	0.753	0.257	0.058
通过微博我可以结交一些志同道合的朋友	0.371	0.199	0.567
在微博上我能够获得来自其他成员的建议和帮助	0.379	0.152	0.582
周围的人都在玩微博，所以我也用了	0.090	0.006	0.661
上级领导都开始玩微博，所以我也用了	−0.465	−0.196	0.683
使用微博是时尚、潮流，所以我就会使用	−0.089	0.059	0.747
当我的微博得到网友的评论，是我继续使用的动力	−0.076	0.347	0.678
当网友对我的微博进行评论时，我们能够很好地进行交流	0.379	0.384	0.501

提取方法：主成分分析法。
旋转法：具有 Kaiser 标准化的正交旋转法。
a. 旋转在 5 次迭代后收敛。

表 2　微博连接策略的摘要统计数据

题　项	均值（*M*）	标准差（*SD*）
弱关系（Cronbach's α=0.777）	3.10	1.049
我喜欢在微博中结识新朋友[*]	3.07	0.985
我喜欢通过微博中的信息在微博上与校友联系	3.20	1.001
我喜欢通过微博中的信息在 SNS 网站/微博上与校友联系	3.23	0.983
我喜欢在微博上会加校友为好友	3.30	1.022
我喜欢与在微博上认识的校友见面	2.71	1.121
维持原有关系（Cronbach's α =0.882）	3.48	1.329
我喜欢在微博上浏览亲密朋友的页面	3.46	1.171
我喜欢利用微博与亲密朋友进行联系	3.51	1.126
我喜欢在微博上加亲密朋友为好友	3.54	1.216
在现实中我常常与亲密朋友见面	3.38	1.127
潜在联系（Cronbach's α=0.752）	3.21	1.143
我会利用微博搜索我在社交场合认识的人	3.40	1.125
我会利用微博对同班同学进行更多的了解	3.32	1.033
我会利用微博对住在我附近的人进行更多的了解	3.18	1.021
我会 在微博上浏览同宿舍楼同学的个人页面	2.93	1.095

[*] 量表从 1（非常不同意）到 5（非常同意）进行排列。

观　点

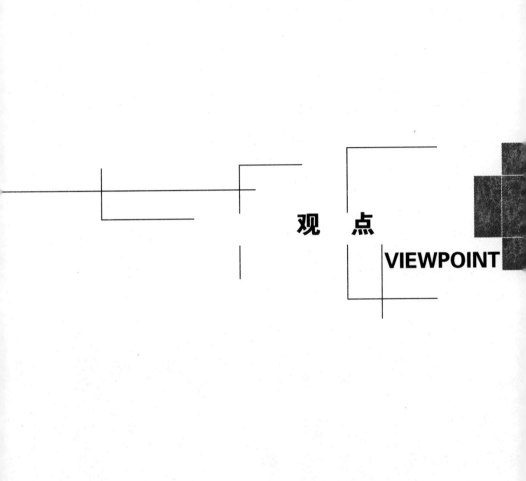

VIEWPOINT

公务员微博：新媒体如何改变政府传播

——基于四个公务员个人微博的内容分析

冯瑞青　朱秋硕　刘玮诗　张文君　张诗曼
冯俊达　朱婷柳　许　晶
指导老师：张　宁

摘　要　公务员微博在公共领域里构建了一个公务员与公众直接交流对话的平台，这个平台信流迅速、无限准入、多元共存、平等交往，与协商民主所包含的平等、公开、参与、多元的精神内核相呼应，在技术上和话语空间上具备了协商民主的一定条件，改变了政府传统的传播方式。公务员微博在政务公开、对话沟通、改善工作等方面都有所建树，协商民主理念的培养有利于促进公民社会的发展。但是，公务员微博仍处在一个初步发展的时期，存在着一些不利于民主发展的因素。本研究基于四个较为典型的公务员微博进行内容分析，对其微博的传播、主题、互动、个性、特定事件五个方面分别设置相关指标进行分析，以考察公务员微博传播在传播者、传播内容、受众、传播效果方面的表现和特点，探讨新媒体如何改变政府传播，并为微博政务的发展提出相关建议。

关键词　公务员微博，政府传播，协商民主

一、研究背景和意义

截至 2011 年 6 月底，我国网民规模已达到 4.85 亿[①]，互联网拓宽了国内的传播环境，随着我国民主政治体制改革，人们的参政、议政意识日益增强，政府的职能也在转变。从网站公示，到接受“网络信访”、

作者简介　冯瑞青等，硕士研究生，中山大学传播与设计学院公共传播学系，E-mail：263462893@qq.com。

① 数据来源：《中国互联网络信息中心第 28 次全国互联网络发展状况统计报告》。

“网络问政”，官民交流从单向传播转向双向交流；从政府牵头，到公务员个人自觉参与，政府从高居庙堂转向深入群众。

2006年3月，一种新的信息传播方式——“微博”出现，它可以即时、随地、多途径发布消息，是一种互动及传播性极快的工具。积累了一定网络政务经验和意识的政府，当然不会忽视了微博这一备受关注的新媒体。2009年11月21日，云南省委宣传部开通“微博云南”，受到网友和媒体关注，赢得“中国第一家政府微博”的称号。2011年3月20日，全国范围共有实名认证的政务机构微博1708个，政府官员微博720个。①

公务员作为政府人员，面向群众时，代表着政府；而作为独立的个体，又有着表达自我的自由。公务员开通微博，面临着公职身份与个人身份的双重选择。越来越多的政府部门、公务员都开设了微博，对这两类微博，信息发布的真实化、人性化、持续化的要求是一致的。但是公务员微博与政府部门微博是自然、而且应该有差别的。首先，公务员微博由个人经营，信息发布的时间、地点和内容可以更加灵活，能表现出公务员的个性。其次，每个公务员微博都是一个信息场，能开拓更广阔、更细致、更专业的“上传下达”的渠道。

但是，公务员微博也存在不少问题。一方面，一些公务员开微博只是“赶时髦”，没有实在的社会效应；另一方面，由于公务员有较强的象征性意义，网民容易把其言论与公职身份联系在一起，不当言论造成的影响是大范围的。

2011年4月，《中国政务微博研究报告》首次公布了中国最有影响力的十大政府机构微博和十大政府公务员微博。也有专家学者对“微博政务”“微博的社会作用”等方面做过研究并指出：网络平台对政府与网民之间的关系有着建设的作用，但无论平台怎样发展，公务员的民生诚意才是官民互动最基本的内因。公务员要和民众达成更好的沟通，开放更多切实有效的民生渠道、实地考察、改善体制、真诚交流才是最终实现良好的官民互动的长久之计。

本文将通过有代表性的公务员微博个案，以内容分析法为主，从其微博的传播、主题、个性、互动、效应等方面进行研究，分析新媒体如何改变政府传播，为更好地建设公务员微博提供参考建议。

---

① 数据来源：复旦大学“舆情与传播研究实验室”、中国舆情网《中国政务微博研究报告》2011年。

二、理论基础

电子政务的发展已逐渐拓宽了官民沟通的渠道，但仍存在着不少的问题。微博这种新媒体在政府传播中的应用，能否提高公民政治参与的效度并改善政府工作，最终成为促进社会进步与个人发展的力量，取决于网络交流的质量，因而提高公务员个人的微博经营水平成为了重要任务。在此，我们引入“协商民主”理论（deliberative democracy）作为本研究的主要理论基础。

协商民主指的是：自由平等的公民，基于权利和理性，在一种由民主宪法规定的权力相互制约的政治共同体中，通过集体与个体的反思、对话、讨论、辩论等过程，形成合法决策的民主体制和治理形式。[①] 20世纪90年代，作为对西方代议制民主社会产生诸多问题的回应，协商民主理论兴起。“协商民主”一词最早由约瑟夫·毕赛特（Joseph M. Bessette）提出，伯纳德·德曼（Benard Manning）和乔舒亚·科恩（Joshua Cohen）进一步丰富了其内涵。哈贝马斯以话语理论为基础，将偏好聚合的民主观念转换为偏好转换的理论，从而使协商民主真正地成为20世纪末最引人瞩目的民主理论。

自2004年我国引入协商民主的概念以来，协商民主理论得到越来越多的关注。中国学者一般认为协商民主有三种基本涵义：治理模式说，即协商民主是自由平等的公民基于理性进行民主治理的新模式；组织形式说，即协商民主是将特定的公共协商程序作为合法性来源，为自由平等的公民提供理性协商空间的组织形式；决策方式说，即协商民主是公民通过理性、公开、自由以及平等的协商，参与公共政策制定的过程。[②]

陈家刚根据不同学者对协商民主的认知，整理出协商民主的八点特征[③]：(1)多元性：多元性是协商民主的社会基础和前提，多元文化社会要求政治体制、运作机制对于解决分歧作出明确回应；(2)合法性：协商民主关注作为过程的民主，使民主结果具有充分的合法性；(3)程

① 陈家刚：《协商民主与当代中国政治》，中国人民大学出版社2009年版，第22—28页。

② 李猛：《协商民主面临的挑战、涵义：制度与中国化》，硕士学位论文2010年。

③ 陈家刚：《协商民主与当代中国政治》，中国人民大学出版社2009年版，第22—28页。

序性:协商民主尊重程序,并将程序看做是决策获得合法性的规范性要求;(4)公开性:协商过程是公开的,立法或政策建议是公开的;(5)平等:参与协商过程需要机会平等、资源平等、个体参与者的能力平等;(6)参与:自由、平等的公民积极参与协商过程才能形成基本共识,有利于合法决策的实现;(7)责任:协商过程的参与者有责任维护并促进公共利益;(8)理性:理性是保证协商过程能够合理趋向共识并诉诸公共利益的关键条件,协商过程发挥作用的是合理的观点,而不是情绪化的诉求。

在中国的政治实践中存在着丰富的协商政治实践,有序的政治参与有着多样化的实践,如民主恳谈、民主议事会、旁听、网络参与等。与国外相比,中国的互联网承担着更多的政治作用。互联网世界无限准入、平等、开放的特点蕴涵着各种协商民主的要素,以微博为代表的新媒体更是凸显了这些优势。微博发布内容精简,且能通过多种途径发布信息,降低了使用门槛,能容许多元意见的呈现,微博的多元化与协商民主的前提一致。微博的"关注"跟随机制和信息的快速推送机制,让网络活动有了更多互动和即时的特点,与协商民主产生的"交往民主""话语民主"相一致。政务微博在实践着协商民主的精神和价值,是具有巨大潜能的民主形式。

政府借助微博传播能更好地治理社会。随着民主建设的发展,政府从"统治"更多地向"治理"转变。"治理意味着公共事务的各个行为者最终会形成一个自主的、拥有权威的网络。这一网络与政府在特定的领域中进行合作,分担政府的行政责任。"①公务员是公共事务在微观层面上的执行者,借助微博的力量,发挥协商的作用,将能形成多元的、网状的权力向度。

三、文献综述

研究主要从"微博的社会作用""微博政务""官员微博"等方面寻找先行成果。目前的研究成果可以归为以下三类:微博与传播的研究、微博与政治的研究、对官员微博的观察分析。

① 陈家刚:《协商民主与当代中国政治》,中国人民大学出版社2009年版。

(一)微博与传播

对于微博与传播的研究,学者们主要是从理论上、表现上、影响上研究微博的传播现象。

学者们注意到微博对传统传播学理论的冲击:“把关人”地位下降,“沉默的螺旋”因了话语权的下放而减弱。① 有学者则从微博空间的理论基础——哈贝马斯的“公共领域”②、巴赫金的“广场领域”③来解释其存在的合理性。

研究微博的传播学表现的文献较多。学者们从微博的传播要素、传播方式、特点等方面进行研究,对微博的碎片化、快速化、多样化、融合化的传播特点有着普遍共识。而对微博的传播方式则主要存在着两种说法:一是“裂变传播”,其传播模式“信息聚合—临界点—信息裂变”④;二是“多级传播”,传播通过各个“微博圈”之间的联系实现,言论呈螺旋式上升直至形成焦点。⑤

对于微博带来的影响的研究,较为突出的是微博对舆论的影响研究。有的从民间出发,指出微博改变了公共事件发生机制;也有的从舆论引导的角度,探讨舆论领袖的特点,或向政府、媒体提出微博环境下的舆论引导建议,⑥而这已涉及微博与政治的研究。

(二)微博与政治

对微博与政治的研究,学者们既看到了微博促进民主化建设的积极作用,强调微博在民主监督、民意表达、官民沟通等方面的功能,也指出了“微博问政”的存在问题,如作秀、搞形式、官腔等状况,并提出了相应的解决措施。宏观上,2011 年 4 月复旦大学“舆情与传播研究实验室”实施并完成了国内第一份《中国政务微博研究报告》,对整体把握中国政务微博的基本现状、主要特点、问题、对策等有指导性意义。微观上,有学者对“微博两会”、“公安微博热”等具体现象进行探

① 杜海宝:《传统大众传播理论在微博客传播过程中的变异》,运城学院学报,2010。

② 周冰花:《微博的传播力释义》,新闻世界,2010(8)。

③ 梁佳、刘进:《从巴赫金的“广场”理论看微博空间》,新闻界,2011(2)。

④ 王婧:《微博在网络与现实中共振》,网络传播,2010(4)。

⑤ 周冰花:《微博的传播力释义》,新闻世界,2010(8)。

⑥ 宋好:《微博时代“意见领袖”特点探析》;2010 年,赖晴《正确引导微博舆论》;2011 年,谢耘耕,荣婷《微博舆论生成演变机制和舆论引导策略》,2011 年。

讨,从典型中提取经验。其中一个典型就是云南官员伍皓,此时研究就深化到了微博与公务员。

(三)官员微博

“微博与官员”的文献多为评论性文章,对官员微博的作用、存在问题以及如何更好地利用进行讨论。学者认同官员微博是政务公开渠道的补充,而存在的问题主要有:政绩工程、更新少且内容老旧、角色定位迷惑等。至于官员应如何更好地利用微博,有代表性的是“政府微博三原则”:直面评论,学会讲话,结果为上。还有研究通过访谈的形式,从官员自身的角度去探讨官员微博现象,提供了不一样的视角。

综上所述,在目前的研究中,对“微博与传播”的研究较多,而政府作为社会中重要的信息传播主体,对“微博与政治”的研究有一定数量,着眼于微博对政治民主化的积极影响和问题,对我们把握当前的政务微博状况有着指导性作用。与之相比,对官员个人微博的研究不多,以关注“两会”官员开博、话题官员伍皓为主,篇幅较短,多为热点讨论,较少系统研究;多为宏观观察,缺少个案论证。另外,在这些研究和讨论当中,“政府”“官员”“公务员”经常会被混为一谈。事实上,虽然它们都在一个体系里,但是它们之间是有区别的,对其要求和期望也有不同之处。

微博改变着政府传播,让公务员个人也能借助这个平台来传播政府事务,这反映出政府对民间更开放、更尽责的态度。公务员是政府传播的输出窗口,从个体渗透,对提高政府工作的整体水平有着基础性意义。

四、研究框架

本研究以内容分析法为主,研究框架由传播、主题、互动、个性、特定事件五部分组成,考察的是公务员微博在传播者、传播内容、受众、传播效果方面的表现和特点。为考察“传播者”的情况,研究设置了“个性”指标,分析博主的个人情况对其微博经营的影响;“传播内容”方面则设置了“传播”和“主题”两个指标,分别从数据特征和主题表现上进行考察;“受众”通过设置“互动”指标以了解公务员微博对公众的影响力;“传播效果”主要通过“特定事件”指标来探讨公务员在特定事件中如何传播、反响如何。需要说明的是,各个指标所能反映的内容并不是单一的，比如“特定事件”中既能看出传播效果，也能体现传播行为；“互动”指标的粉丝数、被转发数等也在一定程度上反映出传播效果。

以上述框架为基础，研究选取了四个典型的公务员的新浪微博作为研究对象：廖新波（@医生哥波子）、伍皓（@伍皓红河微语）、朱永新（@朱永新）、周泓（@周 sir 的和平天空）。这四位公务员的选取考虑到了他们的职务级别（从厅级官员到基层民警）、部门领域（医疗、教育、文化、安保）、任职地区（东南沿海、西南内陆、首都北京）等因素的代表性，务求令研究更有参考意义。

五、研究结果

（一）传播

“传播”指标通过微博的内容载体、组成情况来考察公务员微博的传播行为特征，关注其信息处理和选择的倾向性。

表 1 公务员微博“传播”分析①

		廖新波	伍皓	朱永新	周泓
基本情况	开博日期	2009 年 9 月 4 日	2009 年 11 月 21 日	2010 年 2 月 23 日	2009 年 10 月 18 日
	微博总量（条）	3183	7043	2228	1102
	日平均发布量	4.6	11.1	4.1	1.5
性质	原创	3118 (98.0%)	4470 (63.5%)	2173 (97.50%)	573 (52.1%)
	纯转发	0 (0%)	14 (0.2%)	8 (0.4%)	183 (16.6%)
	转发＋评论	65 (2.0%)	2559 (36.3%)	47 (2.1%)	346 (31.4%)
形式	纯文本	1858 (58.4%)	1925 (27.3%)	1762 (79.1%)	454 (41.2%)
	附图片、视频	402 (12.6%)	5063 (71.9%)	108 (4.8%)	571 (51.9%)
	附长文章链接	974 (30.6%)	71 (1.0%)	331 (14.9%)	76 (6.9%)

四位公务员都较早开设了微博，微博总量有一定积累，体现了他们有着较强的民主交流意识。原创性质的微博占了最大的比例，可见博主

① 数据统计截至 2011 年 8 月 15 日。

把微博作为信息的辐射源，有主动传播信息的自觉性。从形式上看，廖新波微博有意附上文章链接以加深理解，伍皓注重营造视听观赏性，朱永新注重文字表达。虽同为公务员微博，但根据他们所属领域、所主要面向的公众的类型不同，其微博的组织形式和成分会有较大差异。公务员通过对传播信息进行处理和选择，对公众进行有针对性的传播。

公共协商要求每个人都能够平等参与政治过程。博曼认为，协商过程需要机会平等、资源平等和平等的说服力，其中，平等的可支配资源涉及物质资源与认知能力。[①] 技术的普及让更多公众拥有互联网这个强大的资源，但是公众的认知能力是有差异的。公务员有着各自的专业和见解，微博针对特定的公众、特定的领域选择不同的传播形式组合，能帮助公众更好地接收、理解信息。除了信息传播功能外，还有着一定的教育功能，能提升公众在协商过程中的资本，比政务公开更进一步。能否对信息进行整合传播以争取、服务公众，也是公务员素质的体现。

(二)主题

"主题"指标的分析对象为原创微博，根据微博的关键词和具体内容来归类统计，研究的是微博内容建设。

表2　公务员微博"主题"分析[②]

	廖新波	伍皓	朱永新	周泓
政策告解	196 (6.3%)	17 (0.4%)	6 (0.3%)	2 (0.2%)
日常工作	1147 (36.8%)	2734 (61.2%)	469 (21.6%)	393 (68.6%)
个人观点	511 (16.4%)	373 (8.4%)	854 (39.3%)	59 (10.3%)
个人生活	402 (12.9%)	218 (4.7%)	615 (28.3%)	27 (4.7%)
回应提问	693 (22.2%)	942 (21.1%)	110 (5.0%)	70 (12.1%)
其他	169 (5.4%)	186 (4.2%)	119 (5.5%)	23 (4.1%)

① 詹姆斯·博曼：《公共协商：多元主义、复杂性与民主》，中央编译出版社2006年版，第7页。

② "政策告解"指对政府政策和行为的说明、解释、发布、公告；"日常工作"指公务员日常的任务、会议、活动等；"个人观点"指公务员个人对职责外的政策、某事件的观点主张、对某个微博的意见评论、个人呼吁等；"个人生活"涵括公务员的个人生活、亲友、幽默、创作等；"回应提问"指回答网友特定的提问，纠正对方猜测；"其他"指上述无法归类的内容。

四位公务员的微博中，关于公务的内容平均占到总数的48.9%，除了报告公务信息，还会加上适当的评论补充，这一点灵活性是公务员微博区别于政府部门微博的重要表现。其次，个人观点、生活的内容是第二块主要内容，涉及的内容丰富多样，与公众分享自己的思想、生活，表现出公务员亲民的姿态。“回应提问”的内容反映出公务员与网友的交流互动状况，言辞犀利的公务员纠结于澄清、辩解立场而多回应，如廖新波和伍皓；个案事务因能更有效、快捷解决而多回应，如周泓；专业问题需多番讨论而多回应，如廖新波。

从主题设置能看出公务员对待政务公开的态度。协商民主具有公开性特征，信息公开是协商的前提，协商的空间、内容、过程都应是公开的。政府比公众掌握更多的信息，在这种信息不平等的情况下进行协商是不现实的。公务员微博不但公开政务，还公开自己对政策、工作的理由和偏好，使公众知道政策、工作的形成和进展的同时，能启发他们的思考和争论。公务员积极听取网友声音，发现问题，进行反馈，形成一个对话交流的民主局面。

但是我们也应注意到，“协商民主是一种对话、讨论和公正妥协的过程，协商过程是平等的，协商不能仅仅局限于政策咨询或垂询”[①]。目前的公务员微博还不是一个适合协商的平台，公务员可以解答一些网友对政策、工作的疑问，能对一些议题进行发掘和讨论，但是公共决策是一个复杂的过程，并不是微博这个碎片化的平台所能承担的。另外，网民的意见经常带着个人的情绪和利益，这些都与协商民主包含的公共利益、理性讨论的要求相去甚远。

(三)互动

“互动”指标通过统计公务员微博的粉丝量，及微博的被评论、被转发的情况，考察公务员微博的传播力。

截至统计之时，伍皓的粉丝数是最多的，达116万，其次是朱永新。究其原因，与伍皓的话题性、朱永新的高官位有关。廖新波因其医疗专业的高门槛，阻断了更多普通民众的关注。周泓的粉丝虽少，但“僵粉”比例也小，多为大学城学生，具有明显的区域特征。纵观三个指标，公务员的职位层级、知名度、专业属性都会影响其微博的影响力。

---

① 陈家刚：《协商民主与当代中国政治》，中国人民大学出版社2009年版，第7页。

表3　公务员微博"互动"分析

		廖新波	伍皓	朱永新	周泓
粉丝数		512149	1161952	1157728	6565
被评论数	最高值	832	1527	1588	73
	最低值	0	0	0	0
	平均值	14	19	15	11
被转发数	最高值	1791	1106	7328	512
	最低值	0	0	0	0
	平均值	13	17	14	18

在微博这一平台上，公务员与公众的距离被极大地拉近，有利于协商参与者地位的平等化。但值得注意的是，虽然公众借助微博这个协商平台能获得更大的话语权，但从粉丝们的评论性质可以看出，比起参与，更多的公众在围观，这反映出公众的参与意识仍然有待提高。参与是协商民主的重要过程，协商过程的参与者需积极参与辩论和说服的过程，繁荣的民主政治是以多数人的积极参与为前提的，切忌把围观当做参与。所以对于传播效果的考察，除了反响的规模以外，需要更多关注受众的行为改变。理想的协商民主生活中，公民以公共利益为价值追求，但现时粉丝关注公务员微博仍存在着一定程度的猎奇、窥私心理，人们的注意力发生偏向，应积极提倡民主监督、公共利益、参与、理性精神。

（四）个性

"个性"指标分为个人特色、语言风格、传播资本，研究作为传播者的公务员的个人行事、行文、为人的特色，探讨传播资本对其微博经营、影响力的影响。

表4　公务员微博"个性"分析

	廖新波	伍皓	朱永新	周泓
认证身份	广东省卫生厅副厅长	云南红河州州委常委、宣传部长	全国人大常委、民进中央副主席、中国教育学会副会长	广州大学城小谷围派出所华南理工大学社区民警

续表

		廖新波	伍皓	朱永新	周泓
个人特色		话题以对医改、医院管理、医护人员等医疗卫生问题为主，注重插入博客文章链接直率敢言，包容大度，乐于并善于与网友交流互动	调任红河前内容主题丰富多样，调任后主题多为红河宣传。内容组织有体系，有#每日述职#、#每日一图#等版块 会包容，能容下不同的声音	内容多为议论，教育主题占绝大部分，注重微博经营规范化，编写多个主题的系列微博，如“成功小语”等。 喜欢作诗、分享读书心得、友人短信、哲思小语等	微博内容以每日警讯和警报为主，具有较强的地区性和针对性，与学生互动比较频繁
语言风格		朴实有逻辑，感情表达直白，时显幽默，偶尔会使用网络语言	语言朴实，不失幽默，偶尔会使用网络语言	语言正式，文采斐然，思辨性强，回复式微博趋于口语化	语言平易近人，多使用流行语，有幽默感
传播资本①	社会地位	医学专业，有国内外学习经历。曾从事临床病理工作，曾任广东省人民医院副院长 2004 年至今，任广东省卫生厅副厅长，兼职学校导师、教授、顾问	北京大学中文系本科毕业，曾为新华社记者、采访主任，荣获西藏自治区“十佳新闻工作者”、“先进工作者”称号 2008 年 12 月任云南省委宣传部副部长	苏州大学教授、博士生导师，苏州市副市长、全国人大常委、民进中央副主席、中国教育学会副会长、新教育改革发起人，负责教育、文化、广播电视、新闻出版等方面工作	从警二十年，立于基层，与学生、市民沟通良好，在大学城有较高美誉度。获得广州市公安局颁发的“和谐卫士”称号
	媒体指标	著有《医院前线服务》、《医改正在进行时》等书。2005 年开始写微博，在多个网站开设博客，在“39 健康网”有专栏，访问量大，博客曾获“十大责任博客”等名誉。多次接受媒体专访，被称为“站在医改浪尖的副厅长”。入选 2008 年《南方人物周刊》中国魅力榜 50 人	主持创办《云南内参》，著有新闻实战日记《伍皓说新闻》一书 博客点击率位居新华网前十名，被称为“中国传媒第一博”	著有《中华教育思想研究》、《我的教育理想》等著作。 新浪博客的“风云博主”，在“教育在线”网有“朱永新教育随笔”专栏，连续几年在《天津教育》杂志开专栏 常被媒体采访，其文章常在报纸、杂志上发表	2008 年开设“周 sir 的和平天空”的校园警察博客，提供大学城内第一手治安信息和防范提示，引起学生关注

① “传播资本”是指官员开微博前的知名度，媒体报道程度，是否有博客、媒体专栏、专题采访，是否是焦点事件的主人公。

续表

		廖新波	伍皓	朱永新	周泓
传播资本	事件指标	博客引发的“打伞门”“献血门”“误诊门” 汶川地震作为广东医疗队的领队深入灾区救援 在博客上以对“医改”政策进行大胆批评建议而著称	“躲猫猫”案组织“网民调查委员会”进行调查 建立网络新闻发言人和媒体义务监督员制度，通过“新闻新政”尝试推动党和政府的信息公开与透明	新教育改革发起人，“炮轰”中国现行教育的三大“病症”	无特别重大的事件

据观察，廖新波属“学者型官员”，语言朴实，直率敢言；伍皓行事高调，充满话题性；朱永新有文人气息，注重观点表达；周泓平易近人，诙谐幽默。根据背景资料的搜集了解公务员的传播资本可知，进步的政治意识、丰富的网络经历、权威的专家身份，能锻炼微博经营能力与积累媒体资源，增强微博影响力。

各具个人魅力的公务员微博一改政府的刻板形象，有利于营造更和谐的官民交流氛围。社会主体日益多元化，利益追求呈现多元的取向，多元的社会现实是协商民主的动力。协商是一个对话、交往的过程，要回应多元的需求，就需要政府做出相应的调整，改变一成不变的刻板形象和行为。我国传统的政治氛围保守化、一元化，不利于民主化的发展。和谐的多元社会的建立是一个漫长的过程，而政治要能容纳多元的声音，首先就要在体制内能容许个性化的公务员。公务员开设微博的实践是疏导政治环境、丰富多元的尝试。公务员有着各自的经历、见解、专长，借助微博的放大效应，能使公务员的价值得到更加大的发掘。

（五）特定事件

“特定事件”指标分析公务员在持续关注议论或主导传播中的事件中如何传播、反响如何，考察的是在特定事件中公务员微博发挥的作用。

因为具有意见多元集合和传播迅速的特征，微博上时刻发生着或大或小的事件，特殊敏感如公务员微博更甚。微博作为社会传话筒、减压，有着化解危机的作用，同时，它对事件的放大效应也在酝酿着危机。在特定事件中，作为主导传播者的公务员为事件、政策的了解提供第一手资料，如朱永新的“两会”传播；作为关注议论者的公务员通过个人影响力来吸引关注，如廖新波关注医生尊严。无论是以个人身份还是官方身份，“政府”这一光环扩大了公务员言语与行为的影响力。在公共领域内，公务员通过个人的参与，沟通参与民主协商的各方的信息，关注彼此的往来，有助于缓解多元利益团体的冲突，促成理性协商的局面。

表 5　公务员微博“特定事件”分析

		廖新波	伍皓	朱永新	周泓
事件主题		上饶医闹①	灵异神猿树根②	2011 年政治协商会议	宿舍遭窃“罗生门”③
微博发布量		39	40	14	2
传播特点	关注时长（天）	5	2	1	1
	发布频率（条/天）	7.8	20	2	2
	角色	关注议论者、个人身份	主导传播者、个人身份	关注议论者、个人身份	主导传播者、官方身份
传播效果	有无进入新浪微博热点话题前 10 位	无	无	无	无
	站外转发量	中新网、新华网等 35 个网站	大众网、华声在线等 6 个网站	腾讯网、强国论坛等 5 个网站	逸仙时空论坛
	报纸转发量	4	2	7	1
	电视转发量	1	0	0	0

从传播效果来看，虽然公务员发布微博的数量、关注的时间不一定很长，但是却能引起大范围的站外转发，可谓“微言大义”，其引起的报道转发，或是针对由于公务员主导传播的微博事件本身，或是采用公务员的观点来作为报道的论据，其效果规模与时下热点、群众关切、媒体需要、内容分量有关。

事件有正面事件也有负面事件，我们在关注公务员微博对特定事件的效果时，除了事件的反响规模，需要更多关注的是事件的性质以及影响。

---

① 2011 年 6 月，廖新波就上饶医闹事件发表评论，正值高考期间，“卫生厅厅长奉劝学子‘要有尊严，别学医’”的言论被截取、放大引起广泛关注。

② 2011 年 4 月 13 日，红河州出土了一块酷似猿人的树根，伍皓发微博两邀媒体关注，并“诚邀方舟子和网友打假”。

③ 2011 年 8 月 13 日，中山大学女生宿舍遭遇入室盗窃，有同学受伤，但关于案情的具体情况，学生本人、同学、保安的说法不一。

六、议论和建议

公务员微博在公共领域里构建了一个公务员与公众直接交流对话的平台，这个平台信流迅速、无限准入、多元共存、平等交往，与协商民主所包含的平等、公开、参与、多元的精神内核相呼应，在技术上和话语空间上具备了协商民主的一定条件，改变了政府传统的传播方式。

作为传播者的公务员，以网民身份与民众交往，体现了一种亲民的姿态和平等的民主理念。公务员微博作为信息发布平台，通过实时多面的信息公开，保证公众的知晓权，使公众能够仔细审阅协商过程。通过微博的放大效应，公务员的个人价值得到充分的发掘，以讨论收集民意、以专业帮助解难、以个性吸引关注。权力对媒介的利用从"喉舌"向"交流"转变、从组织安排向个人自觉转变。但公务员是一个特殊的符号，以公务员身份开通微博代表的就不仅是个人，它还带着政府行为的烙印，所以任何不当的言论、民众的曲解都会影响到政府的威信，给社会治理带来更多不稳定因素。

公务员微博的传播内容跳出了传统政府叙事的框架，与政府部门微博相比，公务员微博的突出特点就是它的灵活性和个性，有了更多元化、人性化的表达。从主题设置上看，公务员在微博平台上传播关于政策告解、日常工作的内容，将政府议题置于公众领域之中，接受公众的监督和建议，从而形成合理的公共判断，构建共同行动的基础。此外，在公务员个人生活、观点的内容中，公务员作为个体的表达，体现了一种人文关怀的回归。对政策的个人解读、热点问题的关注、网友意见的反馈，将探讨视角进一步深入，起着教育的功能，引导公众以理性的方式思考，为公众参与协商的资本增加筹码，建立适于协商民主发展的公民社会。

公务员微博让公众的知情权、表达权得到更好的实现，并促进官方与民间对话交往渠道的建立，政府更加重视信息公开、了解民意、沟通协商。但是公务员与受众的互动毕竟是有限的。再者，在传播过程中，人们的注意力发生了偏向，部分人存在猎奇、发泄的心态，而不去关心真正有价值的东西。目前的微博更多地在发挥着一种弱势群体表达、维护公正的作用，还不是一个适合多元群体就公共利益问题进行理性协商、决策的平台。这是因为我国处于社会的急剧转型期，公民政治参与的主体、秩序、渠道等存在着许多问题；而协商民主的构想则是建立在西方资本主义社会得到充分发展、民主建设较完善的基础之上。此外，微博政治参与的主体集中在社会精英阶层，网络的民意不一定代表着真实的民意。

从传播效果看，公务员的特殊性借助微博的快速、裂变式传播，能迅速引发爆点，这在政府危机传播中能迅速占领舆论高点，减少危机对社会、政府权威的冲击。另一方面，政府工作的相关进程也能通过微博及时发布第一手资料，做到信息公开，为平等协商提供前提。但是，微博上碎片化的信息极易产生"断章取义"的误读，煽动情绪，对公务员的监督演化为集体批判、发泄取乐，政治参与行为异化为集体无责任的"狂欢式娱乐"，带来不良的影响。这些都给政府传播带来挑战。实际上，公共政策的出台是一个复杂、慎重、漫长的过程，高关注度也不能解决所有的问题。

针对以上问题，我们对公务员微博提出改进和发展的建议，让政府能够利用新媒体实现更有效的传播。

第一，公开公信，平衡身份。协商民主具有公开性特征，协商过程、内容的公开将政府置于公众的监督之下。以公务员身份开微博，就应该平衡好公职身份与个人身份的关系，明确开博的目的和定位，避免因个人情绪、言辞不当产生负面影响。

第二，多元兼听，大度包容。协商民主具有多元化特征，多元的文化社会存在着不同的利益群体，协商民主追求平等的理念，每个受决策影响的公民都应该得到容纳，有权利发表自己的看法。但是民众的声音不一定都是赞同的、理智的，公务员开微博要学会宽容，听得下反对、质疑的声音，学会怎样应对矛盾冲突。

第三，积极参与，互动交流。协商民主具有参与性特征，鼓励决策的利益相关者积极参与公共协商，网络政治参与已经成为公民自我赋权的重要途径，作为决策制定者和执行者的政府理应积极配合、促进公民的有序政治参与。公务员微博面向民众应该放低姿态，以真诚的态度，在力所能及的范围内积极与网友互动交流，倾听民生、解答疑惑。

第四，平等对话，注重个性。协商民主具有平等性特征，普通公民与政府公务员合作共同决策，所有的参与者都应该是平等的。公务员微博应该摒弃官样文章的刻板，使用个性化、人性化的叙事语言，用通俗易懂、平易近人的语言解释复杂问题。

第五,善用技巧,提高价值。公共协商的对话讨论并不是政治的讨价还价,而是公共利益的责任促成。微博碎片式的传播机制消解了对问题认识的系统性,分散公众注意力,流于个人表达而缺乏对公共利益的关心。公务员要善用技巧,增加微博的价值,可以通过链接、发起讨论、用“#”归类等方法,使信息经整合产生新的价值。

本研究以公务员微博的内容为分析对象,原始数据的获取非长期的跟踪收集,会存在部分微博被删除的情况,不能完整还原微博的内容。此外,本文还存在研究方法的限制,诸如各指标均系由研究者自行建构,难免存在可靠性的问题,也值得研究者注意。

[参考文献]

[1]陈家刚.协商民主与当代中国政治.北京:中国人民大学出版社,2009.
[2]李景.大众传媒参与商议民主——可能性及现实.安徽:安徽大学,2010.
[3]孙存良.当代中国民主协商研究——协商民主理论的视角.北京:中国人民大学,2008.
[4]复旦大学“舆情与传播研究实验室”,中国舆情网.中国政务微博研究报告.上海:复旦大学.2011.
[5]韩敏.商议民主视野下的新媒体事件.南京社会科学,2010.
[6]魏楠.政治参与和协商民主的新阵地.山东行政学院学报,2011(113).
[7]李猛.协商民主面临的挑战:涵义、制度与中国化.北京:中国社会科学院研究生院,2010.
[8]李罗,周蔓仪,杨奕.网络平台对于政府与网民之间关系建设作用的探索——以伍皓微博为例.新闻知识,2010(3).
[9]桂杰.官员微博:能否承受身份之重.中国青年报,2011.
[10]黎福羽.“微博问政”的表现及其发展.资源与人居环境,2010.
[11]彭梦靖.“微博两会”与民主政治.新闻爱好者,2010(7).
[12]周冰花.微博的传播力释义.新闻世界,2010(8).
[13]周晔.微博的政治功能分析——基于政治参与的视角.唯实,2011(5).
[14]宋好.微博时代“意见领袖”特点探析.今传媒,2010(11).
[15]赖晴.正确引导微博舆论.理论探索,2011,(3).
[16]谢耘耕,荣婷.微博舆论生成演变机制和舆论引导策略.现代传播,2011(5).
[17]梁佳,刘进.从巴赫金的“广场”理论看微博空间.新闻界,2011(2).
[18]李荔.微博问政与公民话语权.青年文学家,2011(4).

新媒体与城市空间的互耦分析

刘　路　冯　威

摘　要　新媒体是一种高度城市化的产物，它对城市空间造成了巨大的冲击。城市空间是城市文明的复合载体，又伴随着新媒体技术的飞速发展而不断演化。本文从两个角度研究新媒体与城市空间的交互耦合关系：一个是媒体进化的空间逻辑，另一个是空间重构的媒介逻辑。该文认为，城市空间的拓展生产了新媒体，新媒体的特性又重塑了城市空间，而新媒体与城市空间的互动耦合，使得空间要素的发展趋势与媒介领域的功能嬗变相互渗透，日益弥合着实在与虚拟之间的界限，衍化成让人目不暇接的城市空间中新媒体的创新实践。新媒体在城市公共服务、社会交往、历史传承等领域的创新性应用，将更新城市体系，完善城市传播体系，从而进一步提升城市竞争力。本文立足于城市的核心功能，探讨新媒体与城市空间的关系，揭示由此形成的新城市化体系的轮廓。

关键词　新媒体，城市空间，互动耦合，新城市化体系

新媒体是一种高度城市化的产物，而与此同时城市空间又伴随着新媒体技术的飞速发展而不断演化。“我们看上去已经进入了一个新都市性‘超空间’，即无形城市、后现代都市活动、电子网络、虚拟社区、乌有处地理、电脑驱动的人工世界、网络城市、模拟城市和比特城市。”① 城市空间的拓展生产了新媒体，新媒体的特性又重塑了城市空间，新媒体与城市空间的互动耦合，使得空间要素的发展趋势与媒介领域的功能嬗变相互渗透，衍化成让人目不暇接的城市空间型媒介的创新实践。基于媒体进化的空间逻辑和空间重构的媒介逻辑探讨二者的互动耦合关系，理应成为当前新媒体理论研究和城市发展实践领

作者简介　刘路，博士，讲师，四川师范大学数字媒体学院，E-mail：lulu7595889@qq.com；冯威，博士，讲师，成都大学工业制造学院，E-mail：50919808@qq.com。

① ［美］爱德华·索亚：《后大都市：城市和区域的批判性研究》，李钧等译，上海教育出版社2006年版，第437页。

域的重要课题。

一、城市空间的拓展生产了新媒体

"空间"的定义,源自于拉丁文的"spatium",指"在日常三维场所的生活体验中、符合特定几何环境的一组元素或地点"[①]。空间是外在感觉的形式,距离感和边界感是与人类生活体验直接相关的空间规律。从可感知的物理空间来看,媒体植根于空间的创造和延伸。平面广告画来源于橱窗的空间,壁挂电视来源于墙体的空间,LED屏来源于建筑物的外饰空间,车载电视来源于交通工具的运输空间……人类几乎所有实际活动空间的存在,总是被媒体所嵌入、所填塞、所环绕。空间就像一台生产机器,不断制造着和配置着与此相协同的媒介技术和媒体形态。然而,这还不够。

人是具有领域感的动物,占据以及开拓空间的本性与生俱来。人类复杂的社会化进程孕育了一系列不断发展的空间,即使在空间集中和积聚性质最为典型的城市,"我们所面对的还是一种无限的多样性和不可胜数的社会空间"[②]。在城市实体空间的裂缝中,精神感知与生活构想的撞击生成了一种新的空间集合——城市虚拟空间。这个空间并非现实空间的拷贝,却一出现就大大挤压了现实城市的空间价值,甚至逐渐渗透和融合入城市空间的主流元素,由此引发了全新的空间观。更强大的影响在于:虚拟空间观打造了令人惊叹的新媒体技术和应用,这些新媒体所裹挟的文化和社会意义,已经席卷了我们身处的城市、国家的尺度乃至整个人类社会。

(一)城市流动化空间创造"自媒体"

我们的祖先只能依赖双腿和简单的运输工具完成身体的位移,而现代城市空间瞬时置换的生活节奏改写了距离的意义。城市居住者的步伐,沿着虚拟世界的电子波,突破了一切的地域疆界和空间阻力,

① 休顿·米夫林出版公司编:《美国传统英汉双解学习词典》,赵翠莲等译,外语教学与研究出版社2006年版,第1044页。

② Henri Lefebvre. The Production of Space, Blackwell, 1991, p. 86.

实现了“新的地理轻飘化”①。流变建构了存在。社会学家曼纽尔·卡斯特提出了“流动空间”(space of flows)的概念,他认为,“所谓流动空间乃是通过流动而运作的共享时间之社会实践的物质组织”②。正是这种社会实践取代了场所空间,主导和形成了“流城市”(Stream City)。“流城市是在实体城市内部要素、虚拟城市内部要素以及由实体城市与虚拟城市两者复合同构而成的要素之间的流动性增强到一定程度,促使形成实体城市与虚拟城市之间的万向流动与深度融合。”③流城市是一个全球即时沟通、柔性易变的动态弹性空间,它使空间从“给定性”变成了“创意性”,社会网络从主客体对立式变成了主体际式。

在流动社会中,公共生活和私人生活开始交织在一起,“我的世界里,不变的事物不再由邻近的家园沃土来提供:我的连续感和归属感更多地来自电子网络的连接,把我和分散在各地的我关心的人和场所连接起来”④。空间领域的变革创造了一种可以穿戴、可以贴身陪伴用户的新媒体样式——“自媒体”(We Media)。谢因·波曼与克里斯·威里斯认为,“自媒体是一个普通市民经过数字科技与全球知识体系相连,提供并分享他们真实看法、自身新闻的途径。自媒体使我们的读者比我们知道得多,人们可以利用电子邮件、博客、网络论坛等互动的交流技术实现信息的共享。”⑤在自媒体成长起来的过程中,传统媒体“大教堂式”的宣讲传播被平等交流的“大集市式”的信息传播所取代。以往媒体由传者到受众的点对面的“广播”模式,已经转变为所有人都是传者也都是受众的点对点的“互播”模式。

正如美国未来学家约翰·奈斯比特所言,“电脑将粉碎金字塔”,真正的个人化时代已经来临。“庞大的中央计算机——所谓‘主机’——几乎在全球各地,都向个人电脑俯首称臣。我们看到计算机

---

① Benedikt, Michael ed. Cyberspace: First Steps. Cambridge, MA: MIT Press, 1992: 22.

② [美]曼纽尔·卡斯特:《网络社会的崛起》,夏铸九、王志弘等译,社会科学文献出版社 2006 年版,第 383-384 页。

③ 杨璐、王安中:《基于“流城市”模型的城市智能化发展与空间型媒介适配研究》,载于《中国传媒报告》2010 年第 3 期。

④ [美]威廉·J.米切尔:《我++——电子自我和互联城市》,刘小虎等译,中国建筑工业出版社 2006 年版,第 11 页。

⑤ Shayne Bowman & Chris Willis. We Media: How Audiences are Shaping the Future of News and Information, www.hypergene.net/we media/.

离开了装有空调的大房子,挪近了书房,放到了办公桌上,现在又跑到了我们的膝盖上和衣兜里。不过,还没完。"①自媒体的出现,从根本意义上把人从机器跟前和禁闭的室内解放出来,将人的"说话"和"移动"功能整合起来,填补了人们离散时空和注意力的"盲点"。自媒体以每个城市个体为中心,个人对信息的生产与运用能力大大提升,自助与互助成为城市生活的一种习惯。在城市空间从封闭式向流动式转化的过程中,媒介传播也从垄断性和等级化向高度的参与性和个性化发展。"全民DIY"的传播方式是对传统媒体的彻底颠覆,使自媒体内容的原创性日益增强。从市场纬度来看,自媒体构筑了三个无限,即需求无限、传输无限和生产者无限:自媒体的崛起与传播权威的重新诠释实现了无限的生产,渠道的过剩与对传播软实力的倚重达成了无限的传播,个性化的媒体消费与媒介使用习惯的改变造就了无限的需求。自媒体的诞生真正实现了人和媒体在时空中的无缝链接,让人感觉拥有和控制媒体的能力。

表1 自媒体与传统媒体的特征比较

	自媒体	传统媒体
内容	重用微内容	重用宏内容
形式	微型化、移动化	系统化、固定化
结构	主体参与的开放式网状架构	固定设计的封闭式树型架构
传播	草根化、业余化	精英化、专业化
方向	自下而上、双向互动	自上而下、单向流动
组织	自组织	机构组织
管理	媒体自清功能实现自律	把关人进行规范

(二)城市信息化空间催生"数字媒体"

经历了以物质为中心的农业化城市和以能量为中心的工业化城市,信息正在支配和形塑着今天的城市。"现代城市不仅是其所在区域的物资、能源、资金、人才以及市场的高度集中点,更是各种信息产生、交流、辐射(扩散)和传递的高速度聚合点。"②信息以惊人的速度和

① [美]尼古拉·尼葛罗庞帝:《数字化生存》,胡泳、范海燕译,海南出版社1996年版,第15页。

② 钱健、谭伟贤:《数字城市建设》,科学出版社2007年版,第6页。

数量环绕着世界飞驰，涌向城市的每一个角落。“信息空间历史性的出现正逐渐取代城市空间的意义。”①信息社会的到来创造出前所未有的数字虚拟空间，它与实体城市空间一起构成了城市信息化空间的独特范畴。城市信息化的实质是实现城市空间的数字化和网络化，是信息的价值共享和功能增值过程。信息化城市是现实城市的虚拟对照体，其职能从工业制造中心、商业贸易中心逐步转为信息流通中心、信息管理中心和信息服务中心。

城市信息化空间是城市的数字化投影。它的建设、运行和维护，必然要求一个高效的信息支撑平台和传播推动力，而“数字媒体”的兴起可谓正逢其时。国际电信联盟对数字媒体的定义是：“在各类人工信息系统中以数字（或代码）形式编码的各类表述媒体、表现媒体、存储媒体和传输媒体等”②，简言之就是比特所构成的媒体。尼葛罗庞帝在《数字化生存》一书中开宗明义地提出：“计算不再只和计算有关，它决定了我们的生存。”③作为“信息DNA”的比特，正迅速地取代原子而成为人类社会的基本要素。“塑造行为的制度社会正让位于信息科技进步带来的数字调控社会。”④数字媒体开创了大众传播的新纪元，我们已经不再使用需要大量受约束劳动力的机器进行生产，城市已经进化为由全球计算机网络共同组成的数字化空间。

“数字媒体是技术、内容、应用和人。”⑤数字媒体把城市空间转变为计算机网络的想象性母体，把全球各地的偏远所在进行电子化连接，通过编码、译码过程将信息转换为比特流，再通过数字网络管道收集、存贮和传输作为电子符码的比特，如此进行多边而不断的联系。数字媒体具有十分鲜明的时代特性：其一是技术崭新。在数字技术的全面运用的基础之上，释放巨大的频率资源同时，极大地提升了信息传输效率。传统媒体的特点是烦琐、生硬的单媒介传播，而数字媒体

① ［美］曼纽尔·卡斯泰尔：《信息化城市》，崔保国等译，江苏人民出版社2001年版，第390页。

② 张柯：《数字媒体导论》，人民邮电出版社2010年版，第9页。

③ ［美］尼古拉·尼葛罗庞帝：《数字化生存》，胡泳、范海燕译，海南出版社1996年版，第15页。

④ Boyer, M. Christine: Cyber Cities: Visual Perception in the age of Electronic Communication. New York: Princeton Architectural Press, 1996: 18.

⑤ ［美］戴维·希尔曼：《数字媒体：技术与应用》，熊澄宇、崔晶炜、李经译，清华大学出版社2002年版，第4页。

技术最大的魅力就是声像兼备、图文并茂的多元传播形态，表现力和感染力难以比拟。其二是功能崭新。数字媒体拥有传统媒体所不具备的强大的搜索、导航、分类、选择和复制功能，使媒体操控及使用过程越来越“傻瓜化”。其三是效果崭新。与传统媒体的效果比照，数字媒体就像一个巨大的海绵笼罩了整个城市，它强大的辐射面、渗透力、动员性和整合力，使它化身为一个浓缩了的大众传播的新型媒介系统。

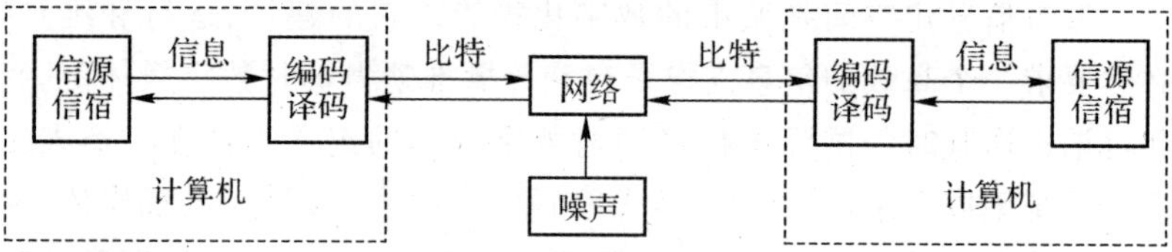

图1　数字媒体传播模式

（资料来源：刘惠芬：《数字媒体传播基础》，北京：清华大学出版社2000年版，第13页）

数字媒体不仅是一次技术革命，更是一次深刻的全方位的社会革命。这种媒体样态使数字化生存进入城市的传播空间，而数字化生活已经成为一种社会趋势。数字化生活是“随选信息”的天下。“现在是信息来到读者面前，而不是读者来到信息面前。”①在数字世界里，媒体不再是讯息，而是讯息的化身。一条讯息（即内容）可能有多个化身（即传播媒介），从相同的数据库中自然生长。获得了信息技术深度支持和广泛应用的数字媒体，就不再仅仅是广泛地吸收、融合古今一切媒体优势的新技术和新工艺，更是传播、延展先进城市空间的新载体和新工具。数字媒体是城市的枢纽，数字化人居环境是城市公民注定要去居住的地方，那是一个绝妙而精彩的“数字城市”。没有哪座城市游离在数字媒体的网络之外，数字媒体的空间流实际上就是城市流。

（三）城市智能化空间呼唤“融合媒体”

21世纪的城市将是智能化、灵敏度高、响应及时的系统。“今天，第三次浪潮的文明世界里，我们为周遭‘无生命’的环境注入的不是生命，而是智慧”②。城市社会学的开创者罗伯特·帕克认为，“正是在城

①　［美］威廉·J.米切尔：《伊托邦：数字时代的城市生活》，吴启迪、乔非、俞晓译，上海科技教育出版社2005年版，第50页。

②　［美］阿尔文·托夫勒：《第三次浪潮》，黄明坚译，中信出版社2006年版，第106页。

市环境中——在人类本身制造的世界中——人类初次实现了智力生活，并获得了那些区别于低等动物和原始人的特征，因为城市和城市环境代表了人类最协调的、且在总体上是他最成功的努力，即根据他心中的期望重塑他所生活在其中的世界。”[①]也就是说，城市成为一系列双重的存在：它是个真实的地方，同时又是想象的场所。它拥有街道、住宅、公共建筑、交通系统、公园和商店组成的复杂网络，同时也是态度、习俗、期望以及内在于作为城市主体的我们心中的希望的综合体。我们熟悉的真实物体从桌面上被吸进了电脑，并将在那里度过更为神奇的后半生。相逆的过程是，物质产品也可以嵌入智能和互联功能。也就是说，“在我们生活的世界里，物品不再只是放在那里，而能够真正地思考它们打算做什么，并选择相应的行动。”[②]在植入了智能化功能的城市空间里，人就不仅仅是新媒体设备的使用者，而变成了电子媒体环境里的真正居民。

这种环环相扣的智能化空间的产生最终将形成一种新的媒介组织形式，并从根本上重塑我们的媒体。从这个意义上讲，“融合媒体”不再是互联网的神话，而是智能城市的副产品。融合媒体是一种通过聚合各种不同媒介以使其(再)生产潜能得以急剧扩大的特殊形式。“超媒体时代是建立在诸多媒体相互叠加并且高度融合上的多维传播时代。以报纸、广播、电视、网络为支撑点的各种媒体，在完成个性化生存的同时，努力扩容，使自己成为兼容多媒体的集团，经过一个时期的重组、整合、兼容之后，形成能够左右一个区域乃至国际社会的传播板块，将全球文化版图有秩序地嵌入其中，实现信息与文化的平衡交流。这是一个将人际传播、组织传播和大众传播相互重叠、有机结合而成的新型传播阶段，将是人类能够对媒介发展实施有效控制，媒体运营严格恪守规则，传播秩序趋于和谐的时代”[③]。单纯的数字媒体依然未能达到人类理想的传播境界，而这一切将在融合媒体时代得到解决。

融合媒体打破了传统媒体的线性传播结构，进入了媒介深度融合和智能合作的新阶段。融合媒体不是简单的媒介叠加，而是有机整合

① [美]大卫·哈维：《希望的空间》，胡大平译，南京大学出版社2006年版，第154页。

② [美]威廉·J.米切尔：《伊托邦：数字时代的城市生活》，吴启迪、乔非、俞晓译，上海科技教育出版社2005年版，第50页。

③ 刘庆春主编：《超媒体时代的城市电视新闻》，辽海出版社2005年版，第2页。

了各种媒介形式、汇聚了各类传播类型，并经过加工、处理、综合而最终形成的系统集成。在媒介融合时代，“机器与人就好比人与人之间因经年累月而熟识一样：机器对人的了解程度和人与人之间的默契不相上下，它甚至连你的一些怪癖（比如总是穿蓝色条纹的衬衫）以及生命中的偶发事件，都能了如指掌”①。融合媒体实现了无所不在的智能化：用户甚至无须定制命令，“智慧随时待命”的环境就不仅能感知你的存在，还能及时地自动地调整设置来适应你的需要。融合媒体极大地延伸了人的智力、体力和感官能力。融合媒体让我们重新想象城市空间，在超现实的世界中漫游。融合媒体的无限链接以及自动确定硬件兼容性的能力，使城市空间能够像搭积木一样，为特定或临时的目的而装配组合。

总之，新媒体的发展因城市空间功能的开发而产生，是对城市不同空间的利用和拓展。新媒体的出现是一种城市化的现象，归根结底是源于城市空间的日益流动化、信息化以及智能化。城市空间生产机制是媒体变迁的总导演，城市空间维度的拓展创造了媒介机会，催生了新媒体的兴盛。

二、新媒体的特性重塑了城市空间

新媒体对城市化进程起到了推波助澜的作用，城市空间越来越打上了新媒体的烙印。“人类的属地性和生活空间与场所的动力机制可以被新技术的使用所替代”②，新媒体没有取消空间，但是改变了空间。新媒体的诸种特性再造了我们城市的地貌、历史、经济和文化，重塑了我们的城市空间。

城市空间是一个有序复杂体，能够综合不同的用途。“用途的混合性需要有极丰富的多样性的内容，如果这种混合型可以做到足够丰富以支持城市的安全、公共交往和交叉使用的话”③。新媒体不仅与城

① ［美］尼古拉·尼葛罗庞帝：《数字化生存》，胡泳、范海燕译，海南出版社1996年版，第193页。

② 沈丽珍：《流动空间》，东南大学出版社2010年版，第19页。

③ ［加］简·雅各布斯：《美国大城市的死与生》，金衡山译，译林出版社2006年版，第130页。

市空间协同发展，而且还在相互作用中产生了城市体系的功能增值。城市中诸多的新媒体是满足信息社会快速发展所需，进行的城市化成果的集中展示。

（一）新媒体重构城市公共服务空间

城市公共服务是公共服务与城市特性的具体结合，是由交通管理、医疗卫生、文化教育、劳动就业、公共安全等要素组成的城市体系。“在其他条件相同的情况下，如果一个城市改进了公共服务，那么该城市将以更高的速度成长发展”①。新媒体的应用，使公共服务空间由集中性、空间邻近性转向远程化、虚拟化，具有更大的灵活性，有助于增加城市信息的采集、处理和传输的效率、容量和安全性。下文以城市危机管理系统为例，研究新媒体对城市公共服务的提升功能。

表 2　新媒体时代城市基本功能空间的变化

	传统媒体社会	新媒体社会
居住空间	空间具有独立性，使用具有时效性	居住与工作、服务、娱乐空间的复合，空间智能化、虚拟化
工业空间	以“中心地理论”为原则分布，缺乏完整的工业空间体系	工业空间分布灵活性增大，高技术产业空间体系形成，部分空间虚拟化
办公服务空间	以集中性、空间邻近性为特征	服务空间远程化、虚拟化，具有更大的灵活性，高级功能集中于 CBD
商业娱乐空间	以商业中心体系为特征	向个性化、虚拟化方向转变，公共空间以综合性为特征

城市作为经济、文化和政治中心，人口、建筑、商业、交通等现代要素高度集中，各种突发事件发生的种类、频率、联发性及造成的影响都远远高于非城市区域。为此，很多城市都成立了 110、119、122、120、供水、供电、供气、城管、环保等专业应急机构。然而，上述相对独立、分散的应急系统已经无法应对现代城市危机的重大性和突发性，而是迫切要求统一、周密、高效、科学的危机管理应急机制的建设。在整个危机管理机制中，信息管理是危机管理的重中之重。“如果城市能够在灾害发生时保持网络正常运转，那么它们就能够快速调动恢复性资源。交通网络能够从全球各地送来救济品。移动的无线节点能够迅速恢复通信。而且，与远端备份站点相连的高速数字连接和地理上广

① ［美］阿瑟·奥沙利文：《城市经济学》，中信出版社 2002 年版，第 71 页。

泛分布的企业就能够保证经济活动的继续进行。作为传统,安全依靠的是人和城墙的环绕。现在,城市的安全和恢复能力则是基于连接的方式……现在受到保护的是无数分散的网络接入点”①。

新媒体发展了信息处理能力,使城市危机管理的复杂信息具有可处理性;新媒体提高了信息传递能力,大大增进了城市各地区、各部门的信息交流效率。首先,它是城市应急指挥中心的核心模块,连接了灾情现场的卫星定位系统、视频监控系统、信息车载系统,便于信息的采集和监测。其次,它是危机决策的数据支持系统和智囊支持系统,提供灾难历史数据的共享,保障危机指令的高效传递。第三,它是城市紧急求援的调度中心,能够在第一时间直接统筹城市所有职能部门进行协同作战,也能够向国际组织和非政府组织请求危机评估及专业救援。第四,它也是危机预警、灾后恢复和问责纠错的重要信息来源。总之,新媒体实现了一体化远程交互和跨部门协调管理,提高了城市危机的监测、预警、处理和愈合能力。

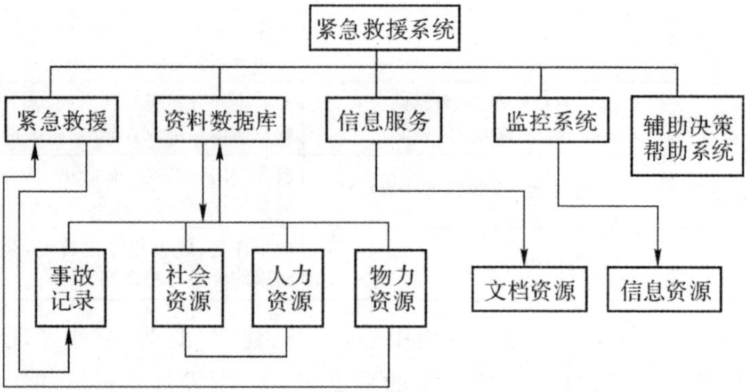

图 2　城市紧急救援管理系统框架图

(二)新媒体拓展城市社会交往空间

传统媒体传播条件下的交往主要是血缘和生活关系的延续,而新媒体加上了地缘、业缘的多种交往纽带,甚至是陌生人之间的情感倾诉也可以在新媒体空间内达成。今天,新媒体空间已成为城市居民社会交往的主要场所,人们习惯于使用中间媒介物的传播来替代人际传

① [美]威廉·J.米切尔:《我++——电子自我和互联城市》,刘小虎等译,中国建筑工业出版社 2006 年版,第 171—172 页。

播。新媒体可以冲破本地交流中的束缚，使身体不在场的交往成为可能，也使人类的沟通模式逐渐走向整合。空间型新媒介的传播特性构筑了新型的网络交往社区。“因特网和虚拟现实打开了新型互动性的可能，其结果是，实在社群与非实在社群两相对立这一观念将不足以具体标示纽带形成的不同模式之间的区别，相反，这一观念却模糊了社群形式的历史构筑方式。尤为特别的是，这种对立阻止人们提出普遍存在于不同类型社群中的身份形式这个问题”①。为此，尼古拉·尼葛罗庞帝曾预言，“互联网用户构成的社区将成为日常生活的主流，其人口结构将越来越接近世界本身的人口结构”②。新媒体变同步交往为可以选择传播延宕的异步交往，网络社区交往角色的虚拟性、平等性和弱规范性，给城市空间更大的想象力和自由度。

新媒体不仅使城市中的人际交往涂抹上了网络传播的调性，而且越来越倾向于人机交往与人际交往的互渗。如今的个人行为处处留下数字化信息的踪迹，这些信息痕迹被新媒体系统地收编在数据库中，形成了对个人越来越具体的描绘。“用信用卡付餐费时，服务员是陌生人，而接受信用卡信息的电脑却对顾客非常‘了解’，如今的都市生活是与陌生人的面对面交往加上与很‘熟悉’我们的机器进行的电子媒介交往。个人与个人之间、个人与机构之间的分界线不断被电脑数据库逾越，隐私作为一种行动模式甚至是一种论题都被取消了”③。然而，网络社区的繁荣并未造成现实城市交往的没落，相反，恰恰巩固了那些具有交流活动重要功能的城市空间。正如卡斯特所言，“作为公共空间，在线社区已经变成了 21 世纪街道的一角，但是至今还没有迹象表明互联网将会降低已有公共空间和‘第三空间’如咖啡馆、酒吧等的重要性。互联网带来的空间阻力的减小还没有使地理或地方变得无关紧要。”④空间型新媒介是在现实空间和虚拟空间的双重纬度上共建现代城市的社会交往体系。

---

① [美]马克·波斯特:《第二媒介时代》，范静哗译，南京大学出版社 2005 年版，第 35 页。

② [美]尼古拉·尼葛罗庞帝:《数字化生存》，胡泳、范海燕译，海南出版社 1996 年版，第 213 页。

③ [美]马克·波斯特:《第二媒介时代》，范静哗译，南京大学出版社 2005 年版，第 67 页。

④ [美]曼纽尔·卡斯特:《网络社会：跨文化的视角》，周凯译，社会科学文献出版社 2009 年版，第 252—253 页。

(三)新媒体更新城市文化传承体系

城市本身是时间的产品,城市空间是历史的创造物。“即便是较新兴的城市也有内在的历史性:它们的创造是根植于历史进程和概念之中的”①。现代城市大规模开发建设对传统历史文化的破坏,造成了城市空间记忆的断裂。患上失忆症的城市注定会在历史文化传承和发展的道路上迷失自我。为此,当代西方的一些城市社会学家在考察城市历史发展规律时,提出了“历史和谐”的概念,他们认为,“一个与自身历史和谐的城市应该具有能从其当前和未来的形态、结构和功能之中找到其历史伤疤和过去辉煌印迹的能力”②。

新媒体是城市文化记忆的空间载体,作为城市历史的言说者,肩负着代际传播和精神重建的重大职责。城市的演变不是表现在一栋建筑上,而是反映在城市各种情况的多层次沉积,以及无数生活迹象的不断变化之中。为了延续城市的地脉与文脉,保存那种能够见证某种文明、某种有意义的生活细节的历史事件或城市空间,需要开发更先进的媒体工具和手段。引进新媒体的影像和文字传播资料,能让城市的历史丰厚和立体起来。附加上了硅片的新媒体,“用来说明其各方面能力的前缀将不断从千、兆、吉变到太,甚至会达到拍乃至更多”③。这实际上产生了无限的存储能力和处理能力。应用新媒体对城市文化历史价值进行现代性的合理开发利用,能在媒介以及人们的视野中永久留存城市记忆,为助推城市的文化传承而立功,为促进城市的和谐更新而见证。

综上所述,空间型新媒介所构成的今天人类社会框架和生活节奏已经成为新城市化的背景。我们正面临一种新城市状态——无处不在的网络互联。“这样的城市较少依赖物资的积累,而更多地依赖信息的流动;较少依赖地理上的集中,而更多地依赖于电子互联;较少依

① [美]阿里·迈达尼普尔:《城市空间设计——社会—空间过程的调查研究》,欧阳文、梁海燕、宋树旭译,中国建筑工业出版社2009年版,第38页。

② 叶辛、蒯大申主编:《城市文化研究新视点——文化大都市的内涵及发展战略》,上海社会科学院出版社2008年版,第201页。

③ [美]威廉·J.米切尔:《伊托邦:数字时代的城市生活》,吴启迪、乔非、俞晓译,上海科技教育出版社2005年版,第12页。

赖扩大稀缺资源的消费，而更多地依赖智能管理”[①]。以新媒体为中心的城市生活每一个细节都被掩埋在媒介机器之中，媒介机器不光是媒介的物质外壳，更演化为我们所有生存领域的环境。我们有理由预言，以空间为媒介生产机制、以新媒体为空间重塑力量的新型大都市将会历久不衰。新媒体带来了新的城市机会，为人类活动提供了一种更高级的城市形态。但是，新媒体从目前看来还不足以改变城市作为空间集中的本质，我们没有理由也没有证据可以证明城市将从地球上消失。并且，新媒体背景下的城市体系也不是绝对的。因为，新的城市化空间的生产与社会实践，既不是纯粹技术的因果关系，也不是简单的政治经济机制，而是“社会构造的多重进程混合生成的结果，是一些互异而广泛的行动者网络创造的新时空。或者说，并没有一个所谓的现代城市的庞大图景，有的只是一组不断演进的概况样貌”[②]。

① [美]威廉·J.米切尔：《伊托邦：数字时代的城市生活》，吴启迪、乔非、俞晓译，上海科技教育出版社2005年版，第163页。

② Thrift N. 1996. New urban eras and old technological fears: reconfiguring the goodwill of electronic things. Urban Studies, 33(8): 1485.

网络社交媒体"富二代"偏见的成因及对策

张厚远　周　喆

摘　要　网络社交媒介对"富二代"丑闻的大量报道、大肆渲染和强调，以及为各种犯罪分子贴上"富二代"的标签，让我们看到了当今网络社交媒体中泛滥着的"富二代"偏见现象。本文主要调查了普通网民与媒介从业者，分析"富二代"偏见现象的成因，并提出了解决此类问题的合理建议。

关键词　网络社交媒介，富二代，偏见，对策

一、偏见与标签引起伤害

自杭州"欺实马"事件后，"富二代"词语渐渐成为网络社交媒体里的热词之一，之后，凡是与"富二代"有关的信息，都会有很高的点击率和回复量。比如："评委影子怒揭'富二代'选手黑幕"、"网曝江苏'富二代'澳门豪赌输掉15亿　致钻石家业倒闭"、"富二代与公务员校园内PK"、"富二代教你如何快速私了交通事故"等。同时，很多"富二代"也开始在社交媒体里高调炫富、吸人眼球，形成话题。到2012年9月8日止，与"富二代"相关的新浪微博数量将近1067万条，在百度新闻搜索中，与之相关的新闻多达35.6万篇。伴随着贫富分化状况的日益加剧和标签文化的普及，关于"富二代"恶劣行径的控诉在网络社交媒体上也接踵而来。很多"富二代"被贴上了"好逸恶劳"、"坐享其成"、"不遵守法规"等标签，进而形成了一种偏见，甚至有些时候还会出现标签贴错的情况，比如"药家鑫案"里的药家鑫。

偏见(prejudice)是一种在错误或僵化的刻板印象(stereotypes)上

作者简介　张厚远，副教授，武汉长江工商学院传播与设计学院，E-mail:zhybien@126.com；周喆，硕士研究生，暨南大学新闻传播学院，E-mail:56015948@qq.com。

对一群人所产生的负面态度。偏见的态度是对于特定群体的一种莫名的厌恶和憎恨，偏见还会导致消极和不公正地对待其他群体成员。[①] 网络社交媒介经常会不经核实地随意将“富二代”的标签贴到一些人身上，引咎和妄断事件的缘由与“富”的关系，网络用户如果不加甄别地盲从，无形中会加剧社会不同阶层的对抗情绪。所以，网络社交媒介应发挥其社会的联结功能，协调与沟通各种社会关系，而不是为赢得点击率和眼球而打着舆论监督的旗号曲解事实本身。这种不经查证的“富二代”标签行为不仅伤害了标签当事人，破坏新闻报道的真实性，而且放大了社会各阶层之间的矛盾，加重了一种网络戾气。

二、“富二代”偏见心理的成因

笔者设计了两份网络问卷，用以调查网络社交媒体中的“富二代”偏见现象的成因。问卷 1 的调查对象是普通网民，有效问卷 253 份；问卷 2 的调查对象是网络媒体从业者，有效问卷 18 份。在邀请受访者填写问卷的同时，笔者也对部分调查对象进行了深度访谈。

(一)贫富分化严重和名利攀比思想浓厚是主因

调查发现，普通民众认为，形成“富二代”偏见的主要原因有三个，首先是人们的收入差距变得越来越大，普通人有仇富情节；其次是社会的权力名利风气越来越严重，得到权力名利的人过于张扬，没有得到的人产生了心理失衡，从而引发集体仇恨心理；第三，由于家庭的溺爱，导致“富二代”心理不够成熟，存在着故意炫富行为，刺激了公众敏感的神经。

问卷 1：您认为网络社交媒体对“富二代”偏见的原因有哪些？（多选题）

基尼系数是国际上通用的描述收入不平等状况的指标，指 1%的人口占有的社会财富的比重，低于 0.3 属过于均等，高于 0.4 则属差距过大，若基尼系数为 0.5，说明 1%的人口占有了 50%的社会财富。中国的居民收入基尼系数 1994 年突破警戒临界点 0.4，美国波士顿咨

① 陈国明、安然编著：《跨文化传播关键术语解读》，中国社会科学出版社 2005 年版，第 157 页。

询公司(The Boston Consulting Group)发布的“2006全球财富报告”显示,中国约0.4%的家庭,占有中国财富总量的70%。在发达国家,一般情况下是5%的家庭占有50%~60%的财富。更为严重的是,社会为扭转贫富差距扩大趋势的难度不是在缩小,而是在扩大,据联合国数据,2011年中国的基尼系数将突破0.55。《北京日报》一篇评论指出:两极分化作为资本积累的一般规律,只会自我强化,不会自行消失,富者更富、穷者更穷将是普遍的情况。

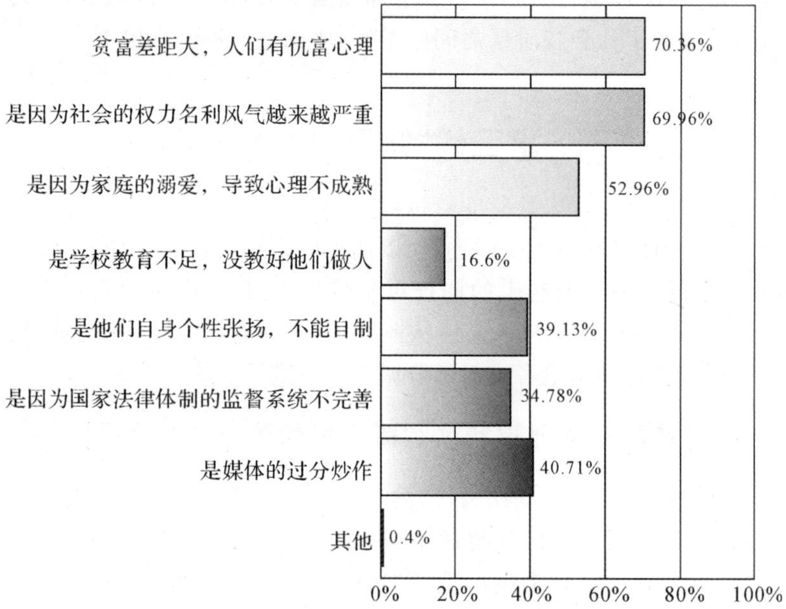

图1 “富二代”偏见的原因调查

马克思·韦伯在其社会分层理论中指出,财富是社会成员在经济市场中获得的生活机遇,有的人拥有财产而在市场上体现其价值,但是有些人用于交换的是知识、技能甚至文凭和社会资历以获取报酬,所以,社会中的各个阶级在市场所享有的资源不同。因此,报酬的多寡是划分阶级、阶层的经济标准。[①] 教育资源、社会保障等资源占有的差异导致社会阶层分化,由于社会政治制度改革相对滞后,导致了下层人晋升的通道受阻,造成了这些社会成员内心的不平衡感。我国的

① 乐平:《现代社会与我们的生活——一个社会学的视角》,中国商务出版社2006年版,第148页。

法治建设滞后于市场经济的发展，相关制度也不够完善，因此出现了一些与市场经济要求不相适应的现象，比如垄断、巧取豪夺等。另外，地区发展不平衡、劳资问题尖锐，财产占有差别的日益扩大和劳动与资本利益的日益分化，也加剧了贫富两极的分化。

由于分配制度的不合理，以及文化道德建设明显被忽略，其结果是，富裕阶层可以轻松获得财富而缺乏合理的财富观念，贫穷阶层获得权力、名利的通道受堵，进而产生了更强烈的渴求，从而曲解了财富的观念，这样，就导致了社会上过度地追逐权力、名利的风潮。

（二）网络媒体的过分关注，起到了推波助澜的作用

“富二代”从2009年起，至今一直是各类媒介不愿意放过的话题，关于“富二代盘点”的专题、新闻比比皆是。例如：中国经济网（www.ce.cn）2011年9月1日刊载了一系列来源于大众网的图组——“盘点富二代的炫富、奢靡生活”。其中“富二代秀豪宅讽刺穷人”这样具有煽情性质的标题十分醒目，图组中豪车美女更是吸引人们的眼球。[①]甚至，凤凰视频网的“凤凰牛视”栏目也发布了“富二代出位行为盘点”的系列视频，其中尽是“宝马”、“裸照”、“拼爹”等字眼。[②] 此类庸俗、煽情的报道无疑是媒介话语权的滥用。这样的内容在各类网络社交媒体上被疯狂地转发着，并被疯狂地评论着，言辞非常激烈、偏见丛生。

媒介有其为公众设置议程的功能，传媒的新闻报道和信息传达活动通过赋予各种“议题”不同程度的显著性的方式，影响着人们对周围世界“大事”及其重要性的判断，并且这种“议程设置功能”并不是传播媒介对外部世界“镜子”式的反应，而是一种有目的的取舍活动。问卷2对网络媒体从业者的调查正好印证了这些事实。

问卷2：“假如您在进行今天的新闻选题，如果有以下几类群体的犯罪事实，您会选择哪一群体进行报道?”

此项调查为单选题，目的在于调查网络媒体从业人员对于报道新闻事实的选择倾向。其中有33.33%的媒体从业人员选择了对富二代、官二代群体的犯罪事实进行报道，在所有选项中占最大比例。由

① 来自网页：http://www.ce.cn/xwzx/shgj/gdxw/201109/01/t20110901_22665328_1.shtml。

② 来自网页：http://v.ifeng.com/v/chuweifuerdai/#bf53e61b-7998-495d-8171-34a5d0a82936。

此说明,网络媒体对富二代、官二代犯罪事实的关注度最高,他们为这个群体设置了负面的议题。

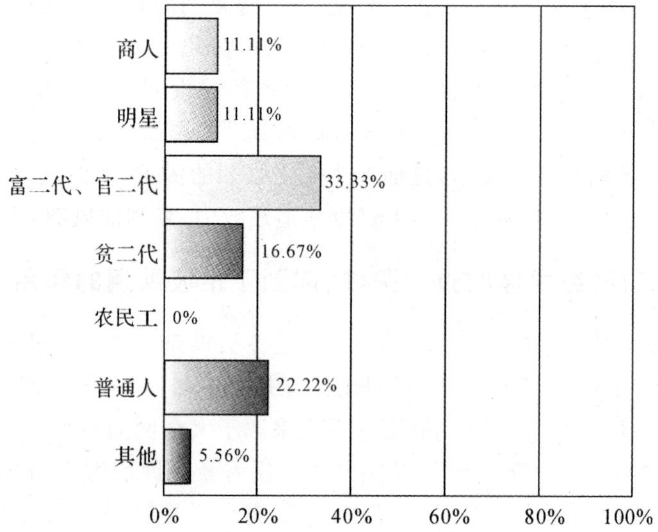

图2 网络媒体工作者选择不同群体类别犯罪的调查情况

网络社交媒介对“富二代”议题的设置多数是负面的,2008年全国共发生道路交通事故265204起,造成73484人死亡、304919人受伤,这些数据说明事故频发,但是“欺实马”的主角胡斌、包工头张名宝、“保时捷男女”等却被舆论紧紧包围,网络社交媒介对“富二代”犯罪事件和“富二代”涉及的车祸案件的关注远远大于对平民事件的关注,根本目的在于迎合受众。他们认为,平民百姓乐于看到本阶层的对立面“富者”的丑闻,而“富者”只属于社会群体的一小部分,常被媒介忽视。因此,网络社交媒介成了平民与富人骂战的戏台,本应该承担社会整合功能的网络社交媒介在点击率面前充当了推波助澜的角色。

三、网络社交媒介消弭或减少“富二代”偏见现象的应对策略

(一)新闻报道保持客观、理性、平衡的心态

对于网络社交媒体报道的客观性问题,笔者对网络媒体从业者做

了调查，问卷2的第8题："您认为如今的网络社交媒体新闻报道的客观性如何？"

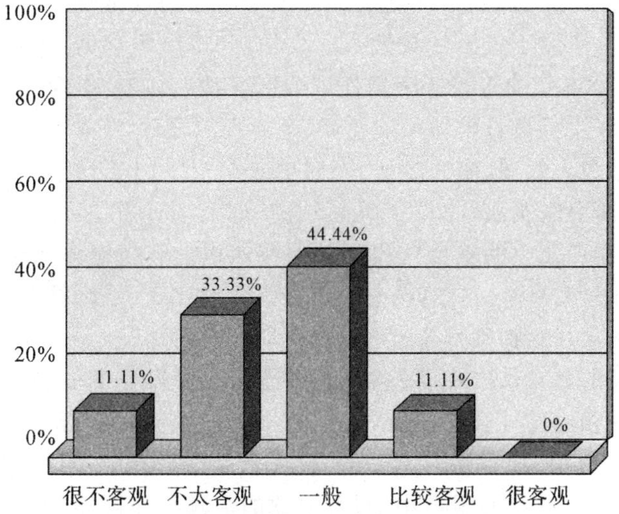

图3　网络社交媒体的客观性调查情况

在接受调查的网络媒体从业者中，只有11.11%的人选择了"比较客观"，而88.88%的人认为目前的网络社交媒体的新闻报道普遍缺乏客观性，其中有44.44%的人选择了"不太客观"。

网络社交媒体时代，人们的新闻理念发生了很大的变化。客观性理念和新闻报道方式受到很大的冲击，许多西方学者发现，无论是什么性质的媒体，都难免受到国家意识形态、经济制度、社会文化等因素的影响，客观性理念指导下的新闻报道并不客观。甚至有些学者论证了新闻不可能客观、新闻不必客观等观点。但是，不管新闻客观性怎样受到怀疑，新闻工作仍然需要一个恰当的判断准则，需要追求理性和平衡精神。

(二)多选择正面的报道

"富二代"大多生于20世纪80年代，他们的父母在改革开放初期发家致富。据统计，80%以上的"富二代"受过良好的高等教育，大多数已经或将要步入社会，成为各行各业的精英。对于这个群体，除了多角度地报道外，应该多选择正面的信息进行报道。

美国《福布斯》杂志公布的2010年全球富翁排行榜中，另外列入了十位最年轻的亿万富翁,而其中有两位是来自中国的年轻富豪。其中一名是广东房地产集团碧桂园创始人之一杨国强之女杨惠妍,她持有70%的股权,净资产34亿美元。继承家业的杨惠妍是名副其实的"富二代",毕业于美国俄亥俄州立大学,获得市场营销及物流专业学士学位,2005年加入碧桂园担任采购部经理。如今,作为公司执行董事,杨惠妍主要负责整体采购监督、企业资源管理,并参与制订发展策略。但她为人低调,能力超群,同时也是个"仁二代",2008年5月14日,杨惠妍个人捐资1000万元,委托广东省青少年发展基金会设立"汶川地震孤儿救助基金",用于救助在四川地震中痛失双亲的儿童;《2010胡润慈善榜》发布,杨惠妍家族五年间用于教育、扶贫、健康、救灾等慈善项目的捐赠额超过5.3亿元,名列第七。①

遗憾的是,"富二代"做慈善的报道在网络媒介中很少出现,富者应承担其相应的社会责任,媒介也应当客观、公正地进行报道。但是,在新闻报道中,却存在着明显的"金钱标尺"的思维。例如,在各种赈灾捐款、公益慈善的报道中,富者捐款的数额往往被媒介视为其道德水平高低的唯一评判标准,捐款数额大的人备受追捧,数额小的人会被指责,把金钱作为唯一的评判标准并不合理,类似于"刘德华玉树捐款只捐十万元"的新闻报道就有失偏颇。

(三)新闻报道要着眼于真实性,不耍噱头

这是导致"富二代"偏见的最大顽症,因此,笔者设置了3个问题进行调查。第一项是关于公众眼中网络社交媒体真实性的调查,第13题"关于网络社交媒体对此类事情的报道,您认为是否有炒作夸大的成分?"

调查结果是,92.49%的普通受众认为网络社交媒体中关于"富二代"的报道中只有部分属实,更多的是使用夸张和"合理想象"的成分,制造噱头,吸人眼球。

第二项是关于网络媒体从业者对此类问题看法的调查:你是否有这样的经历:你认为是有新闻价值的选题,最后却因为噱头不足而遭到上司的否定。

① 来自百度百科。

有 77.78%的媒体从业者表示，自己曾有过自己认为很有新闻价值的选题，最后却因噱头不足而被上司否定了。

第三项是对普通网民和网络从业者的集合调查：您在转发微博或其他消息时，是否会验证过此信息内容的真实性？

超过 55%的受访者在转发微博和其他消息时并不注重验证信息的真实性。

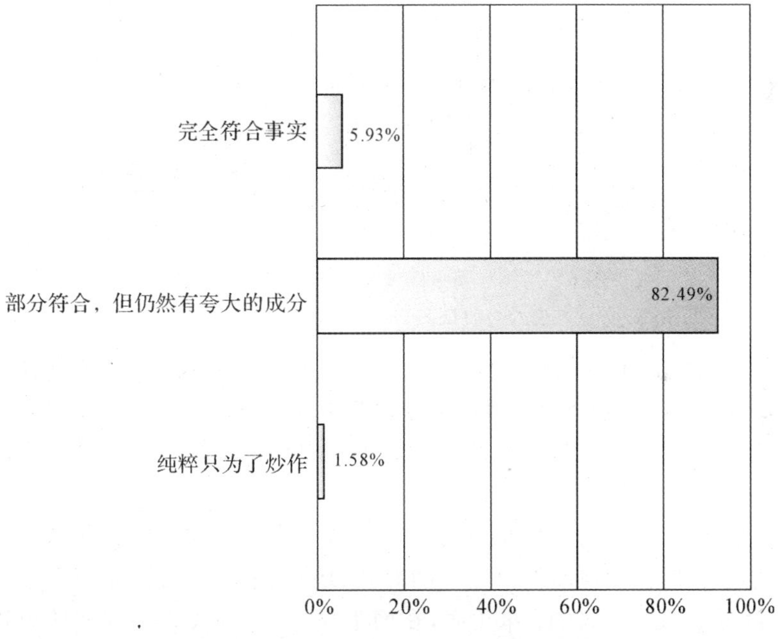

图 4 “富二代”报道中是否有夸大的成分调查

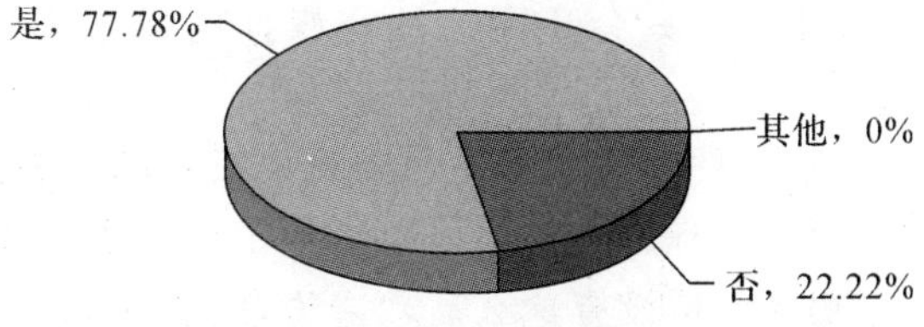

图 5 媒介从业者是否因噱头不足的原因而改变了新闻选题

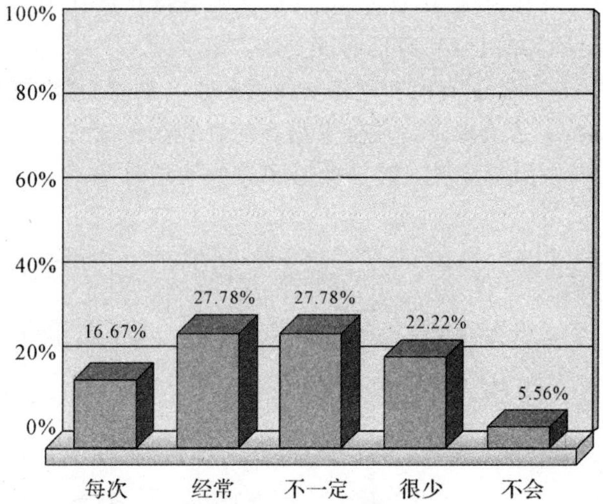

图 6　网民和网络媒体从业者在转发消息时
是否会验证其内容真实性的调查

以上三项调查（图 4、图 5、图 6），反映出当今新闻媒体存在的两个问题，一是新闻选择缺乏道德准则，“噱头”、“卖点”成了最后衡量新闻价值的标尺；二是新闻真实性的缺失，新闻的生命力受到了严重的威胁。

新闻真实性指的是在新闻报道中的每一个具体事实必须合乎客观实际。即表现在新闻报道中的时间、地点、人物、事件、原因和经过都经得起核对。[①] 2010 年年底，在网上疯传的“韩庚富二代表妹出资百万帮赎身”，以及 2011 年年初 QQ 新闻里的“无锡富二代豪赌输 15 亿”最后都被证明是假新闻。真实是新闻的生命，以失去生命的代价换取点击率和关注度，只会让网络社交媒体的媒介环境更加生灵涂炭。

另外一起典型事件则证明了无原则地要噱头的臆想。曾经，“车模钻裙造价过亿”这一标题党新闻迅速抓住了受众的眼球，但最后经当事人证实，钻裙的价格没有这么高，“造价过亿”并不是出自当事人及设计师之口，只是空穴来风。在选择新闻时，应坚持正确的舆论导向，回归本真，拒绝煽情的文风，而不应为了提升点击率或引起话题来夸大事实。

---

① 李良荣：《新闻学导论》，复旦大学出版社 2010 年版。

(四)网络社交媒体的新闻报道多一些人文关怀

监测环境、弘扬正气是媒介的基本功能之一,但是,秉承和谐、共生共存的理念也是当代媒介应该遵守的基本原则之一。因为,我们的社会已经发展到了高风险的社会阶段,各种自然灾难和社会灾害爆发的频率比以往任何时候都高。由于媒介在社会整合过程中具有举足轻重的地位,所以,人文关怀理念的重要性就凸显了出来。

鉴于网络社交媒体在社会生活中扮演着重要角色的原因,针对网络社交媒体里的人文关怀问题,笔者设计了一个网络社交媒体的人文关怀程度的问题,分值如下:

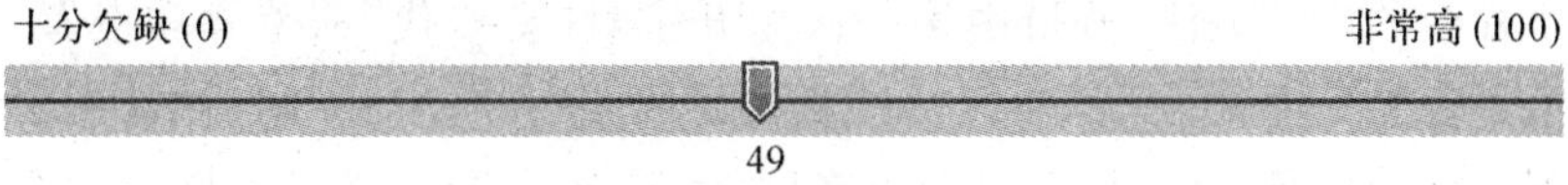

图 7　目前网络社交媒体里人文关怀度滚动条

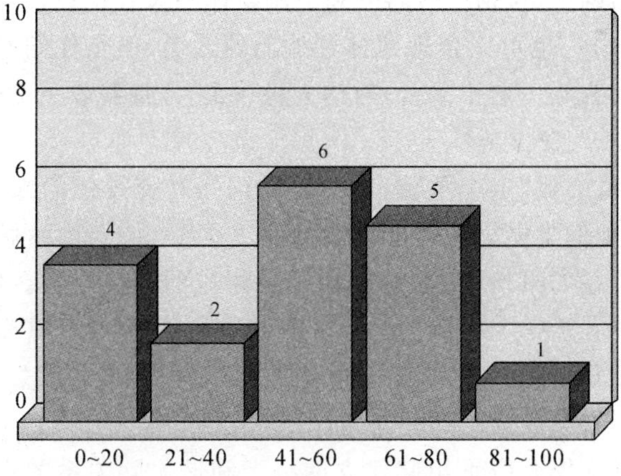

图 8　目前网络社交媒体里人文关怀度分值

极端值为“0”分,表示媒介的人文关怀度十分欠缺,“100 分”表示媒介的人文关怀度非常到位,网民通过拖动图 7 中的滚动条给予评分。令人惊讶的是,网络社交媒体目前的人文关怀度的分值平均分只有 49.61 分,如图 7 和图 8 所示。

人文关怀不仅适用于针对社会弱势群体的报道,同样也适用于“富二代”的报道,并非每一个“富二代”都飞扬跋扈,多数“富二代”是遵纪守法的,应该像普通人一样对待,也应该给予相应的人文关怀,尤其是当“富二代”成为新闻事件的受害者的时候,人文关怀不能缺失。

曾有一则来自新华社的消息,2012 年 4 月 11 日凌晨,美国洛杉矶南郊的南加州大学校园附近,两名中国留学生实验室返回住处的路程中遭枪击遇难。然而一些无良的媒体在报道时却将遇难学生的座驾“宝马”作为重点进行强调,学生被贴上“富二代”的标签。这正好迎合了当下部分网民仇富的心态,许多网友竟然戏称该事件是“美国英雄为民除害”。一场令人痛心的悲剧在网络社交媒体的渲染中竟然变成了一个戏谑的话题,冷漠像一颗子弹,从每一颗有热血的心脏中冰冷地穿过。

郎咸平曾经对“‘富二代’炫富事件”主角郭美美进行了访谈,激起了社会的广泛关注,节目中第一次抛开了对“富二代”的羞辱和谩骂,给了他们一个中立的平台,目的是提供线索与质疑的空间,让公众了解对称的信息。但是,节目播出之后,却迎来了媒体,尤其是网络社交媒体的一片唏嘘和辱骂声。郎咸平甚至愤怒地斥责网络社交媒体里的一些暴力网民,包括一些名流和下流媒体的疯狂,“你们可以不赞同我的采访风格,也可以合理地怀疑他们的诚信,但是你们有什么权利以低俗的语言霸占舆论平台,散播人身攻击,散播我收受 200 万贿赂、3P 等下流的人身攻击?”

对于“富二代”这个群体,在国外的网络社交媒体的视觉里,他们并不特殊,他们享受着自己想要的生活。但是,他们依然做着很多对社会非常有益的事情,媒体分别给予了相应的客观报道。比如:纽约市长的女儿乔治娜·布隆伯格经常练习马术;世界第二富豪沃伦·巴菲特的长子霍华德· 巴菲特身赴非洲,致力于“对抗饥饿”;CNN 创始人之子保·特纳成为美国环保先锋,等等。

网络社交媒介应承担起建立网络上和谐人际关系的责任。诚实守信、和谐融洽、平等互助、相互包容是构成和谐人际关系的社会心理基础,对“平民”与“富者”的关系应以新的眼光等同视之,从而避免煽起不同阶层的仇恨、引发各种偏见的新闻实践。“富二代飙车撞人逃逸”之类的新闻标题,往往会在公众心中形成“富二代”都骄奢淫逸、无视法律的印象,造成“片面舆论”和“极端舆论”。这些故意制造出来的“贫”、“富”对立的事件,既不利于塑造现代化进程所需要的个人致富观和社会财富观,也不能促进案件的合理解决,只会加深不同社会阶层的对抗情绪,不但于事无补,也会影响到整个社会的和谐与团结。

Causes and Countermeasures of the"Rich Second Generation" of the Network of Social Media Bias

Zhang Houyuan　Zhou Zhe

Abstract: Social networking media hyped and stressed the extensive coverage of the scandal of the"rich second generation", and labeled a variety of criminals as"rich second generation". Let's see today's network of social media, the proliferation of"rich second generation" bias phenomenon. This paper surveys the ordinary netizens and media practitioners, analysis of the causes of the phenomenon of the"rich second generation" prejudices, and put forward reasonable proposals to solve such problems.

Keywords: social networking media, rich second generation, bias, countermeasures

论　文

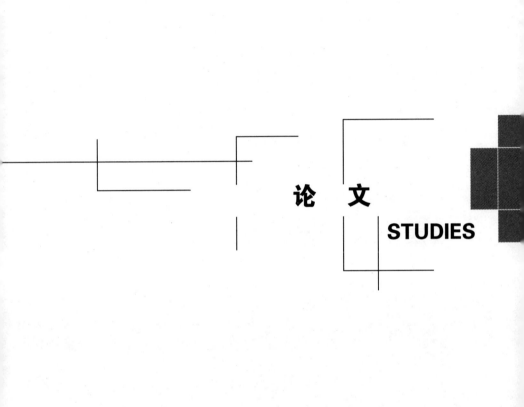

STUDIES

“网络化自我”的生成

——台湾青年社交媒体使用行为个案研究

张煜麟

摘　要　本文尝试结合素养研究、社会心理学及社会资本等论述，佐以生命史及口述传记研究法，探究青年社交媒体使用习惯的社会心理成因。通过个案的研究，本文发现：(1)挣脱升学主义与文凭主义的规训；(2)追求“既亲近且疏离”的友谊关系；(3)展演社交媒体所具有的传递信息与情感的功能；(4)重视分享与回馈的网络互动常规等4种意义结构，足以作为解释当代台湾青年社交媒体使用行为的关键因素。最终，本文肯认青年社交媒体使用行为的能动性。

关键词　社交媒体，新素养，社会资本，口述传记法，阅听人传记

一、研究问题

长期以来，传播及教育学门中，有关青少年或青年社交媒体使用行为的研究，主要是从“新素养”、社会心理学与社会资本等面向来开展研究的课题。[1] 本文尝试在上述论述三种研究途径之外，选择从生命历程与传记研究的取径，探究影响青年使用社交媒体行为的社会与文化因素。

作者简介　张煜麟，博士研究生，台南科技大学助理教授，E-mail：a9387484@gmail.com。

① 本文将“社交媒体”(social media)的概念，作为指称“社交网站”(Social Network Sites)的上层概念，行文中，不再细分两概念的差别。“社交网站”的概念，如学者 Boyd & Ellison(2008：211)的定义，特指以因特网的平台为基础，提供使用者可以：(1)在有范围的沟通平台中建构一个公共空间，或拟似公共的沟通空间；(2)能够明确构连出一串与使用者能够相链接的互动清单；(3)可以在自己或他人的动态联结与基本数据反复搜寻查阅的网络沟通平台。

就生活在当代世界的青少年或青年个体而言,他们普遍在童年的成长历程中,理所当然地习得计算机与网络的使用能力。随着社会化历程的开展,在他们从童年走向青少年的过程,也惯常地透过网络通讯软件来维系现实生活的友谊关系。而当社交媒体出现后,这群年轻人又自然地将维系友谊与情感的方式,转移到社交媒体平台上。然而,当代的青年,他们这种在日常生活中花费大量时间于社交媒体的行动习惯是如何形成的呢?何种社会脉络或行动的意义结构,可以作为理解当代台湾青年生成上述社交媒体之使用形貌的原因呢?

本文尝试以当代青年社交媒体使用行为的研究论述为基础,结合传记性个案研究与叙说访谈等研究方法,探究影响当代台湾青年生成社交媒体使用习惯的社会心理因素。

二、有关青年社交媒体使用行为的论述

(一)强调机会与风险兼具的新素养行为

以批判教育哲学、公共领域等论述为基础,强调培养阅听人批判识读能力与媒介近用能力的媒介素养教育,是传播研究的重要贡献。这种以素养实践或识读能力的概念,作为界定理想的阅听人行为的理论框架,是目前传播社群研究认识媒体使用行为的主要认识论基础。近年,因新媒体与诸多社群媒体的浮现,过往从单一的、原子论式立场,所进行的媒体素养研究典范,已不足以解释当代网络世代的媒体实践行动。在既有的素养研究基础上,提出"新素养"(new literacies)与"数位素养"(digital literacies)的主张,成为当代传播研究论述青少年之社交媒体使用行为的主流论述(Coiro,2003; Russo & Watkins,2008)。

"新素养"或"数位素养"的观点,来自于当代关心新传播科技与识读能力问题的诸多教育与传播学者的论述。此论述强调,成长于网络世界的"网络原生代"(digital natives)(Prensky,2001),他们经由数字环境阅读与吸收信息的行为,远比传统阅读方式更为复杂。因此,有别于传统的阅读理解力和沟通技能,当代的网络阅听人,特别是青少年或青年族群,他们有必要具有能够透过网络科技所具有之社会"能

供性”(affordance)[①]的潜能，有效地搜寻、评鉴和使用网络上的信息，以响应行动者所处的社会问题的能力(Leu et al.，2005)。这种从“新素养”的观点来研究新媒体使用行为的研究取径，已成为目前研究社交媒体使用行为的重要论述基础(Buckingham，2006；Greenhow & Robelia，2009；Turner，2010；Davies，2012)。

当代以“新素养”观点出发来探究青少年或青年社交媒体使用行为的论述，大体上可以分为机会论与风险论这两种不同的论述立场。第一，机会论的观点，强调社交媒体的出现，能够带来青年新的素养学习机会。譬如 Greenhow & Robelia(2009)的研究发现社交媒体的使用，能够培养青少年提升情绪支持、关系维系的可能。因此，培养学生有效地透过社交媒体的工具，是新素养教育的重点工作。又如，以儿童或青少年为具有“游性”(playfulness)之主体性的概念为核心，探究在线游戏、社交媒体与新素养之关连的论述也指出，在线社群间的游戏与互动的模拟经验，有助于青少年或青年体验冒险、创造、分享等社会行动面向的素养能力(Gill，2003；Ito，2009)。第二，风险论的立场，强调社交媒体的出现，配合当代“网络个人主义”(networked individualism)的兴起(Wellman，2002)，对于青少年与青年的生活世界，带来家庭与在地社区生活逐渐弱化的问题(Livingstone & Brake，2010；Takalmshi，2011:69)。于是，从风险的观点，思索如何避免孩童或青少年成为公共社群的疏离者，如何避免社交媒体出现所带来的风险，是新素养研究与教育实践的重要论点。

(二)友谊、归属感与人际联结的社会行动

从社会心理学的面向，将青少年或青年社交媒体的使用行为，特别是与非家人之人际关系的维系行为，视为个体进行友谊关系、归属感与社会认同的社会行动来进行研究，是当代青少年社交媒体研究的主要研究途径之一。

首先，考虑到同侪友谊的关系乃是青少年或青年社会化阶段最重

① “能供性”(affordance)，或翻译为“机缘性”或“负担性”等词语，目前常用于传播科技研究领域，有关技术物如何为社会所建构，行动者如何在社会脉络中展现能动性的研究议题中。“能供性”的概念，主要由心理学家 Gibson(1979)所提出。“能供性”的概念，主要是指技术物本身有邀请使用者在它所能提供(afford)某个范围内进行使用的可能性(Gibson，1986:127)。换言之，技术物一方面因其客观的技术特性，具有某种应用范围的局限；另一方面，技术物的应用，也会受到特定的社会脉络的主观诠释行动的影响。

要的社会支持关系(Rubin,1980)。目前结合社会心理学理论,探究青少年社交媒体使用行为对于提升青少年的社会支持的研究,是目前社交媒体使用研究的焦点之一(Boyd & Ellison,2008)。如 Subrahmanyam & Greenfield(2008)的研究指出,当代介于 10 岁到 20 岁之间的孩童,会因网络与线上沟通管道的存在,而越来越不依赖父母亲,致力于在网络上花费大量时间进行同侪关系的维护。

其次,研究也发现,随着青少年投入到社交媒体之使用时间的增加,青少年也会发展出不同的友谊关系的行动类型。知名儿童及青少年新媒体研究研究者 Mizuko Ito 的研究,即发现到青少年透过社群媒体来维系友谊的行为,会随着使用时间的增加而有改变,一般的青少年会逐渐依照目的与需求的不同,以及友谊关系的远近,而展现出"工具性友谊"(instrumental friendships)与"情感性友谊"(affective friendships)的类型(Ito et al.,2009; Foucault & Markov,2009)。

再者,诸多研究均证实了社交媒体的使用,确实有助于青少年维系日常生活之互动对象以外的友谊关系(Subrahmanyam et al.,2008);同时,研究也证实,"脸书"等社交媒体的使用,主要是在维系真实生活中的友谊关系,而较少会用于寻找线上陌生的友谊关系(Ellison et al.,2007 ; Barkhuus & Tashiro,2010)。

此外,"归属感"(belongingness)是目前许多探讨青少年或青年使用社群媒体行为的重要议题。学者研究也发现,大学生热衷于在社交网络上分享资讯、娱乐与进行社会联系;而参与线上特定主题或议题团体,能够让学生感受到他们是团体的一部分(McMillan & Morrison,2006)。Pearson(2010)与大学同事研究指出,常用移动电话、电视、电脑与 MP3 来参与线上社群活动的大学生,较少感觉到孤单,他们就不会感觉到处在缺乏归属感与社会关连的状况。

(三)积累个体社会资本的黏着剂

关于社交媒体的行动如何影响年轻人社会资本的研究,是一个从社交媒体浮现以来,即有研究者尝试地从经验资料上,透过测量的工具来检验其关联的研究议题。这其中如诸多学者将社交媒体的使用行为,视为影响个体之社会资本的社会因素,尝试去发现社交媒体的使用行为,对于年轻人社会资本的提升是否带来正向提升的利益(Ellison et al.,2007);以及透过具体的测量社会资本存量的量表,比较使用社交媒体、面对面沟通与广播类型的阅听人,彼此之间在社会资本存量上的差异等研究(Burke et al.,2011),均是从社会资本观点,进行社交媒体使用行为的典型研究。

进一步,由于社会资本研究者提出,社会资本具有以建立分享的"强连带"(strong ties)关系为主的"凝聚社会资本"(bonding social capital),以及以提供信息和支持为主的"弱连带"(weak ties)关系的"连接社会资本"(bridging social capital)的差异(Putnam,2000)。因此,也吸引了研究者针对社群媒体的使用,对于不同类型之社会资本的影响,进行经验研究。例如,以美国城市中居住的青少年为研究对象的社交网络媒体研究即发现,较常使用社交网络媒体的青年,在学校的沟通与人际互动的关系,往往具有较佳的表现,其在社会资本的测量上的表现较佳。同时研究也发现,青少年在"凝聚社会资本"(bonding social capital)和"连接社会资本"(bridging social capital)上,具有不同的使用模式。通常青少年会在以"弱连带"为主的"连接社会资本"上,花费大量的时间;而在"强连带"的"凝聚社会资本"的使用行为上,则与青少年过往与该对象的经验息息相关(Ahn,2012)。

大体上,目前在探究社交媒体的使用对于青年之社会资本变动的经验研究,均肯定社交媒体的使用,是有助于提升青少年或青年社会资本的提升。在研究的方向,除了测量个体的社会资本的提升与否的问题外,少数研究也尝试从历程的观点,探究个体在使用社交媒体的历程中,透过何种行动策略去使用社交媒体,以提升自身的社会资本。目前的研究发现,由于社交媒体具有显示身份信息的功能,这种身份讯息的呈现,可以成为一种构连陌生关系的润滑剂,从而提供社交媒体的使用者,得以于社交媒体上将潜在的朋友关系,转换成为"弱连带"的朋友关系。而这也提供社交媒体的使用者,得以在社交网络上对不同联结形态的朋友,发出广泛的信息,并寻得支持(Ellison et al.,2011)。

(四)传记取径的青年社交媒体使用行为研究

总的来说,上述"新素养"的观点、社会心理学与社会资本等面向,所进行的青年社交媒体使用行为的研究,大体上是从教育学、社会学、心理学与社会网络研究等多种面向对于青年使用社交网络的行为,进行不同面向的经验研究。这其中,多数的经验研究均肯定了社交网络的使用,具有降低孤独、提高社会支持、维系友谊关系与获取社会资本等正面的影响。不过,审视目前主要的三种研究途径的过程,新素养的研究取径,主要从素养的应然面向或能力面向来论述青年社交媒体行为,而社会心理学的研究取径,则多从动机论的角度,个体的、心理面向来解释社交媒体的使用行为;至于社会资本的取径,则往往是从个人理性选择论的角度,来论述社交媒体对提升个人社会资本与利益的提升的影响。

然而,对于青少年或青年个体如何成为一位社交媒体的习惯使用者?何种常民社会或文化的潜在规范,导引年轻人形成社交媒体的使用习惯的问题,目前仍缺乏从个体的社会化过程或生命历程的角度,来解释这种行动习惯的生成原因。因此,本文尝试结合当代传记研究法的理论视角,企图将具有使用社交媒体之习惯的青年,视为承载自身社会化历程与生命经验的主体,然而,尝试从重构其童年经验与传记历程的过程中,说明哪种社会脉络与文化因素,可以作为解释青年于日常生活中形成使用社交媒体之习惯的社会根源。

三、传记研究方法的应用与经验个案的考量

(一)传记研究方法的应用

本文在研究方法上,尝试用口述传记研究取向,搜集青年使用社交媒体网站的传记性文本。Denzin(1989:49-68)界定传记研究法的核心立场为兼具客观的自然历史取向与解释取向的方法论立场。

德国知名传记学研究者 Lena Inowlocki 等人指出"传记分析的焦点,不仅是通过对个体生命历程的再现,来进行意向性(intentionality)的重建,亦关注那些镶嵌于宏观社会结构中的传记性陈述"(Apitzsch & Inowlocki,2000:61)。此定义说明了传记研究法不仅仅是一种重构个体意向性的研究法,更是一套能够用于分析社会行动与结构互动的研究方法。传记方法论的开拓者 Martin Kohli(1981)将传记研究法定义为"一种生命历史的建构,往往是通过个体表述与其当下处境相关之过去生活经验的面向来完成;……生命历史并非个体生命历程的所有事件的总和,而是'结构化的自我形象'(structured self-images)"(Kohli,1981:65)。因此,传记研究法基本上是一套分析行动和结构关联的方法论,可以有助于本文从生命历程的观点,探究社交媒体使用者之行动逻辑如何生成的问题。

在传记方法论的基础上，本文选择以德国学者 Fritz Schütze 提出的“叙述访谈法”(narrative interview)作为搜集个案口述传记资料的研究工具。Schütze 认为：“叙述访谈是一种社会科学采集资料的方法，它让叙说者在研究命题内，将个人事件发展及相关的经验，做浓缩、细节化的即兴叙述(improvisation)”(Schütze，1987：49)。而叙述访谈的操作过程，可区分为“主叙述”阶段、“回问”阶段与“平衡”等阶段。最后，并尝试在访谈的末端，以整体性的问题，引发叙说者对过往经验的整体性论域(Flick，1998：99)。

(二)叙说访谈的进行与个案介绍

本文共进行 6 位高中生(年龄分别在 15～17 岁之间)的社交媒体使用经验的叙述访谈。[①] 在研究个案的选择上，考虑到高中的社交媒体使用行为，主要是维系友谊关系为重点，而同学与友谊关系的来源，则主要是来自求学过程所认识。而 6 位个案的口述传记的访谈过程中，研究者在比对 6 位个案所提供的传记叙述后发现，在影响台湾高中生社交媒体使用行为样貌的诸多因素中，初步地可以发现目前在台北的不同的高中学校受教环境中，对于学生社交媒体的使用，有极为不同的管制方式。因此，考虑到不同的公立或私立的高中受教环境，对于使用社交媒体的行为，具有不同的规范方式。[②] 本文在个案的选择上，尝试区分为公立高中、一般私立高中与以升学为导向的高中等 3 种类型(3 种类型各有两位高中生)，并选定台北地区 5 所不同性质的高校的学生，分别进行使用经验的访谈，以期能够获得足以代表目前台湾青年社交媒体使用经验的典型个案。

分别以起始问题为：“麻烦你告诉我们，你从小到大，有关于网络的使用与学习经验，特别是针对社交网站如“脸书”等工具的使用经验”，于 2012 年 8 月 6 日、9 月 2 日与 9 月 12 日，对 6 位高中生进行叙述访谈。叙述访谈完成，并转录口述传记文本后，本文决定以就读内湖地区私立女中、个案名为小雅的高二学生，作为本文个案研究的对

① 本文研究者由衷感谢 6 位高中生分享其使用网络与社交媒体的生命故事，特此致谢。

② 研究者从个案高中生的叙述访谈资料得知，目前台北市的公私立高级中学，多禁止高中生于校园中使用行动电话或电脑等工具上网。如近期台北市成功高中，即于“学生奖惩补充规定”中，明文规定学生若于“早自习、晚自习、午休、上课时从事无关课业之活动(看漫画、看报纸、玩扑克牌、手机、玩电脑游戏机等)”，记“警告”；此校规也引发学生与媒体的议论。(见：http://neptune.cksh.tp.edu.tw/ckshnews/show.php? mytid=10942)。

象。选择此个案的原因,在于此个案的就学环境,介于公立学校与升学导向的私立学校之间,其建构朋友关系与使用社交媒体的行为,可视为目前高中生的使用经验的典型个案。另,在两位私立学校的高中生中,又以个案小雅所提供的口述传记经验较为完整,故以此个案作为传记研究的对象。

(三)传记个案的叙说经验的分析方法

Cochran(1997:51-56)认为叙述访谈提供主体一种诠释自我经验的情境,引导主体对其生命过程中所遇到的各种转折与发展,赋予因果与事件的联结,从而也将过去的经验历程,创造成一种有意义的故事文本,成为研究者理解行动者过往经验的分析媒介。因此,本文选择让高中生进行上网经验的叙说,特别是使用社交媒体之经验的叙述访谈,便是企图让行动者再现其过往经验世界的尝试(Riessman,1993:10)。

在文本的分析方法上,Lieblich,Tuval-Mashiach,& Zilber(1998)区分四种类型:(1)整体—内容观点(holistic-content perspective):着重分析完整生命故事所呈现的内容;(2)整体—形式分析(holistic-form analysis):着重叙述情节与故事结构的发展;(3)类别—内容观点(categorical-content perspective):类似内容分析法,不考虑文本的整体脉络,对叙述文本进行分解与归类;(4)类别—形式分析(categorical-form analysis):将文本与叙说者整体脉络相分离,分析文本的叙事形式、隐喻等语言特征。考量此次研究目的,在探讨个案整体生命历程中,哪些社会脉络与文化因素,促发了个案生命历程形成社交媒体使用习惯。因此,本文选择从整体—内容观点来理解个案的叙述文本,尝试经由反复的阅读叙述文本的内容,推论出影响于个别社交媒体使用经验背后的社会与心理因素。

(四)个案描述

小雅,女性,现年16岁,家中排行次女。目前居住于台北市内湖地区,就读内湖区某私立女子高级中学二年级。童年时期,家庭里并没有家人带她使用电脑,也没有参加过特定的电脑课程来学习使用电脑的技巧。10岁前,已在家庭中接触到电脑,尝试过单机版的电脑游戏。小学五年级起,因家里更新电脑与加装网络设备的缘故,有了初次的网络使用经验。11岁起,开始接触线上角色扮演游戏,并通过台湾入口网站雅虎奇摩公司所设计的“即时通”软件——此通讯软件，于2005年间，普遍流行于台湾的青少年族群之间。12岁左右，受长姐收视线上视讯的影响，养成于线上收视动画、漫画影片的习惯。15岁就读高中一年级，因考虑到与朋友用行动电话闲谈的费用较高，在好友的介绍下，尝试转用“脸书”(Facebook)作为彼此之间的沟通工具，形成使用社群媒体的习惯。

今日，小雅日常课余每晚上网时间超过5小时，大部分时间约花费在“脸书”(Facebook)与“噗浪”(Plunk)等社交媒体的使用，平常除了在学校上课，课余在家，多数时间待在家里使用网络。“脸书”的好友状况，约一百余人，其中有半数是日常生活中曾经或正在互动的朋友；另一半，则多是日常生活的交友圈之外，偶遇聊天，或朋友转介，或初中时其他班级的同学。个案在社群媒体使用上，遇到不太熟的朋友，基本上会加入这类不熟悉的朋友，但甚少关注此类朋友的动态。日常生活中，小雅除了关注好友的动态之外，亦会主动追踪设计及美术主题类的介绍与文章；同时，她亦会主动于网络上发布作品，与网络上的设计同好一起分享设计作品的经验。

上述所描述的个案小雅，可说是今日台湾“网络原生代”的典型个案，本文即以个案所叙述的社交媒体使用经验文本，作为个案研究的经验资料。

四、影响青年生成社交媒体使用习惯的社会与文化心理因素

如同社会学者Erving Goffman在《日常生活的自我表演》书中所言，个体在日常社会生活中实为各种角色演出的行动所构成(Goffman,1959)，一个个体在日常生活中所从事社交媒体的行为，亦是多重社会角色的展演行动。个案小雅的社交媒体使用经验，也同时受到日常生活的求学身份与在线身份等多重角色的影响。解析个案社交媒体的使用经验，大体上是由求学阶段的高中学生身份、“弱连带”关系中的朋友身份、“强连带”关系中的朋友身份、陌生的网络分享者的身份等4种不同的社会角色所构成。这4种不同的社会角色，交织出个案小雅的社交媒体使用行为的整体。进一步，分析这4种不同的社会身份的使用经验，各自受到何种社会规范性与心理因素的影响。

(一)挣脱升学主义与文凭主义的规训

> “就是联络簿太长的时候,会请老师帮我们拍一拍,然后传到网络上去,会用Line传一传……不是每个老师都会的,我们老师有用,然后老师好心的话,会帮我们拍一下照了,不让我们被教官抓了,然后把照片传到网络上去。”

类似于“新素养”观点的研究论述,所提到的机会论与风险论的两难困境,青少年的社交媒体使用行为,也存在着创新使用机会与上瘾风险的冲突,特别是当热衷于使用社交媒体的青少年,当他们正处于以升学为主导的求学阶段时,强调升学与文凭主义为重点的教育体制,往往忧虑学生会因过度使用网络、手机等媒体,而造成学生学习绩效的不彰,制订各种校规或非正式的管理规定,明文禁止的使用行为。

进一步,在高中的校园中,媒体使用行为的管制,不仅是展现对青少年学生网络使用行为的管制,它也同时规范受教老师的媒体使用行为。由个案小雅的例子可以预见,对于这位目前正处在高中求学阶段的社交媒体使用者而言,她的社交媒体使用行为,可说是无时无刻不受到来自升学主义或文凭主义的规训。

> “不能反映啊!反映就被抓……就是知道你在用手机啊,只要你在上完电脑课之后跟老师说,老师你为什么要把Facebook锁起来,我手机自己就不能用,自己就入坑,自己把自己推坑。……那学校会因为你用了,上课用是小过。因为我之前是放学用是警告,然后,教官问我说上课被抓到是警告。然后,我们班上有人荣登两只小过,就是用手机……就是上网啊,就是自己很开心的那边划划划,老师一直站在后面还不自觉。”

面对学校单位严禁使用社交媒体的管制措施,身处其中的小雅,她明确地感受到,学校对于网络媒体使用行为的强硬立场,在她已然相信跟学校争取使用社交媒体的可能是毫无意义的意识中,她全然地相信,透过理性沟通的行动去与这个追求升学价值为主导的学校单位,争取自主的社交媒体使用权利,不仅是一种徒劳无功的尝试,更会自身落入被制度处罚的困境中。

此外,学校管制手机使用社交媒体的行为,不仅是口头或形式上的言语威胁，她明确地通过惩罚的展演行动，让身为高中生的小雅于日常生活中，切身感受到在学校使用手机的行为，是一项足以构成被公开惩罚的行为，即便这项行为本身仅仅是无心之举。

> “就是电脑老师，电脑老师就把 Facebook 锁起来，不让我们登入，一登入进去就是哪个网页显示……可是大家都继续用。”

不过，纵使学校严格管制学生于校园中使用手机进行社交媒体的沟通，但学生仍是不断地在管制的缝隙之外，寻找使用社交媒体的机会。正如个案小雅在学校上电脑课所遭遇的处境，当所有校园内的电脑均封锁了使用“脸书”的功能，关闭了学生在校园内使用社交媒体的可能，这种强调升学目的的规训措施，确实在校园中约束了高中生的社交媒体使用行为。但是，形式上的约束，并无法改变高中生在使用社交媒体上，作为能动主体的意识状态。于是，就在个案小雅周遭的所有的同学仍于持续透过手机或计算机设备，于学校管制制度不及的地方，持续使用社交媒体的形貌下，这群多数处在求学压力的高中青年，他们在日常生活中，透过使用社交媒体过程的愉悦，展现出能够摆脱“文凭主义”之规训的行动意义。

延伸个案小雅的文本，可以推论出，当代台湾社会中正处于高中求学阶段的青少年或青年，他们普遍地面对到教育制度追求升学主义的规训。而这种庞大的规训压力，一方面限制了青少年在校园的日常生活中使用社交媒体的机会；另一方面，也因为青少年或青年期望摆脱此种规训的约束，而促发了他们以一种于更隐晦的方式，利用日常生活中间的各种课余与休息时刻，弹性地使用社交媒体来进行沟通。

(二)追求“既信任且疏离”的友谊关系

如前述文献回顾所言，社会资本面向的社交媒体行为研究，是目前社交媒体行为研究的主要研究途径。诸多使用社交媒体的研究，多强调社交媒体所提供的社会构连的机制，有助于个体社会资本的提升；特别是在以获取资讯为主的“弱连带”关系的构连上，社交媒体的使用更具有显著的影响。然而，诸多实证取向的社交媒体的社会资本研究，多未获得明确的说明一个社会行动的问题，亦即网络上未曾谋面，且在日常互动关系之外的陌生人，如何能够在社交媒体上构连成互动对象呢？这种在线的陌生人互动关系，明显是一种“弱连带”的朋友关系,其构连数量,确实可以作为评估个体所拥有之社会资本的测量指标。但是,此种陌生的互动关系如何可能呢?

> "可是基本上就是加(不熟悉的朋友)也没有做什么,就是基本上加就放在那边,我也不会特别去关注他。他也不会特别关注我,所以就很好奇他到底为什么要加我?……朋友的话基本上加他们,朋友也不常上,所以常看到的也是十个吧。纯粹网络上认识的朋友就是聊天,聊一聊,然后认识加为好友。"

个案小雅在有关网络上陌生朋友送出的"邀请好友"的处境时,作为一位年轻的社交媒体使用者,她面对到是否要在网络社会中构成某种"弱连带"的朋友关系的处境。此时,面对陌生朋友所提出的邀请讯息,她在互动上,采取一种预信任且开放的原则,在基本上先加入陌生朋友的邀约的互动过程中,我们可以大体上推论出,个案在其社交媒体的使用上,预设了"陌生人基本上是可被信任"的常民规范性原则。换言之,这种存在于年轻人社交媒体互动过程中的常民规范性,是构成"弱连带"关系的社交媒体互动行为的前提。而如果缺少了"基本上加他们"的常民规范性原则,则青年的社交媒体的使用,恐怕是难以拓展出陌生者之间的联结关系。

> "网络的线上朋友,通常有认识比自己年龄小的,就是在游戏中认识。相对于日常的朋友,比较不常联络,就是顶多去看他最近怎样,就是不会看他到底怎么样。就是不会去特别关注他,就是偶尔会看到他,就是会发一些留言,然后看到就看,没看到就不要看……就是大家都在网络上,大家都会使用,但,我也不会特别去找他们,可是知道他们都在线上。"

再者,个案小雅的使用经验更揭露出构造社交媒体所构造的"弱连带"的互动原则,具有一种"彼此预设信任,但仍保持互动距离,避免干扰"的规范性原则。在个案小雅以"就是顶多去看他……就是偶尔会看到他"的意义结构,来界定她与陌生人的互动样貌中,可以进一步确知,个案不管面对电玩游戏的线上玩伴,或是线上讨论群的朋友,她多存在了一种"既信任又需保持社会距离"的行动倾向。

因此,一种"既信任且疏离"的规范性原则,存在于参与社交媒体的青年的互动行动中，这种行动倾向，大体上为互动的彼此所默会与共享，它一方面促成陌生人关系的构连机会；另一方面，也避免了沟通主体在“弱联结”的友谊关系中，消耗了过多的社会资本与情感关系。

（三）展演社交媒体所具有的传递信息与情感的功能

除了在社交媒体上与陌生的朋友构连出“弱连带”关系之外，由于社交媒体的使用，具有储存用户实名数据的性质，这也提供了使用者能够透过搜寻的好友清单的机制，构连行动者过往生命经历中之亲密朋友的可能，特别是曾经在日常生活中共同相处的，而后分离的朋友，社交媒体的存在提供了重新构连的机会（Ellison et al.，2007）。而这种延续或重新构连情感性的“强连带”关系的行动，也清楚地出现在青少年或青年阶段的社交媒体使用经验中。

> “平时就是日常生活中朋友有上线的时候，看到他就会找他。基本上，如果不太熟的话，就问他说好不好。然后，之前有去暑期营，就有认识高雄的朋友，就会看她在那边做什么，问她说，高雄那边到底是什么样的地方，就差不多就是这样。”

以个案小雅的成长历程为例，其于求学的历程中，无可避免地遭遇到不同阶段的同学或好友，因学区关系、班级划分与入学制度等多因素而分离，以至于同学之间的友谊难以延续的问题，甚至于小雅于暑期营队中所建立的好友关系，也无可避免地面临到如何延续的问题。因此，面对这种友谊关系如何延续的问题，社交媒体作为一种社交辅助工具的存在，其所承载的“能供性”的潜能，适时地成为意图延续亲密友谊关系之青年，所需使用的技术工具。特别是，青年掌握到社交媒体本身所具有的“既能够私密沟通，且亦能公开给朋友”的“公共性个人化沟通”（masspersonal communication）的媒体特性（O' Sullivan，2005），这种特殊媒介的特性，成为了青年以社交媒体作为维系友谊关系的关键成因。

> “朋友的话，就是其实也不常和朋友聊，Facebook 就是感觉好像有联系在一起，可是其实它没有联系在一起，它已经把人跟人之间的距离分开，可是又有一个假象说我们感觉好像有关注到对方之类的，可是事实上是没有的，可能就是可以去看他们到底最近做了什么事情，然后，打卡之类的，去

哪里玩之类的,玩的什么游戏之类的。”

不过,更值得关注的是,就个案小雅来言,在她使用社交媒体来延续人际关系的过程中,她不仅仅能够充分运用社交媒体的技术特性,来进行好友关系的维系,她亦能够带有批判的意识来运用这项媒体。于是,从个案的使用社交媒体的行动意义结构可见,当代的青年,他们并非是毫无意识的沉溺于社交媒体的使用经验中,他们也具有对于媒体使用特性的“反身性”意识,他们能够在通过此媒体进行亲密朋友之关心行动的同时,也不会过度地期待朋友需要透过社交媒体的工具,及时地响应情感互动的需求。

(四)重视分享与礼物回馈的网络互动常规

“就是基本上有些人会发一些讯息,会发一些留言,就会让我有兴趣的。例如说推荐什么东西,或者找一些东西之类的,如果可以的话就是帮忙他,就是借此聊一聊……帮忙他就是假如他需要一首歌,求歌名的话,我可以听得出来的话,我会跟他说,跟他聊一聊,就是平时好像有点无聊,反正在网络上也没什么事情,刚好他发的东西又是我有兴趣的,我就会去帮他。”

最后,对于青年社交媒体使用行为经验来说,除了包含了社会历程中的学生身份、“弱连带”的朋友身份,以及友谊关系中的“强连带”朋友身份的社会角色外,作为“网络原生代”的青年,他/她更有一种强调“匿名性、分享性与互动性”的网络原生者的社会角色。而这种理所当然地将网络上使用者的角色,界定为“礼物经济”(gift economy)下的社会交换者的角色(Mauss,2002),也是说明青年的社交媒体之所以能够在陌生的使用者之间,产生具体的回报、馈赠、社会支持与情感联系的原因。

五、结语:重新肯认青年社交媒体使用行为的能动性

正如 Barry Wellman 所指出的,当代青少年与青年所处的日常生活世界,已然进入到“网络化的个人主义”(networked individualism)

的世界。成长于“网络原生世代”的青年主体,他们的行动上,以个体作为构连社会关系的基本单位;他们对于团体的归属感降低,从而也促发他们透过信息科技(如通讯软件、社交媒体)来维系关系(Wellman,2002)。无疑地,这种当代青年主体性内涵的改变,正意味着探究青年社交媒体使用行为的问题,已面临研究典范的巨大转移。

受到上述认识论典范已然变迁的影响,面对当代社交媒体中的青少年或青年,他们在日常生活中所展现出来诸多仪式般的,或近乎沉溺般的社交媒体使用行为,后续的社交媒体研究的取径,或许应转而以一种更为肯认青少年主体具有能动性的角度,来理解其社交媒体使用经验的本质。从而,我们或许有机会可以从更为深层的社会脉络与文化因素中理解到,来自教育制度的规训,社会化历程中的离散经验,对于青年主体所带来的不安与社会苦痛,才是导引了当代青年之所以长期投入社交媒体中,积极地在充满友爱的虚拟场域,寻求来自他者的关爱与协助的关键成因。

因此,未来当我们检视青少年在社群网络中花费大量的时间,从事貌似缺乏信息性、生产性的社交媒体行为时,我们或许不应该再将此类行为视为一种网络的迷恋与缺乏生产力的行动;相对地,在青少年着迷社群网站的行动中,他们正经历了社交沟通的经验,正学习如何于虚拟与真实的社会之间,进行合宜的社交行动,从而经由社交媒体使用经验的积累,反身地成为一位具有“网络化自我”(networked self)(Phpacharissi,2011)的“网络原生代”——一位能够利用社交媒体的技术潜能,能够在网络生活中安身立命的能动者。

[参考文献]

[1]Ahn,J. (2012). Teenagers' Experiences With Social Network Sites: Relationships to Bridging and Bonding Social Capital. *Information Society*, 28(2), 99-109.

[2]Apitzsch,U. & Inowlocki,L. (2000). Biographical analysis: a German' school? In P. Chamberlayne,J. Bornat, & T. Wengraf,(Eds.), *The Turn to Biographical Methods in Social Science: Comparative issues and examples*. London, UK: Routledge.

[3]Barkhuus,L. & Tashiro,J. (2010). Student socialization in the age of Facebook. In Proceedings of the 28th Annual ACM Special Interest Group on Computer on Computer Human Interaction Conference on Human Factors in Com-

puting Systems(SIGCHI '10) (pp. 133-142). New York: ACM Press.

[4]Boyd, D. M. & Ellison, N. B., (2008). Social Network Sites: Definition, History, and Scholarship. *Journal of Computer-Mediated Communication*, 13(1), 210-230.

[5]Buckingham, D. (2006). Defining digital literacy-What do young people need to know about digital media? *Nordic Journal of Digital Literacy*.

[6]Burke, M., R. Kraut, and C. Marlow. 2011. Social capital on facebook: Differentiating uses and users. In Proceedings of CHI 2011, *ACM Conference on Human Factors in Computing Systems*, 12(4), 1143-1168.

[7]Cochran, L. (1997). *Career counseling: A narrative approach*. Calif.: Sage Publications.

[8]Coiro, J. (2003). Reading Comprehension on the Internet: Expanding Our Understanding of Reading Comprehension to Encompass New Literacies. *The Reading Teacher*, 56(5): 458-464.

[9]Davies, J. (2012). Facework on Facebook as a new literacy practice. *Computers & Education*, 59(1), 19-29.

[10]Denzin, N. K. (1989). *Interpretive biography*. Newbury Park: Sage.

[11]Ellison, N., Steinfield, C. and Lampe, C. (2007). The benefits of Facebook 'friends': Exploring the relationship between college students' use of online social networks and social capital. *Journal of Computer-Mediated Communication*, 12(4): 1143-1168.

[12]Ellison, N. B., Steinfield, C., & Lampe, C. (2011). Connection strategies: Social capital implications of Facebook-enabled communication practices. *New Media & Society*, 13(6), 873-892.

[13]Flick, U. (1998). *An introduction to qualitative research*. London: SAGE.

[14]Foucault, B., & Markov, A. (2009). Teens and communication technology: The co-construction of privacy and friendship in mediated communication. *In Proceedings of the International Communication Association 2009 Annual Meeting* (pp. 1-27), Chicago, IL.

[15]Gee, J. P. (2003). What video games have to teach us about learning and literacy. *Comput. Entertain.*, 1(1), 20-20.

[16]Gibson, J. J. (1986). *The Ecological approach to visual perception*. Hillsdale (N. J.) etc.: Lawrence Erlbaum Associates.

[17]Gill, T. (2008). Space-oriented children's policy: Creating child-friendly communities to improve children's well-being. *Children & Society*, 22(2), 136-142.

[18]Goffman, E. (1959). *The presentation of self in everyday life*. Garden City,

N. Y:Doubleday.

[19]Greenhow,C. ,& Robelia,B. (2009). Old Communication,New Literacies:Social Network Sites as Social Learning Resources. *Journal of Computer-Mediated Communication*,14(4),1130-1161.

[20]Ito,M. ,Baumer,S. ,Bittanti,M. ,boyd,d. ,Cody,R. ,& Herr-Stephenson,B. (2009). *Hanging out, messing around, and geeking out: Kids living and learning with new media. Cambridge*,MA:MIT Press.

[21]Kohli,M. (1981). Biography:account,text,method. In D. Bertaux(Eds.). *Biography and society*. (pp. 61-76). CA:SAGE.

[22]Leu,D. J. (2007). Expanding the reading literacy framework of PISA 2009 to include online reading comprehension. A working paper commissioned by the PISA 2009 Reading Expert Group. Princeton, NJ: Educational Testing Services.

[23]Lieblich A. , Tuval-Mashiach, R. , & Zilber, T. (1998). *Narrative research: Reading,analysis,and interpretation*. London:Sage.

[24]Livingstone,S. ,& Brake,D. R. (2010). On the Rapid Rise of Social Networking Sites:New Findings and Policy Implications. *Children & Society*,24(1), 75-83.

[25]Mauss,M. (2002). *The gift:The form and reason for exchange in archaic societies*. London.

[26]McMillan,S. J. & Morrison M. (2006). Coming of Age in the E-Generation:A Qualitative Exploration of How the Internet has Become an Integral Part of Young People's Lives. *New Media & Society*. 8,73-95.

[27]O'Sullivan, P. B. (2005). Masspersonal communication: rethinking the mass interpersonal divide. Paper presented at the annual meeting of the International Communication Association, New York, May.

[28]Papacharissi, Z. (2011). *A networked self: identity, community and culture on social network sites*. New York:Routledge.

[29]Pearson, J. C. , Carmon, A. , Tobola, C. & Fowler, M. (2010). Motives for communication:Why the Millennial generation uses electronic devices. *Journal of the Communication, Speech & Theatre Association of North Dakota*, 22,45-55.

[30]Putnam,R. D. (2000). *Bowling alone: The collapse and revival of American community*. NewYork:Simon & Schuster.

[31]Prensky, M. (2001). Digital natives, digital immigrants. On the Horizon, 9 (5),1-6. reading comprehension to encompass new literacies. *The Reading Teacher*,56(5),458-464.

[32]Riessman,C. K. (1993). *Narrative analysis*. Newbury Park,Calif. :Sage.

[33]Rubin, R. (1980). *Children's Friendships*. Harvard University Press, Cambridge.

[34]Russo, A. & Watkins, J. (2008). New literacy, new audiences: social media and cultural institutions. The British Computer Society. EVA 2008 London Conference.

[35]Schütze, F. (1987). *Das narrative Interview in Interaktionsfeldstudien: Erzähltheoretische Grundlagen*. Hagen: Studienbrief der Fernuniversität. (German).

[36]Subrahmanyam, K. & Greenfield, P. (2008). Online Communication and Child Relationships. *Online Communication and Child Relationship*, 18 (1), 119-146.

[37]Subrahmanyam, K., Reich, S. M., Waechter, N., Espinoza, G. (2008). Online and offline social networks: Use of social networking sites by emerging adults. *Journal of Applied Developmental Psychology* 29, 420-433.

[38]Takahashi, T. (2011). Japanese Youth and Mobile Media.

[39]Turner, K. H. (2010). Digitalk: A New Literacy for a Digital Generation. *Phi Delta Kappan*, 92(1), 41-46.

[40]Wellman, B. (2002). *Little Boxes, Glocalization, and Networked Individualism*. In M. Tanabe, P. van den Besselaar, & T. Ishida (Eds.), *Digital cities II: Computational and sociological approaches* (pp. 10-25). Berlin: Springer-Verlag.

The Making of Networked Self: The Case Study of Social Network Sites on Youth in Taiwan

Chang Yulin

Abstract: This paper is about the causes for Social Network Sites (SNS) on youth's social action in Taiwan. Based on these contributions of new literacy study, social psychology study, and social capital study, this paper tries to interpret the social and cultural origins of SNS on youth's habitus by the oral biographical case study. According to the empirical text from biographical case, this paper illustrates four social action logics of youth's action on SNS: 1) the evasion of "credentialism" from educational institution; 2) the rules of "both

trust and disengagement" on friendship; 3) the social affordance of "Masspersonal communication" about SNS; 4) the online action codes about sharing and feedback. Finally, this paper tries to identify the significance on the "agency" of youth's SNS social action.
Keywords: social network sites, new literacy, social capital, oral biographical method, audience biography

政治传播学视野下的政务微博传播模式探析

——基于“两会”时期热点政务微博的实证研究

刘燕南　于　茜

摘　要　政务微博，是指我国政务机构和相关人员以政务(或公务)名义开设的、以传播政务(或公务)信息为主的一种微博账户和内容形态，它是近年来中国社会中官民之间进行意见交流的新兴渠道。从政治传播学的研究视角，本文选择政务微博为研究对象，分析政务微博的传播模式以探究政务微博在社会政治生活中所发挥的作用。通过对政务微博的博主传播者①特征、传播内容、传播行为等三个方面的分析，本研究认为，目前我国政务微博在政治生活中所发挥的作用大抵属于“沟通政治”的范畴，其本质是一种意见民主，即政务机构和政(公)务人员通过微博将政策和法规等信息传达给公众，后者以转发微博或评论等方式给予反馈，力图沟通官民，使上下通达，但是在多大程度上能够有效影响相关部门的政治决策，实现真正意义上的民主政治，仍有待研究。

关键词　政治传播，政务微博，传播模式，沟通政治

作者简介　刘燕南，教授，博士生导师，中国传媒大学受众研究中心，E-mail：liuyannan2002@yahoo.com.cn；于茜，2011级硕士研究生，中国传媒大学传播研究院，受众研究中心，E-mail：yuqian0710@126.com。

本课题由刘燕南教授主持，课题组成员有中国传媒大学应用传播学方向2011级硕士生于茜、张渤、张雪静、刘扬等。

① 政务微博的发布者是博主，信息传播者包括博主和网民。政务微博博主的传播行为主要包括：发布信息(政策、事件处理结果、便民提示)，回复来自网民的评论，转发带有网民意见的信息；网民的传播行为主要包括：评论政务微博内容，转发政务微博内容(转发包括不带任何评论意见的转发和带有自己观点的转发)。

一、引　论

微博，作为 Web 2.0 时代诞生的一种重要的新媒体类型，是博客功能升级和内容简化之后的衍生品，是一个具备高度交互性、信息传递精准性等特点的网络信息传播平台。目前微博已经成为国内增长速度最快的互联网应用方式。据 CNNIC 的数据显示，截至 2012 年 6 月底，中国微博用户已达 2.74 亿[①]，与 2011 年同期相比呈现快速增长趋势。除基本的社交功能外，微博在中国社会的政治生活中正发挥着日益重要的作用，政务微博就是其中最典型的代表。

所谓政务微博，是指我国政务机构和相关人员以政务（或公务）名义开设的、以传播政务（或公务）信息为主的一种微博账户和内容形态。政务微博可以分为政务机构微博和政务人员微博两类，其中政务人员包括在职政务（或公务）人员以及"人大"、"政协"代表等政治人士。

自中国最早的政务微博湖南桃源县的"桃源网"于 2009 年下半年设立以来，随后兴起的"微博云南"、"平安北京"为代表的政务机构微博和以"张春贤"、"伍皓"、"蔡奇"为代表的政务人员微博迅速获得广大网民的关注，同时，各大微博平台中的政务微博数量也呈现出快速增长的趋势。截至 2011 年 12 月 10 日，在腾讯网、新浪网、人民网、新华网四家微博客网站认证的党政机构微博共 32358 个，认证的党政干部微博客共 18203 个。[②] 2012 年底，在腾讯微博上认证的党政机构及公务人员微博达到 70084 个；新浪微博上认证的政务微博总数达到 60064 个。[③]

关于微博被运用于政治传播领域及其政治功能的研究，国内外的研究侧重点各有不同。国内关于这个领域的研究主要开始于 2011 年。自微博在中国呈现爆发式增长趋势以来，有学者分析其传播特点

---

① CNNIC 发布的《第 30 次中国互联网络发展统计报告》，2012 年 7 月。

② 2011 年中国政务微博数量较上年初增长 7 倍多，http://tech.qq.com/a/20120208/000454.htm。

③ 据腾讯网和新浪网官方公布的数据。详见 http://z.t.qq.com/zt2012/zhengwu-weibo/，http://news.sina.com.cn/z/2012sinazwwbbg/。

时认为,微博的本质精神是平等参与、营造合意。[①] 随着中国政务微博的出现,有研究认为微博问政的发展是官民沟通的一种方式,微博问政具有"通过微博快速了解民意","通过微博掌握危机事件中的主动权","通过微博与民众有效沟通","通过微博增强官民互信"等四大优势。[②] 政府机构的微博具有"主动发布,树立政府形象","及时回应,强化受众认同","扩大交流,巩固群众基础"等效用,是官民之间交流的创新。[③] 基于政务微博介入社会政治生活的现实,还有学者从风险管理和政府危机传播角度对国内政府机构在政务微博运营方面的现状、风险进行分析并总结归纳了政务微博运营的策略和技巧。[④] 同时,由于"微博问政"正成为时下的一个热点,近几年人民网舆情频道[⑤]、新浪网、腾讯网等媒介研究机构也相继发布了各自年度性的政务微博发展状况研究报告。

国外在这个领域的研究主要集中于两个主题:微博(社交媒体Twitter)在领导人竞选中发挥的作用;[⑥]围绕"政治参与"概念,测量民众或不同群体对社交媒介的使用与他们实际参与政治的行为之间的关系。[⑦] 同时,国外此领域的研究中尚未出现明确的"政务微博"概念,只是笼统地描述为社交媒体在政治领域是否影响民众政治参与行为的研究。

总结目前国内外关于微博运用于政治传播的研究,可以发现国内的研究大体遵循"现状—问题—对策"的路径,或者对政务微博的发展状况作宏观描述,或者从社会管理、风险管理的角度进行论述;在研究政务微博的传播特点、功能和机制时都只停留在经验式的初级分析阶

① 喻国明:《微博影响力的形成机制与社会价值》,《人民论坛·学术前沿》2011年12月上,总第348期。

② 陈力丹,曹文星:《微博问政的优势及其有效开展的途径》,《人民论坛》2011年12月上,总第348期。

③ 曹劲松:《政府机构微博与官民交流创新》,《现代传播》2011年第5期,总第178期。

④ 瞿旭晟:《政务微博的管理风险及运营策略》,《新闻大学》2011年第2期,第108期。

⑤ 如《2011年新浪政务微博报告》,人民舆情监测室2011年12月。

⑥ Andranik Tumasjan, Timm O. Sprenger, Philipp G. Sandner, Isabell M. Welpe, Election Forecasts With Twitter: How 140 Characters Reflect the Political Landscape, Social Science Computer Review, November 2011; vol. 29, 4: pp. 402-418., first published on December 12, 2010.

⑦ Nils Gustafsson, The subtle nature of Facebook politics: Swedish social network site users and political participation, New Media & Society, 2012, 14(7), 1111-1127.

段，鲜有从政治传播学视角，将相关的政治学、传播学理论与对政务微博的实证分析有机结合的研究；国外的相应研究与政务微博本身也有一定出入。本研究立足中国现实，试图采用政治传播学的相关理论和实证方法，对政务微博传播模式和在我国社会生活中发挥的影响进行研究，是开拓"网络社交媒体政治传播"研究的有益尝试。

二、研究动机与目的

政治传播学作为一门探索和总结政治传播现象及其规律的科学，主要探究围绕政治行为的主客体之间以达到特定目的和效果为取向进行的政治信息传播活动及过程的特点与机理。政治传播的重点考察问题之一是媒介被运用于政治领域的讯息交流和意见沟通时，在促进民主政治的制度性建设和公民的民主政治素质方面所发挥的作用。

美国学者塞缪尔·亨廷顿曾经这样解说民主政治：民主，一定程度上意味着公众至少可以选择他们自己的规则以及通过其他方式更广泛地参与政府的决策。[①] 在政治学中，民主与政治参与（Political Participation）形影不离，后者意指普通民众进行的旨在影响政府公共政策制定的活动。[②] 民主政治指是的凭借公共权力建立秩序，实现平等、自由和人民主权等价值理念的方式和过程，也是奉行多数人统治的一种政治制度。与民主政治密切相关的一是选举政治，即通过选民投票决定政治权力归属和资源分配；二是协商政治，强调在多元社会现实背景下，通过普通公民的参与和不同政治共同体的政治实践，实现协商和达成决策共识。

新媒介提供了传播高度差异性政治信息与观念的方式，理论上说，几乎可以让所有声音无限制地接近和使用它。[③] 在当今由于新媒体飞速发展带来愈益向下的技术赋权的时空下，与传统媒体自上而下、我说你听、交流匮乏的政治信息传播方式相比，政务微博传播的渗

① Huntington, S. P. (2004). Who are we?: America's great debate/ Samuel Huntington. New York; London: Free, 2004. p15.

② Brady H (1999) Political Participation. In Robinson J, Shaver P and Wrightsman L (eds) Measures of Political Attitudes. San Diego, CA: Academic Press, 737-801.

③ 丹尼斯·麦奎尔著，崔保国译：《麦奎尔大众传播理论》，清华大学出版社 2006 年版，第 113 页。

透性、交互性、咨议性和精准化是前所未有的。在我国，微博为公众提供了参议政治的便利，政务微博作为一种新的媒介形态和内容类别，无疑具有自己的传播特点和功能。或许，在缺乏选举实践和强有力的协商式政治共同体的现阶段，面对碎片化的缺制衡能力的受众，政务微博可能引发的只是一种“沟通政治”，即个人或者松散的小群体与政府进行意见博弈时仅处于沟通层面的政治形态。

本研究希望通过对政务微博传播模式的探讨，尤其是通过对政务微博的传播主体、传播渠道、传播内容、传播形态和互动方式等方面的分析，总结其传播特点、机理和影响因素，归纳构建政务微博传播具规律性的传播模式，在此基础上，探讨政务微博在我国社会生活尤其是政治生活中所发挥的功能和实际效度。

本研究以2012年3月召开的两会（“全国人民代表大会”和“中国人民政治协商会议”）为对象，依据国内专业舆情调查机构与微博网站显示的微博传播影响力排名榜，选择目前国内两个不同类型的微博平台“新浪微博”（属商业门户网站）和“人民微博”（属党政媒体新闻网站）进行比较研究，时段为“两会”期间。我们认为，“两会”是中国公众政治生活中的一件大事，也是公众关心国家社会发展和集中表达意见的一个重要渠道，对于扮演“信息传达和意见交换”角色的政务微博来说，也是其发挥功效的重要阶段，这一时期政务微博的传播行为更活跃、更集中、更具典型性，有利于研究的开展。

具体研究问题是，政务微博是如何进行信息发布和传达？又是如何与公众进行意见交流和沟通的？不同类别的政务微博在传播模式上是否存在差异？政务微博是否是一个官民之间沟通的有效渠道？它所带来的社会影响和社会功能为何？

三、研究方法概述

本研究基于政务微博的各部分特征及其影响因素模型，采用扩展型内容分析方法，详见图1。微博是一种自媒体形态，从微博的内容、微博用户页面设置等内容可以了解其使用行为及推测使用动机。因此，我们综合政务微博博主特征、传播内容和传播行为三方面建构研究框架，并对所选取的样本进行内容分析。

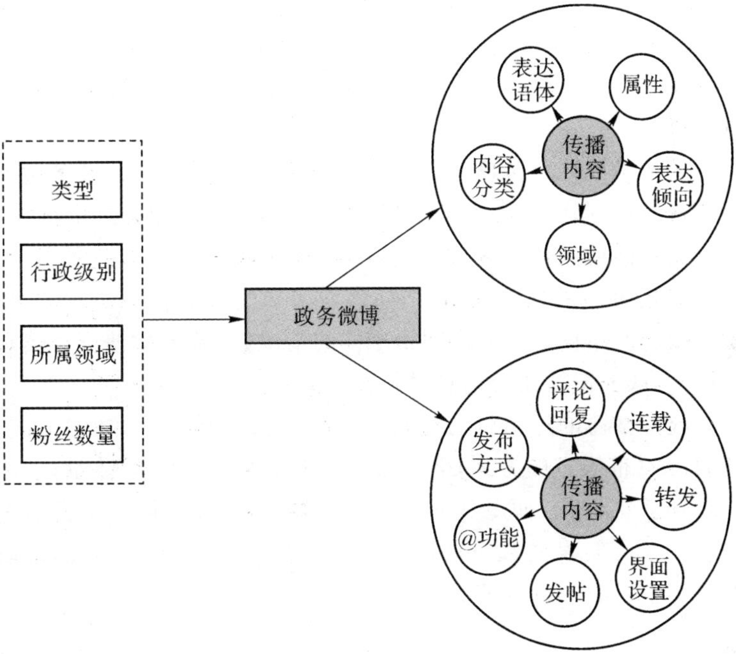

图 1　政务微博的各部分特征及影响因素

（一）样本选取

选取的政务微博包括两个平台：新浪微博和人民微博。依据人民网舆情检测中心发布的《2011 年新浪政务微博报告》中的十大政务机构、十大公务人员微博排行榜，新浪微博在 2012 年 3 月 3 日至 14 日推出的"微观两会"中的政务机构排行榜、代表排行榜，以及人民微博中的政务微博排行榜等三类表征政务微博传播力的排行情况为参照，在新浪微博和人民微博两大平台中共选出 45 个热点政务微博作为分析样本（详情见附录）。

（二）样本时段

考虑到"两会"为期两周，会议期间政务内容发布频密，信息反馈有一定延缓性和交流的持续性，信息聚集海量。为研究方便，特将 2012 年"两会"划分为开始期、持续期、结束期三个阶段，每一阶段抽取两天（3 月 4 日、5 日、8 日、9 日、13 日、14 日共 6 天）作为样本时段。

(三)分析内容

本研究从博主传播者的基本信息、传播内容、传播行为三个维度进行分析。

1.政务微博博主传播者基本特征或基本信息类目:①政务微博设立者的行政级别;②政务微博所属领域;③政务微博拥有的粉丝数量。

2.政务微博的传播内容类目:①政务微博发布的信息所属领域;②政务微博发布的信息所属性质;③政务微博发布信息所用的语体;④政务微博发布信息时使用网络语体的情况;⑤政务微博发布信息的倾向性;⑥政务微博发布信息时归类的情况。

3.政务微博的传播行为类目:①政务微博使用@功能的情况;②政务微博发布信息的方式;③政务微博日均发布微博的数量;④政务微博日均获得评论、博主和网民参与回复的数量;⑤政务微博博主和网民日均参与转发的数量;⑥政务微博使用连载功能的情况;⑦政务微博对于主界面的设置情况。

四、研究发现

(一)政务微博博主的基本信息

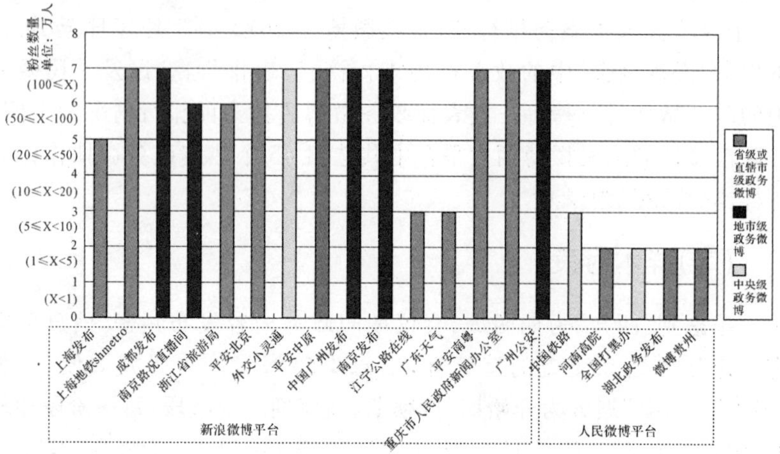

图2　政务机构微博的基本信息

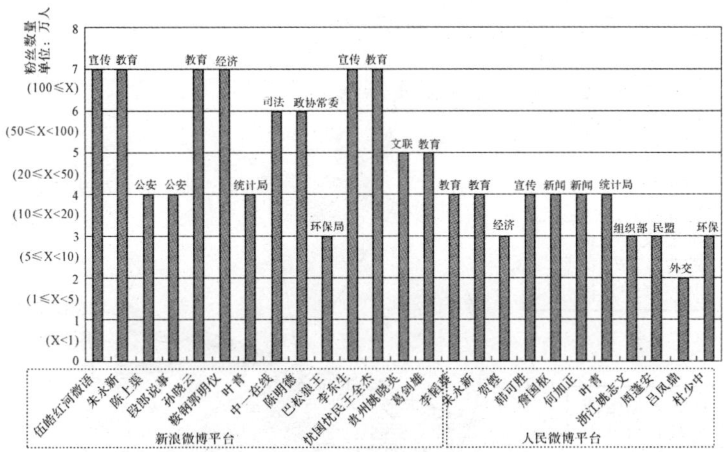

图 3　政务人员微博的基本信息

（注：粉丝数量级别依次为：①$X<1$；②$1\leqslant X<5$；③$5\leqslant X<10$；④$10\leqslant X<20$；⑤ $20\leqslant X<50$；⑥ $50\leqslant X<100$；⑦$100\leqslant X$　单位：万人）

由图 2、图 3 可以发现，在所选取的 20 个政务机构微博中，开设微博的政务机构处于“省级或直辖市级”的数量最多，为 11 个，其次为“地市级”6 个，“中央级”3 个。

比较所选取的样本，无论是政务机构微博还是政务人员微博，可以发现新浪微博平台的政务微博拥有的粉丝数量总体要高于人民微博平台的政务微博。

所选取的 15 个新浪政务机构微博所属的领域集中于“公安”、“政府职能部门”两个领域，“交通”、“旅游”、“外宣”、“气象”领域中的微博数量分布较平均。所选取的 5 个人民政务机构微博在“交通”、“司法”、“政府职能部门”3 个领域分布较平均。

所选取的 15 个新浪政务人员微博与 10 个人民政务人员微博所属领域分布都较平均。

比较所选取的新浪微博和人民微博两个平台中的微博，发现新浪政务微博所属领域中“公安”是热门领域；人民政务微博在“政府职能部门”领域的数量较多。

(二)政务微博的传播内容

1.政务微博发布的信息所属领域

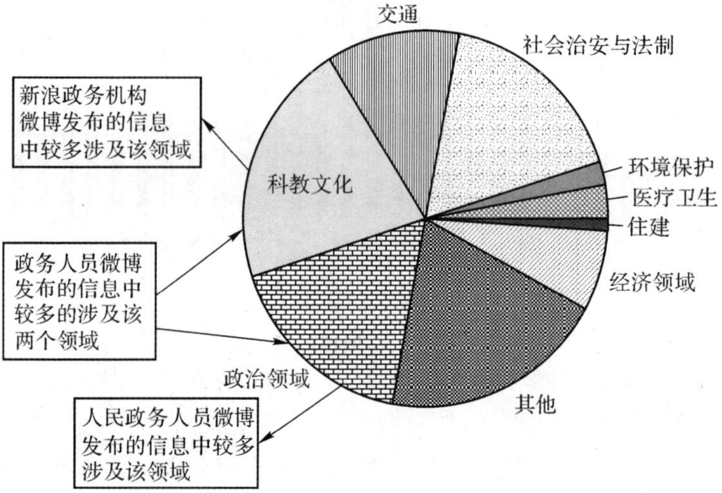

图4　信息所属领域分布

从图4可以发现,所选取的政务微博发布的信息较多地涉及“科教文化”、“社会治安与法制”、“政治领域”三个领域,同时从“其他”这个选项在总体中所占的比例可以看出,政务微博发布的信息还显示出极其丰富的多样性。

因此,可以认为政务微博发布的信息并非仅仅局限于与之密切相关的“政治领域”,在“科教文化”、“社会治安与法制”、“交通事业”等各方面均有涉及。

2.政务微博发布的信息所属性质

由图5的数据所示,在“政策发布”、“问题发布”、“事件处理结果通告”、“便民提示”、“提案转发”、“娱乐休闲信息”、“其他”7类信息所属性质中,所选取的新浪政务机构微博和政务人员微博发布内容的属性均集中于“问题发布”、“便民提示”、“政策发布”三个方面,且新浪政务机构微博发布内容还有相当一部分属于“娱乐休闲信息”;人民政务机构微博和政务人员微博发布内容的属性更侧重于“提案转发”、“事件处理结果通告”两个方面,几乎没有涉及“休闲娱乐信息”,且在“其他”中占了较大的比例,说明人民政务微博发布内容的属性较为多样化。

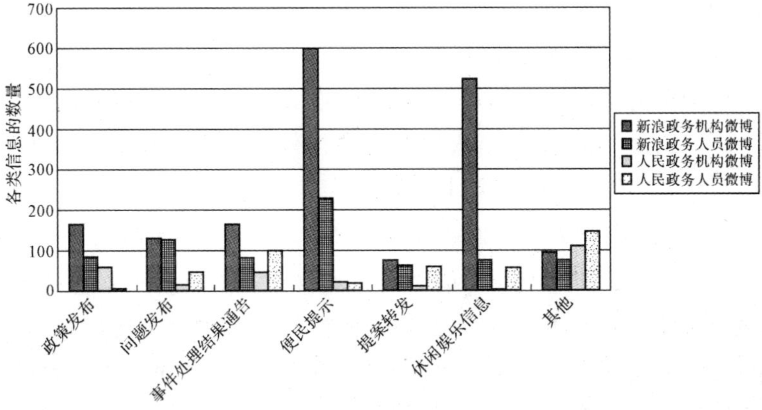

图 5　信息所属性质分布

除此，由于选取了 2012 年“两会”期间作为取样时段，因此，取样的政务微博中所发布内容为“提案转发”这一与“两会”有密切联系的类别，在除人民网政务机构微博之外的其他三类微博所发布的内容中占据了一定比例，印证了政务微博在“两会”期间参政议政过程中发挥了积极的作用。

3. 政务微博发布信息所用的语态

“告知型”语态是所有政务微博在发布信息时都习惯采用的语态。同时，所选取的新浪政务机构微博发布内容时，倾向于使用“告知型”、“劝服协商型”两类语态；所选取的人民政务机构微博发布内容时倾向于使用“告知型”、“训示型”[①]两类表达语态。

比较两个平台的政务微博发布信息所用的语态情况，可以发现新浪政务微博倾向于“亲切、友好，与民众进行平等交流”的态度，人民政务微博则相对显得“严肃、单向度传达信息”。

4. 政务微博发布信息时使用网络语体的情况

在发布微博时使用网络语体方面，新浪政务微博在发布“便民提示”等内容时尝试使用了少量的网络语体，如“淘宝体”、“天涯体”。不过，人民政务微博和绝大多数新浪政务微博都没有使用网络语体。可以看出，所谓能彰显网络特性的网络语体，并没有在政务微博这种新

① “告知型”语体指政务微博的单纯信息发布与告知，其中不带任何语气倾向。“训示型”语体指政务微博使用了“应该”、“必须”等祈使性的语体词。

型的网络政务传播渠道中得到广泛应用。

5. 政务微博发布信息的倾向性

所选取的新浪政务微博与人民政务微博的内容表达倾向,均以“中性”、“正面”信息居多。人民政务微博较之于新浪政务微博在“正面”、“负面”两极信息的表达上要更频繁。

6. 对政务微博发布信息的分类情况

比较所选取的两个平台的政务机构微博,可以发现,新浪政务机构微博对发布的大部分微博进行了详细分类,例如,“上海发布”在发布信息时会使用#路况提示#,#天气预报#,#便民小提示#等对发布信息进行分类,方便公众的信息获取。相反,人民政务机构发布的大部分微博只有粗略分类。新浪和人民两个平台的政务人员微博在发布微博时都未对微博做详细分类。显然,政务机构微博较之政务人员微博更倾向于对所发布的微博做分类。

新浪微博、人民微博两个平台上四种类型的政务微博在“语态类型”、“网络语体的运用”、“发布信息的倾向性”、“对所发布信息的分类情况”等四个方面的特点,详见表1。

表1 新浪政务微博与人民政务微博在内容发布上的特点

分类	新浪政务微博		人民政务微博	
	政务人员微博	政务机构微博	政务人员微博	政务机构微博
语态类型	告知型、劝服协商型	告知型、劝服协商型	告知型、训示型	告知型
网络语体的运用	出现“天涯体”、“淘宝体”	出现“天涯体”	没有使用	没有使用
发布信息的倾向性	中性、正面	中性、正面	正面、中性、负面	正面
对发布信息的分类情况	详细分类	没有分类	粗略分类	没有分类

(三)政务微博传播行为

1. 政务微博使用@功能的情况

由图6可以发现,所选取的大部分政务微博在发布信息时没有使用@功能添加其他对象进行指向性更加明确的传播行为。在使用@功能的政务微博中,政务机构微博在@之后添加的对象类型主要为

“相关职能机构”(包括同领域和不同领域的)、“相关人员”,其中新浪政务机构微博还倾向于使用@添加“媒体”进行多级传播帮助消息的扩散;政务人员微博在@之后添加的对象类型主要为“相关人员”。在“相关人员”的类型中,“一般相关人员”和“公共意见人士”是使用@功能的政务微博主要选择的对象。

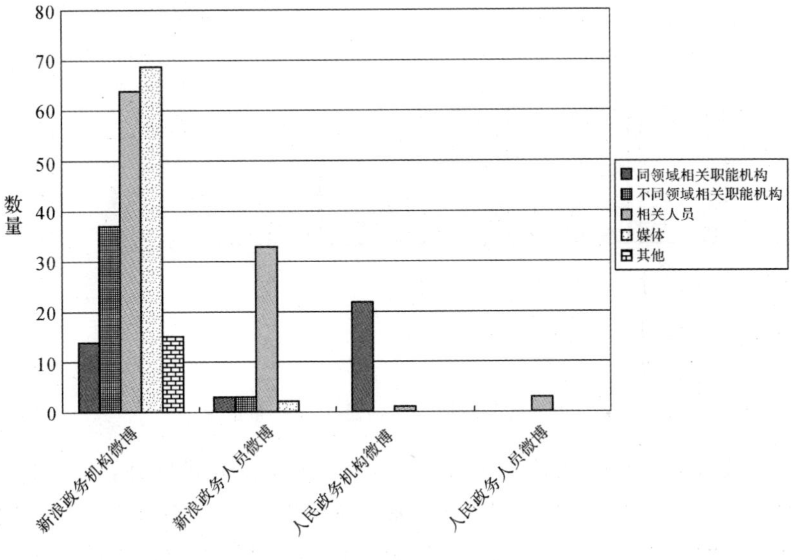

图6 政务微博使用@功能的情况

2. 政务微博发布信息的方式

政务微博发布信息的方式通常为“发布文字”、“发布图片”、“发布视频”、“图片+视频”、“文字+图片”、“文字+视频+图片”、“信息概述及该信息的链接”、“转发信息”、“转发+评论”9类。

由图7可见,“文字+图片”、“信息概述及该信息的链接”、“转发信息”、“转发+评论”等6种方式是政务微博发布信息时较常使用的。新浪政务机构微博通常使用“文字+图片”、“转发+评论”、“发布文字”3种方式发布信息;人民政务机构微博则使用“信息概述及该信息的链接”、“文字+图片”、“视频”3种方式发布信息。两个平台的政务机构微博在采用“信息概述及该信息的链接”发布信息时,链接中包含的内容多为文字信息。同时,可以发现每个平台的政务机构微博与政务人员微博使用的发布信息方式具有一定的相似性。“文字+图片”、“发布文字”是政务微博发布信息的偏好方式,且在使用“信息链接”

时,“文字信息”是其首选的内容。

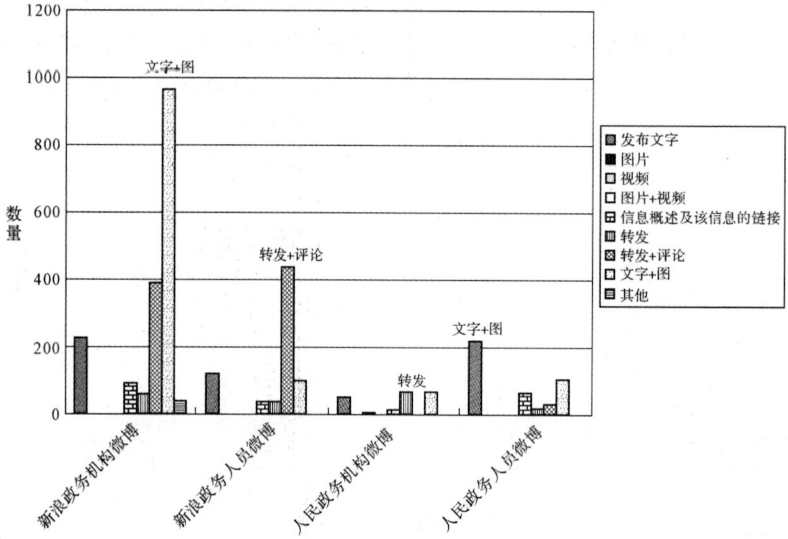

图7　政务微博发布信息方式分布情况

政务微博在使用以上9类主要的信息发布方式之外,还采用了“连载功能”发布信息,本研究所选取的政务微博大部分在发布信息时使用了“连载功能”。不过,除人民政务机构微博中“全国打黑办”发布的微博中80%左右使用了该功能,其他政务机构使用该功能发布微博的比例并不高。

3. 政务微博传播信息的活跃程度[①]

政务微博传播信息的活跃程度可以分为博主“日均发布微博数量”,博主与网民们“日均参与评论、回复评论的数量”和“日均参与转发的数量”三个方面。后两者显示博主与网民们在政务微博平台上的互动情况。

本研究所选取的政务微博日均发布微博量大部分处于“0～5条”、“6～10条”、“11～15条”三个级别,其中所选取的新浪政务机构微博中有11个微博日均发微数量处于“11～15条”、“16～20条”、“21条以以上”的级别。

① 本研究所称“活跃度”由活跃程度而来,包括“日均发布微博数量”,“日均参与评论、回复评论的数量”,“日均参与转发的数量”三部分,由这三个指标之和计算得出。

所选取的政务微博日均获得评论量、博主与网民参与回复的数量大致处于"10 条"、"11～50 条"两个级别，有少数政务微博的日均获得评论、参与回复数量处于"51～100 条"、"101～200 条"、"201～300 条"三个级别。其中新浪网平台上所选取的政务微博日均获得评论、参与回复的数量，总体比人民网平台上所选取的政务微博在这方面的数量要多。

另外，政务机构微博的开设者和网民们日均参与转发微博数量总体多于政务人员微博。新浪政务机构微博在"日均参与转发"的行为中表现积极，数量均多于 10 条。政务人员微博在"日均参与转发"的传播行为上所显示出的差异较大。

除此，如图 8 所示，两个平台的政务微博传播信息的活跃度随着"两会"的会议进程而显著变化，表现为政务微博传播信息的活跃度在 4 日开始上升，8 日活跃程度达到最高，之后开始逐渐下降，在 14 日"两会"接近闭幕时又开始上升。

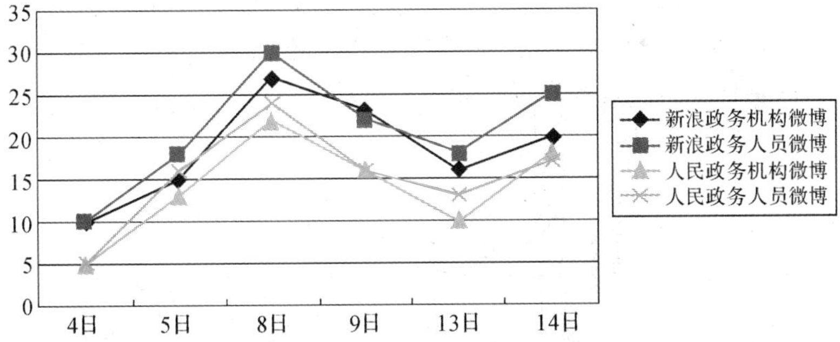

图 8 "两会期间"政务微博活跃度

4. 政务微界面的设置情况

所选取的 15 个新浪政务机构微博，其界面设置都采用了"微博职能介绍"、"友情链接"两个辅助性信息展示功能。"信息公告栏"、"与机构相关的音视频链接"、"图片展示"这些功能则在有关旅游、外宣领域的政务机构微博中有采用。

人民政务机构微博的界面，设有"微博职能介绍"、"信息公告栏"、"友情链接"、"图片展示"等四类辅助性信息功能。不过采用这类功能的政务机构微博数量较少，所选取的 10 个样本中，只有 1 个在界面中设置了这类功能，其余的 9 个微博都没有做任何此类设置。

新浪政务人员微博与人民政务人员微博在界面中都有"微博职能

介绍"设置，但对于"信息公告栏"、"与机构相关的音视频链接"、"图片展示"、"友情链接"这几类功能则没有采用。

比较政务机构微博与政务人员微博对于主界面的设置情况，可以发现政务机构微博倾向于在主界面设置各种辅助性功能来提高其在微博环境中被网民关注的程度，同时也借助这些设置进行机构职能公关；而政务人员微博在主界面的设置上则没有投入太多精力，只是在界面中使用了最基本的"微博职能介绍"。

五、结论与讨论

由上述发现和分析可知，不同微博平台其政务微博的传播特点有所不同：新浪政务微博内容较人民政务微博更趋多元，发布方式和语态更平易，信息交流的活跃度高于人民网政务微博，这与新闻微博用户量多于人民网有一定关系。政务人员微博一定程度上显示出博主的个性，政务机构微博则相对比较模式化和公务性。总体上看，政务微博的传播模式可以大致描述如图9所示。

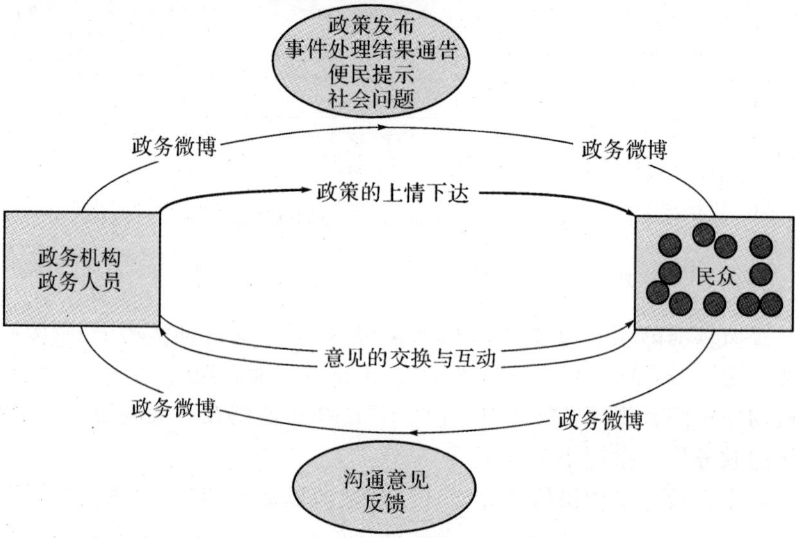

图9　政务微博传播模式

这个模式与奥斯古德—施拉姆循环传播模式类似，[①]比较形象地描述了在政务微博平台上，政务微博博主发布政务信息，并与网民之间进行相应的意见交流。从该模式不难发现：政务微博在实际操作过程中既是政务机构、政务人员发布相关政策的渠道，也是收集公众关于政务信息的观点，与他们进行意见交换与沟通的平台。只是，发布信息虽然不再是传统的“点—面”形式，而是“一点对多点”形式，但是发布主体和网民之间的沟通交流仍然存在信息不对称和力量不均衡状态。从政务微博的实际运行情况来看，政务微博总体上处于发挥政务信息传达的功能阶段，在与公众进行意见协商、沟通方面发挥了一定作用。

通过对政务微博传播特征和模式的分析可知，目前我国政务微博在政治生活中所发挥的作用大抵属于“沟通政治”的范畴，其本质是一种“意见民主”，即政务机构和政（公）务人员通过微博将政策和法规等信息传达给公众，后者以转发微博或评论等方式给予反馈，力图沟通官民，使上下通达，但是在多大程度上能够有效影响相关部门的政治决策，实现民主政治，仍有待考察。

约翰·汤普森曾经指出，网际网络形塑能见空间，它只是协商式的中介公共性（deliberative mediated publicness），[②]而非一种对话的公共性。这类空间共享，象征交换的对话形式，但却未必处处保障这样的沟通形式最终的效度。从以上对政务微博在与公众的意见互动上的表现来看，目前政务微博上的意见交换与沟通仍然处于低互动水平，活跃度不高；除此，由于微博在发布信息时与生俱来的碎片化、分散化特征，使得公众在这个平台上表达的意见也是一种分散化、碎片化的呈现，尚未形成协商式民主所需要的有组织的力量制衡和影响，因此，政务微博所表现出的类似于一种“意见民主”：能够呈现公众的意见，但是未必拥有足够的力量使这些意见能够有组织地、集中地得到反映，并对相关政务机构和政（公）务人员的决策产生影响。

尽管以上对于政务微博的分析显示出目前政务微博上的意见交换与沟通处于低互动水平，不足以影响政府决策。然而，政务微博在

---

① 丹尼斯·麦奎尔，斯文·温德尔著：《大众传播模式论》，祝建华、武伟译，上海译文出版社1987年版，第22页。

② Thompson, J. B. (1995). *The media and modernity: a social theory of media/ John B. Thompson. Stanford, CA: Stanford University Press*, 1995. p245.

各级政务机构的迅速扩散和应用，公众对国家政治事务抱持的介入态度，以及官民之间意见沟通的常态化，仍然彰显出某种“参与式文化”，这不啻是中国政治民主进程的一项成果。

约翰·杜威在论及民主时曾经提出“传播与沟通是当下民主得以实现的最基本、最本质的路径”①。然而，民主政治的实现仅仅倚靠传播与沟通仍然不够。虽然技术的工具性价值不可低估，但是民主的技术从来不是一个国家民主得以实现的关键，②相应的政治制度、社会经济、文化价值观等因素的作用至关重要，尤其是“当一个社会不仅准许参与而且鼓励持续、有力、有效并了解情况的参与，而且事实上实现了这种参与并把决定权留给参与者，这种社会的民主就是既有广度又有深度的民主”③。

本研究对于政务微博传播模式进行了初步探讨，力图揭示目前阶段政务微博所带来的政治形态和所产生的社会功能，即所谓“沟通政治”和“意见民主”，意在为政务微博的使用者提供某些参考，以利更好地了解和利用政务微博的传播特征及规律。本研究中，关于政务微博与公众互动的研究，只是从发布与反馈信息的数量方面进行了探讨，未涉及意见交流的认知倾向和态度观点等深度信息，影响了对于双方交流“质”的把握；关于政务微博之于“沟通政治”的作用，乃至对于政治决策和民主政治的影响，仍有必要进行历时性的、更系统、更深入的探讨。这些都是本研究的不足，也是今后持续跟踪“两会”期间的政务微博表现，更深入地进行政务微博后续研究需要解决的问题。

［参考文献］

[1]丹尼斯·麦奎尔著. 受众分析. 刘燕南等译. 北京：中国人民大学出版社，2010.

[2]丹尼斯·麦奎尔，斯文·温德尔著. 大众传播模式论. 祝建华，武伟译. 上海：上海译文出版社，2008.

[3]戴维·米勒，韦农·波格丹诺. 布莱克维尔政治学百科全书. 邓正来等根据英国牛津布莱克维尔出版公司 1987 年版译出. 北京：中国政法大学出版社，1992.

---

① Dewey, J., Morris, D., & Shapiro, I. (1993). *The political writings/John Dewey; edited, with introduction, by Debra Morris and Ian Shapiro*. Indianapolis: Hackett Pub. Co., c1993.

② 参见袁峰等著：《网络社会的政府与政治》，北京大学出版社 2006 年版，第 127 页。

③ 科恩：《论民主》，聂崇信等译，商务印书馆 1994 年版，第 22 页。

[4]丹尼斯·麦奎尔著.麦奎尔大众传播理论.崔保国译.北京:清华大学出版社,2006.
[5]罗伯特·D.帕特南著.使民主运转起来.王列,赖海榕译.南昌:江西人民出版社,2001.
[6]James Slevin 著.网际网络与社会.王乐成等译.北京:弘智文化事业有限公司,2002.
[7]Huntington,S. P.(2004). Who are we?:America's great debate/ Samuel Huntington. New York; London:Free,2004.
[8]Verba,S.,Schlozman,K. L.,& Brady,H. E.(1995). Voice and equality:Civic volunteerism in American politics. Cambridge,MA:Harvard University Press.
[9]Dewey,J.,Morris,D.,& Shapiro,I.(1993). The political writings/ John Dewey; edited,with introduction,by Debra Morris and Ian Shapiro. Indianapolis: Hackett Pub. Co.,c1993.
[10]Thompson,J. B.(1995). The media and modernity:a social theory of media/ John B. Thompson. Stanford,CA:Stanford University Press,1995.
[11]M. Castells (1996). The Rise of Network Society,vol. 1 of the Information Age:Economy,Society and Culture,Blackwell,Oxford,1996.
[12]Donald F. Norris (2007),Electronic Democracy at the American Grassroots, Current issues and trends in E-government Research,Cybertech Publishing,2007.
[13]Andranik Tumasjan,Timm O. Sprenger,Philipp G. Sandner,Isabell M. Welpe (2010),Election Forecasts With Twitter:How 140 Characters Reflect the Political Landscape,Social Science Computer Review,November 2011; vol. 29,4: pp. 402-418.,first published on December 12,2010.
[14]Small. Tamara. A (2011),What the Hashtag?,Information,Communication & Society; Sep2011,Vol. 14 Issue 6,pp872-895,24p.
[15]Hillary C. Shulman,& Timonthy R. Levine (2012),Exploring Social Norms as a Group-Level Phenomenon:Do Political Participation Norms Exist and Influence Political Participation on College Campuses?,Journal of Communication,62(2012),532-552.

附　录:

本研究选取的45个热点政务微博样本

新浪政务微博		人民政务微博	
政务机构	政务人员	政务机构	政务人员
上海发布	伍皓红河微语	中国铁路	朱永新
上海地铁 shmetro	朱永新	河南高院	贺铿
成都发布	陈士渠	全国打黑办	韩可胜
南京路况直播间	段郎说事	湖北政务发布	詹国枢
浙江省旅游局	孙晓云	微博贵州	何加正
平安北京	鞍钢郭明仪		叶青
外交小灵通	叶青		浙江姚志文
平安中原	中一在线		周蓬安
中国广州发布	陈明德		吕凤鼎
南京发布	巴松狼王		杜少中
江宁公安在线	李东生		
广东天气	忧国忧民王全杰		
平安南粤	贵州姚晓英		
重庆市人民政府新闻办	葛剑雄		
广州公安	迟夙生		
共15个	共15个	共5个	共10个

全媒体格局下受众互联网使用时空情境量化研究

——基于天津市民全媒介使用的日记卡调查

吴文汐

摘　要　本研究通过日记卡调查对受众互联网使用的时空情境进行全面、深入、完整的考察，从中发现，互联网使用对住所这一空间的依赖度很高。白天的互联网使用情境特征受人们的工作（学习）活动的影响，互联网在一定程度上嵌入了工作（学习）情境中，然而在工作（学习）场所上网诱发正面情绪的可能性相对较低。9:00 和 18:00 是全天互联网使用的两个关键时间窗，这两个时间点之后，互联网接触率均出现明显上升，网络接触行为在夜间比在白天活跃，在深夜的活跃度最高。互联网的黄金使用情境为 21:00 到 21:45 在自己的住所，在该情境里，网络接触率较高，同时也较易诱发良好的情绪。

关键词　互联网使用，时空情境，日记卡调查

一、研究问题的提出

随着互联网功能日趋多样化和接入成本的下降，近几年来互联网在中国的普及率迅速上升。根据中国互联网信息中心（CNNIC）2011 年 7 月发布的第 28 次中国互联网络发展状况统计报告，截至 2011 年 6 月底，中国网民规模达到 4.85 亿，较 2010 年底增加 2770 万人，互联网普及率攀升至 36.2%，较 2010 年底提高 1.9%。互联网在逐步嵌

作者简介　吴文汐，中国人民大学新闻学院 2010 级博士生，东北师范大学传媒科学学院教师，E-mail：wuwx_wendy@yahoo.com.cn。

中国人民大学 2010 级博士生许子豪、2010 级硕士生刘佳莹对本文空间、情绪分析上有所贡献。

入到人们的生活中去，与人们的生活、工作发生千丝万缕的勾连，尤其近几年来功能上的逐步完善，互联网的嵌入度更是大幅提高。拓扑心理学家勒温曾提出一个公式：$B=f(S)$，其中，B 是指行为，S 是指生活空间，f 则是人们通常所称的规律，其界定是：一个事件或情境的不同特性之间的函数关系，不同的生活空间会对人的行为造成不同影响。媒介使用情境就客观角度而言，可以从时间和空间两个角度来考察，不同的时空情境导致不同的媒介使用行为。戴维·莫利在对电视收视的研究中曾考虑到在实验室和在家中两种不同的收视情境会导致媒体接触行为的不同。他认为，文本意义的解构既受制于受众个人的"文化符码"，又受制于受众接受文本时的收视语境。①与在安静的家中相对静态地观看电视相比，在地铁的嘈杂环境中间断地接收移动电视的效率显然是不同的，对电视中传递的信息的理解程度及感情态度也可能由于地点及环境的差异而改变。因此要深刻理解这种高度嵌入于人们生活的互联网使用行为，则需要对互联网使用的时空情境进行考察。

国内有关互联网使用时空情境的研究成果不在少数，互联网使用的时长、时段、地点等方面均有所涉及，但使用情境诸要素未有机结合考察，互联网使用的时长、时段、地点是以割裂的方式分别进行考察，使得我们只能片面地、碎片化地观察到受众互联网使用的图景，而无法看到各要素之间的关联和使用图景的全貌。通过问卷或监测软件，我们得以大致掌握受众互联网使用时长、时段，但我们无法了解受众在特定的时段更倾向于在何地接触互联网，也无法了解此时他是否有同时从事其他行为，而这些恰恰是构成了其互联网使用行为的情境。当我们要理解受众对互联网的使用行为时，我们必须深入地了解受众的互联网使用情境，尤其在互联网对受众生活、工作的高度内嵌的条件下更是如此。而对受众互联网使用情境的把握，则不仅要对使用情境的各个要素有所把握，还要对各要素的关联性有所把握。

本研究作为天津市民全媒介使用日记卡调查的阶段性成果之一。日记卡调查突破了以往问卷调查在考察情境时的局限，将调查时间拉长到一整天，便于研究者洞悉人们的生活方式和生活节奏，跟踪受众的媒介接触行为的轨迹，将受众的媒介使用时间、空间、背景行为链接

---

①. 石长顺、方雪琴：《电视收视语境与文本意义的重构》，《当代传播》2005 年第 6 期，第 8 页。

起来，呈现出一幅受众互联网使用的完整图景，将媒介接触行为放到情境之中考察，全面地把握受众的媒介使用规律。

二、研究方法

该项受众调查突破性地采用了日记卡和问卷结合的调查方式，旨在从微观情境上全面考察受众的媒介使用行为。本调查的实施时间从 2010 年 9 月 19 日至 2010 年 10 月 23 日五周，共 35 天，采用入户调查的方式，由经过严格培训的访问员入户发放和回收日记卡和问卷，日记卡每周发放和回收一次，在最后一周回收日记卡的同时，访问员发放问卷。受访者须每天按照日记卡的格式如实填写全天的活动和停留的空间及其当时的情绪。

该调查样本来自索福瑞在天津的广播听众固定样组，由于广播在居民中的覆盖率较高，仅次于电视，高于互联网，得到的受众媒介使用数据具有较好的代表性。基础研究的目标总体为天津市非农人口在 45%以上的市辖区（即河北区、和平区、河东区、河西区、红桥区、南开区、塘沽区、汉沽区和大港区）的所有家庭户中的 10 岁及以上的常住人口。固定样组的目标总体为天津市非农人口比例在 45%以上的市辖区中 10 岁及以上所有广播人口（家中有正在使用的收听设备或有人在过去 3 个月内听过广播）。第一阶段：以居（家、村）委会为初级抽样单位。第二阶段：以家庭住户为二级抽样单位，对每个被抽中的家庭户，调查其中所有的 10 岁及以上家庭成员（常住人口口径）。第三阶段：以基础研究调查得到的样本中家中有正在使用的收听设备或有人在过去 3 个月内听过广播的样本作为抽样框，进行二相抽样，最终实际回收了 741 人的有效问卷和日记卡，有效问卷回收率约为 88%。

三、网络受众样本基本特征

本文研究的是互联网受众的网络使用情境，为了提高网络受众与非网络受众的区隔度，本章中将在接受调查的这 5 周内，接触网络 5 次以上（含 5 次），即平均每周至少上网 1 次的受众界定为网络受众，日记卡的设置是 15 分钟 1 次，亦即 35 天接触该媒介达 75 分钟以上的受众。因此，本文中网络受众为在受访的35天内平均每周至少上网1次(1次为15分钟)的受众。

图1为根据上述类似界定得到的该项调查中各类媒介受众的基本情况。网络受众人数仅有电视受众、广播受众人数的一半左右，为312人，但是网络受众的网络接触时长较长，达83分钟，接近广播受众的广播接触时长，相对于覆盖面不低，但黏度低、后劲不足的报纸，处于成长期的互联网仍存在较大潜力。

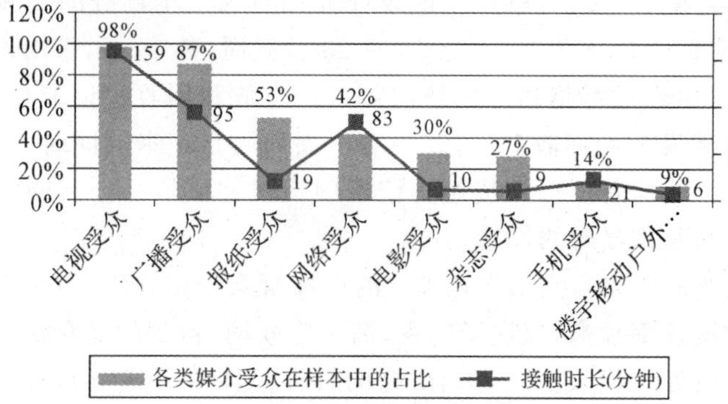

图1　各类媒介受众在样本中的占比以及接触相应媒介的时长(分钟)

为了廓清网络受众样本特征，本研究采用了到达率和特征显著度两个指标。特定媒体在某特征群体中的到达率指的是特定受众群体中，某类媒介受众在该特定受众群体中所占的比例，衡量的是特定群体中某类媒介受众的相对规模。某类媒介的特征显著度衡量的是某类媒介受众具有某种特征的显著程度，具体计算方式为电视受众中具有某类特征的人群的占比除以样本总体中具有该类特征的人群的占比。当某类媒介受众的某类特征显著度高于1.2，为高特征显著度，表示该类媒介受众的该类特征极为明显；1.2～0.8，为一般特征显著度，表示该类媒介受众的该类特征不太明显；低于0.8为低特征显著度，表示该类媒介受众基本不具备该类特征。以网络在男性中的到达率为例，指男性网络受众在男性群体中的占比。而网络受众特征显著度指的是网络受众中男性的比例除以样本总体的男性比例，衡量电视受众的男性特征的显著程度。下面从性别、年龄、收入、学历水平、职业和工作单位几方面来考察网络受众的样本基本特征。

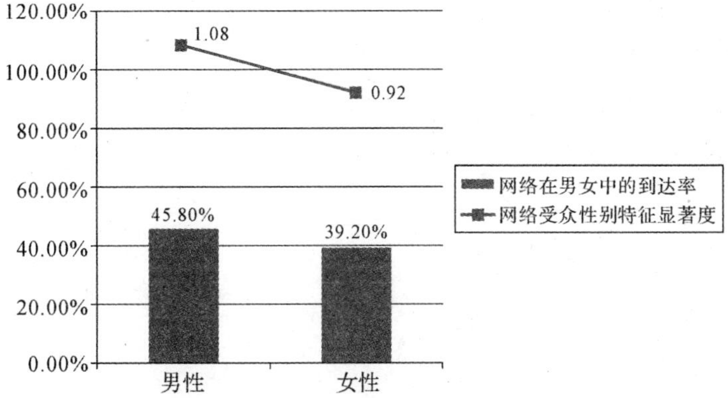

图 2　网络在不同性别人群中的到达率和特征显著度

网络媒体在男性受众中的到达率高于女性，略微呈现出男性特征，但从特征显著度来看，网络受众的性别特征显著度并不明显。

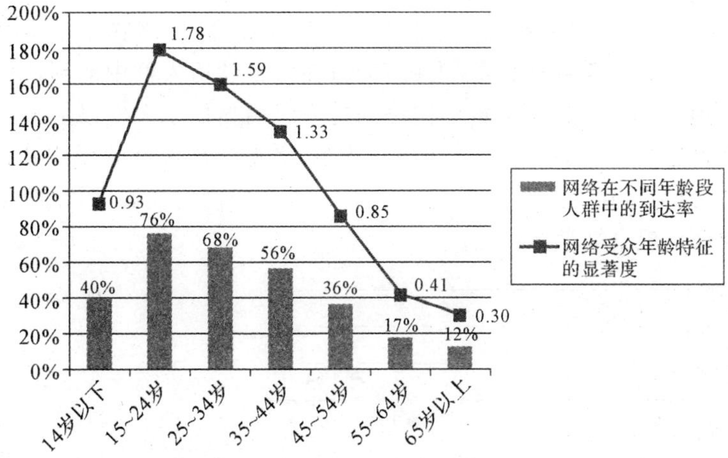

图 3　网络在不同年龄段人群中的到达率和特征显著度

从图 3 可见，网络受众明显呈现出年轻化特征。网络在 15～24 岁年龄段人群中的到达率最高，达到 76%；其次为 25～34 岁人群，到达率为 68%，随着年龄段的上升，到达率逐渐下降。14 岁以下人群的到达率也不低，达到 40%。55 岁以上年龄段的人群的网络到达率明显偏低，不到 20%。特征显著度数据显示，网络受众的年龄特征显著度非常明显，15～24 岁、25～34 岁、35～44 岁这三个年龄段人群的年龄特征显著度均高于 1.2，尤其是 15～24 岁人群年龄特征显著度达到

1.78,年轻化特征显著。

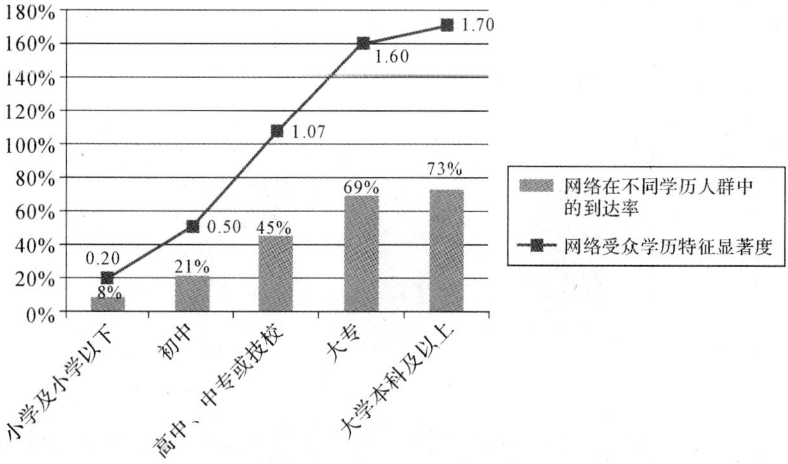

图4　网络在不同学历人群中的到达率和特征显著度

图4显示,学历越高的人群网络到达率越高,网络在大学本科及以上的人群中到达率最高,达到73%;在大专学历人群中的到达率次之,为69%;大专以下人群的网络到达率就明显低于大专以上人群的网络到达率。大学本科及以上学历人群、大专学历人群的特征显著度很高,分别达到1.7和1.6,远高于1.2,具有极高的显著度,说明了网络受众呈现出高学历特征。

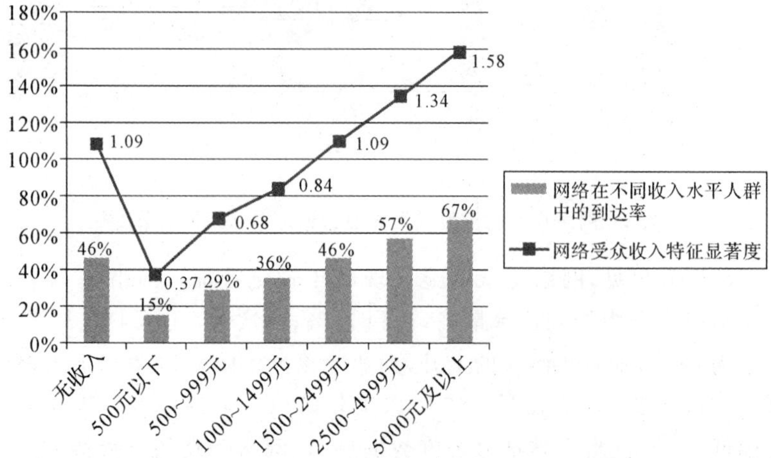

图5　网络在不同收入人群中的到达率和特征显著度

500元以下收入人群开始，随着收入水平的上升，网络的到达率随之上升。5000元及以上的收入人群的特征显著度最高，其次为2500～4999元收入人群，特征显著度达到1.34。在高收入人群中，呈现较明显的网络受众特征。

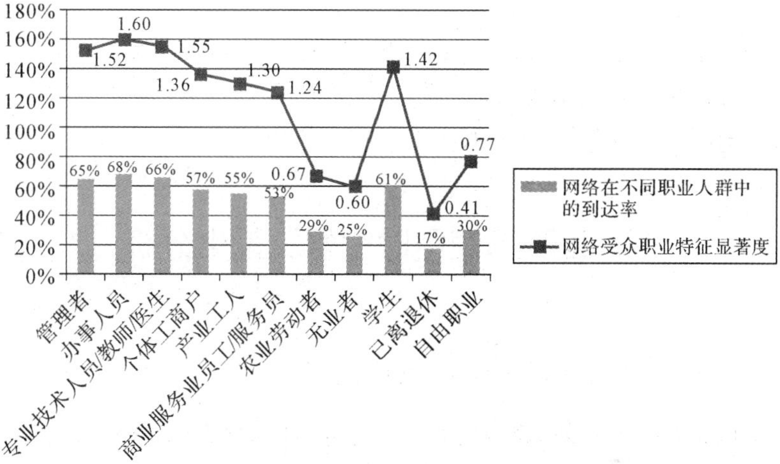

图6　网络在不同职业人群中的到达率和特征显著度

除了农业劳动者、无业者、已离退休和自由职业人群以外，其他职业特征人群的到达率均达到了50%以上，且特征显著度均高于1.2。其中管理者、办事人员、专业技术人员/教师/医生和学生的特征显著度明显高于其他职业人群。

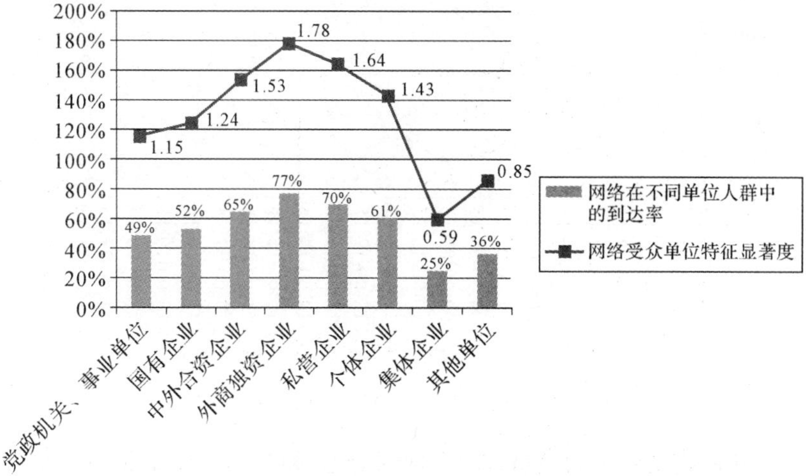

图7　网络在不同工作单位人群中的到达率和特征显著度

网络在国有企业、中外合资企业、外商独资企业和个体企业人群中的到达率均高于50%。党政机关、事业单位人群的到达率也相对偏高为49%。集体企业明显低于上述几类。从特征显著度来看，网络受众中，外商独资企业、私营企业、中外合资企业和个体企业的特征更为显著。

除了性别以外，网络受众在年龄、收入、学历水平、职业和工作单位等方面均存在显著特征，呈现出年轻化、偏高收入、偏高学历的趋势，并在呈现出明显的职业特征和工作单位特征。

四、互联网使用时空情境量化分析

（一）互联网使用时空情境特征

网络受众的日均上网时长为83分钟，标准差为100分钟，去掉一个极端值751分钟，重新求得其日均上网时长为81分钟，标准差为93分钟，极大值达到日均接触时长444分钟，而最低日均接触时长为2分钟。

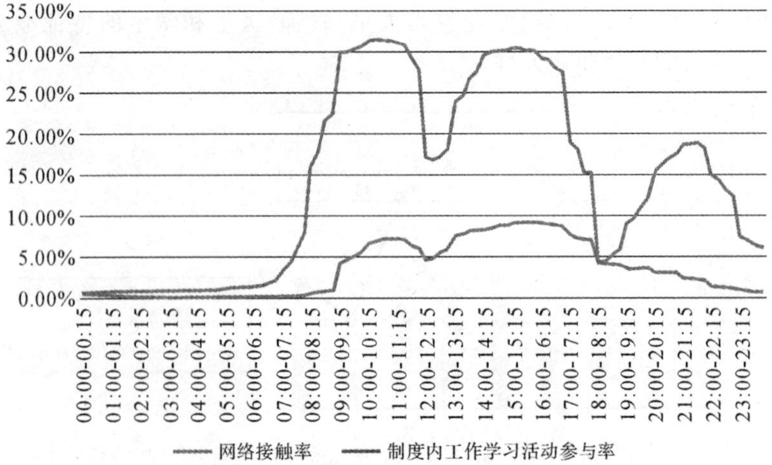

图8　网络受众全天网络接触率时段分布图

从网络受众全天网络接触率时段分布图可见，网络的接触率呈现出早中晚三峰分布。网络受众的网络接触率在7:00以后逐渐上升，

9:00 是一个转折点，上午 9:00 以后，网络接触率从不到 1%迅速上升至 4.27%，此后一直攀升，到 11:30 形成早间第一个高峰，达到 7.25% 的接触率，以后逐渐回落，12:00 回落至 4.58%，在 12:15 以后，网络接触率又逐步上升，在 16:00 达到下午的峰值，接触率为 9.26%，此后又回落到 18:00 回落至 4.26%，18:00 以后网络接触率又开始攀升，直到 21:30 达到晚间峰值，也是一天中的最高值 18.76%，此后逐渐回落，在第二天 00:00 前一直保持 6%以上的接触率，过了 00:00 网络接触率就迅速跌至不到 1%。结合制度内工作学习活动参与率可发现，白天网络接触率的变化和制度内工作学习活动参与率的变化相近。早上 9 点，制度内工作学习活动参与率陡增至 29.91%，与此同时，网络接触率也从此前的不到 1%迅速上升至 4.27%。在 18 点时，制度内工作学习活动参与率从 15.27%迅速下降至 4.21%，而网络接触率则从 7.05%下降至 4.26%。由此可推测，上网时长可能与工作时长存在一定的相关性。由于本调查也同时调查了受众的工作活动时长和时段分布，从而使上网时长和工作时长相关性的检验得以展开，统计结果显示，上网时长和工作时长的皮尔森相关系数为 0.1($P<0.01$)，由此可见，上网时长和工作时长呈现出一定的弱关系。

为了更深入挖掘互联网使用时间情境特征，本研究将互联网使用时段情境与其他各类媒介的使用时段情境作了比较。为使得不同媒介使用情境具有比较性，比较当中所使用的数据来自于 741 个样本，而非仅限于界定为互联网受众的 312 个样本。

本研究根据调查得到的天津居民日常行为尤其是总体媒介接触行为的时段特征，对全天时段进行了划分，共分为深夜时段、晨间时段、早间交通时段、早间上班时段、午间休息时段、下午上班时段、下午交通时段、晚间时段和夜间时段 9 个时段。深夜时段是指凌晨 00:00—05:00；晨间时段是指早晨 05:00—07:30；早间交通时段是指 7:30—8:30；早间上班时间指 08:30—12:00；12:00—13:00 为午间休息时段；13:00—17:00 为下午上班时段；下午交通时段指的是 17:00—18:00；晚间时段指 18:00—22:00；22:00—00:00 为夜间时段。

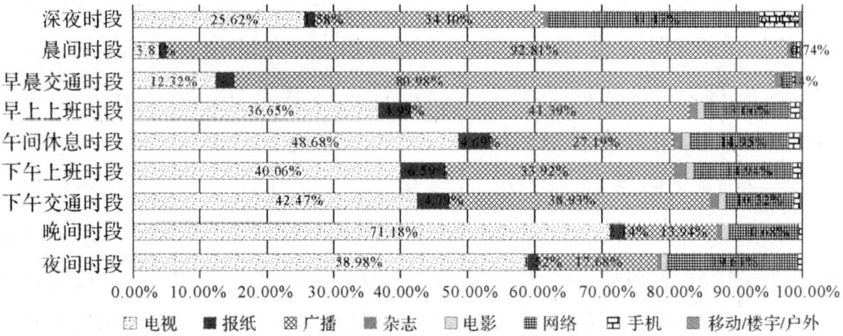

图9　各类媒介时段占有率比较

本研究用时段占有率指标来衡量各类媒介在各类时间段里强势程度，占有率高的为该时段的优势媒介。时段占有率指特定时段接触某个特定媒介的人次与所有接触媒介的总人次的比值，其中若存在复用情况，即一个人同时接触两种媒介，则算成两人次。网络在深夜时段显现出明显高于其他时段的占有率，时段占有率达到了31.47%，而在晨间时段和早晨交通时段，时段占有率显著下降，仅在1%左右，直到上班时段，占有率才回升到10%以上。不同于其他媒介接触行为在白天或晚间较为活跃，互联网在深夜时段的活跃度较高，熬夜接触媒介的人群中，接触网络的比例较高，仅次于听广播。

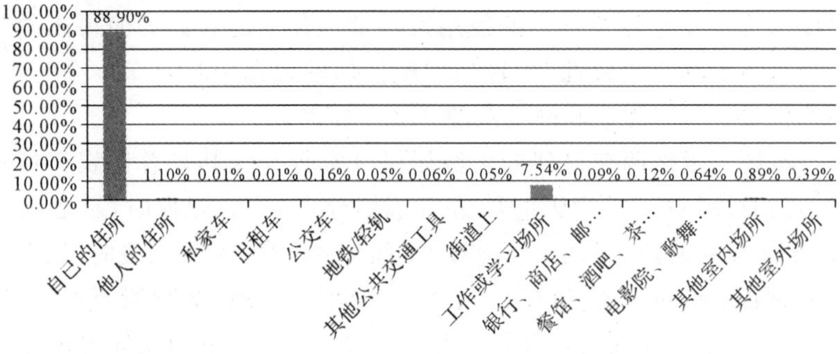

图10　网络媒体接触行为的空间分布

由图10可知，受众网络媒体接触行为主要是在自己的住所，达到了88.90%。其次是在工作或学习的场所，占比约为7.54%。其余地点发生网络媒体接触行为比例都非常小。

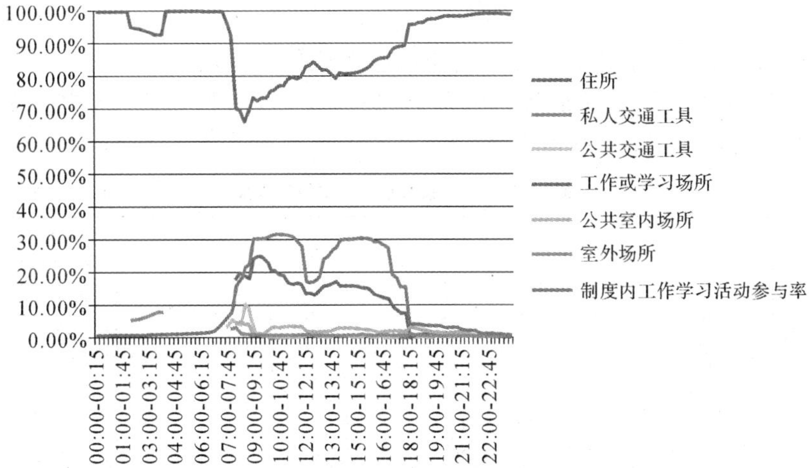

图 11　网络受众各时段上网行为的空间占比

从图 11 可知，一天中的各个时段，网络接触行为主要发生在住所之中。网络接触行为在各时段中发生于住所的比例均是最高的。但有一处值得注意，早上 8:00 开始，在住所上网的比例迅速下降，从 7:00的 100%下降到 8:00 后的 70.15%，并在 8:45 进一步下降到 65.63%，为一天中最低值。而在工作或学习场所上网的比例则迅速上升，从 8:00 前的 0 接触率上升到 8:00 后的 17.91%，并在 9:15 时达到一天中的峰值，25%，即在 9:15 受众在工作/学习场所上网的比例达到 25%。到了下午后，工作或学习场所中的依赖度不断下滑。18:00是个重要时间窗口，在工作或场所上网的比例从 18:00 前的 7.35%迅速下降至 0.21%，而在住所上网的比例则从 18:00 前的 80%～90%水平迅速上升，突破至 90%，达 95.51%。

此外，7:30—9:00，公共交通工具中的上网使用行为也相对比较活跃。在 8:30—8:45，有网络接触行为发生在公共交通工具上的比例达到峰值，为 10.42%。

参照制度内工作学习活动参与率（指该时间段内进行制度内工作学习活动的人数占总人数的比例）可发现，网络受众各时段上网行为的空间特征受到制度内工作学习活动时段特征的影响。当制度内工作学习活动参与率在 8 点以后迅速上升，从 8 点前的 7.82%迅速上升至 8 点后的 15.88%，在工作学习场所上网的比例也随之上升。而在 18 点，制度内工作学习活动参与率迅速下降时，在工作学习场所上网的比例也随之下降。

为了进一步挖掘互联网使用空间情境特征，本研究将互联网使用空间情境与其他各类媒介的使用空间情境作了比较。为使其具有可比较性，当中所使用的数据来自于741个样本，而非仅限于界定为互联网受众的312个样本。

表1　各类媒介接触行为的空间依赖度

	电视	报纸	广播	杂志	电影	网络	手机	户外、交通、移动电视
住所	98.90%	90%	84%	85%	71%	90%	40%	11%
交通工具	0.10%	1%	8%	4%	0%	0%	7%	38%
工作或学习场所	0.20%	5%	5%	8%	2%	8%	46%	13%
公共室内场所	0.60%	3%	1%	2%	24%	2%	4%	12%
室外场所	0.20%	1%	2%	1%	3%	0%	3%	26%

空间依赖度考察的是受众使用某类媒介时对特定空间的依赖程度，计算方法为35天内受众在特定空间中使用该类媒介的日均时长与该类媒介日均使用总时长的比值。从表1中可知，在各类媒介中，互联网对住所的空间依赖度偏高，仅次于电视和报纸，达到90%，也就是说受众90%的上网行为发生于住所，其次为工作或学习场所，但仅占8%，相差悬殊。

结合互联网接触的时间和空间特征，我们可以进一步分析受众网络接触的黄金时空情境，在该情境下，受众的网络接触率最高。

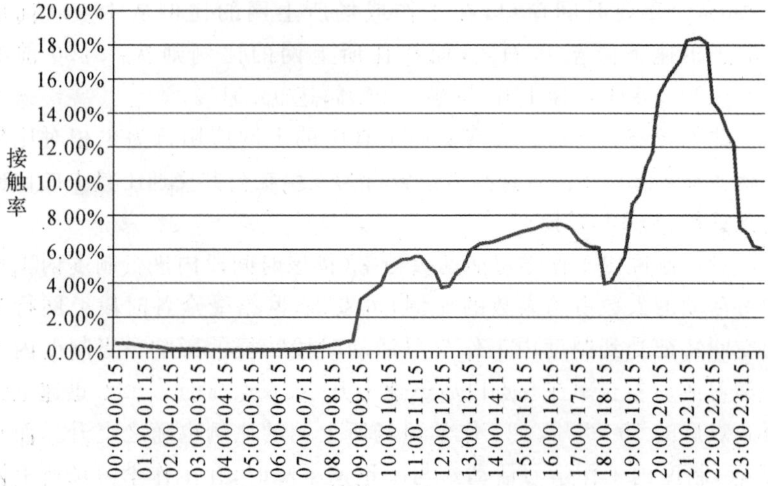

图12　网络受众在住所的时段接触率分析

根据图 12,可以观察到网络受众各时段的网络接触率最高的空间均为住所。因此从各时段网络受众在住所的空间接触率就可以分析出网络的时间—空间黄金情境。从图 12 可以观察到 21:00—22:00 之间网络受众在自己的住所的网络接触率最高,为网络接触的时间—空间黄金情境,此时的网络接触率均在 18%以上,为一天中最高水平。

(二)不同互联网使用情境的心理效应

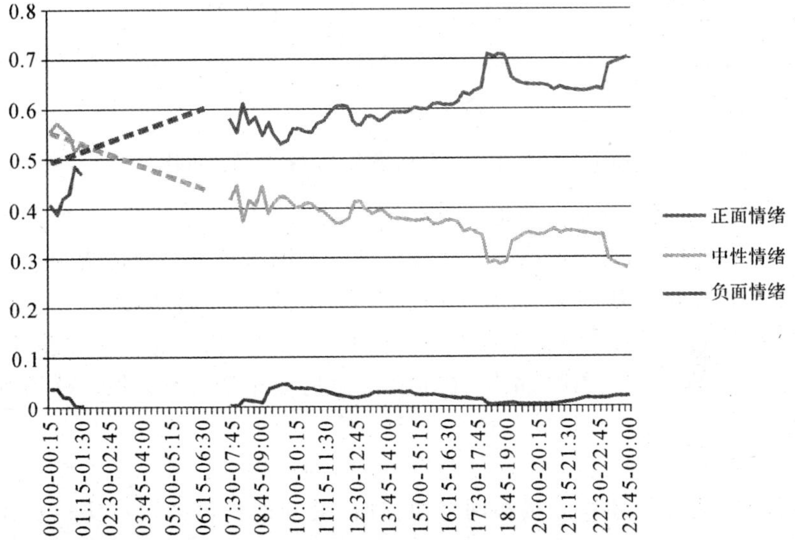

图 13　不同时段网络媒体接触行为的各类情绪占比

图 13 反映的是不同时段网络媒体接触行为各类情绪占比,计算方法为 35 天内平均每天各时段上网受众具有某种情绪的人数占日均在该时段上网的受众总人数的比例。通过对图 13 的观察可以发现,总体而言,一天中各时段网络受众上网行为伴随的情绪以正面和中性情绪为主,负面情绪很少。自早晨 07:30 开始,网络媒体接触的正面情绪比例整体上稳步上升,在 18:00—19:00 时间段出现了一个小波峰,也即这段时间的网络媒体接触是最令人感到愉快的。另一方面,通过对图表的观察发现,在早晨 09:00—10:00 时间段里,负面情绪的比例出现了显著增加,即这段时间内的网络媒体接触较易使人产生不良的心理感受。

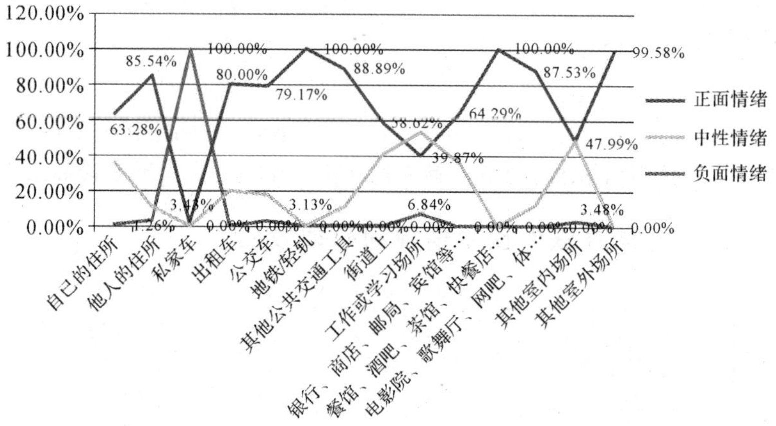

图14　不同地点接触网络媒体的各类情绪占比

图14反映的是不同地点接触网络媒体时的情绪特征，计算方法为35天内平均每天网络受众在特定地点上网时持有某种情绪的人数占网络受众日均在特定地点上网总人数的比例。可以得到图14。

图14可知：网络受众在不同地点上网引发的情绪有较大的差异。地铁/轻轨、餐馆、酒吧、茶馆、快餐店等室内餐馆场所及其他户外场所这三个地点使受众体验到的几乎全是愉快的正面情绪。而几乎所有在私家车中上网的受众感受到不良情绪的比例则较大。在工作或学习场所这样的环境下接触网络媒体时，受众的正面情绪占比相对较小，只占到39.87％。

从时间—空间黄金情境分析中可知，一天每个时段的网络接触率最高的空间均为自己的住所，因此我们可以通过分析自己住所中各时段网络接触率和情绪指数，来判断出在住所上网的综合黄金情境。通过将正面情绪赋值为“1”、中性情绪赋值为“0”、负面情绪赋值为“－1”后，对样本中受众的各时段的情绪类型进行加总进而算出均值，并按照100分为满分转化为受众各时段上网的情绪得分，即情绪指数，情绪指数越高，则情绪越好。

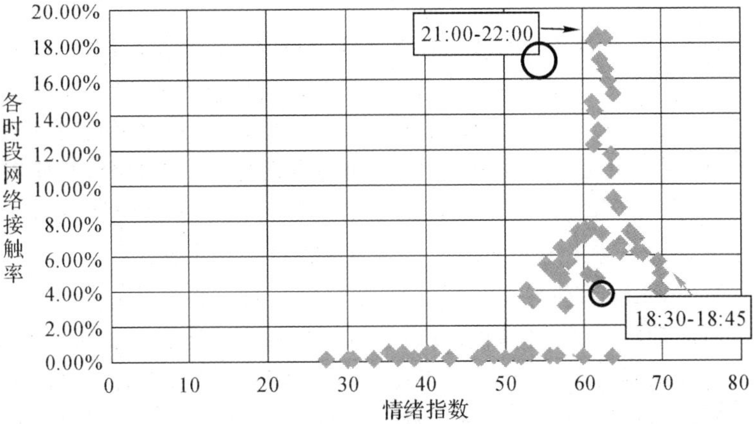

图 15　网络受众在自己住所网络接触率时段特征及其相应的情绪指数

从图 15 可知，网络受众在自己住所内，在 21:00—22:00 的网络接触率最高，结合情绪指数，21:00—21:45 的接触率和情绪指数均为较高水平，虽然 18:00—18:15，18:30—18:45 这两个时间段的情绪指数均为最高，但是该时间段的接触率明显低于 21:00—21:00 的接触率，在以接触率为首要考虑因素的条件下，综合黄金情境为自己的住所，21:00—21:45。

五、结　论

综上，全媒体格局下受众互联网使用时空情境具有如下特征：

第一，网络的接触率呈现出早中晚三峰分布，9 点和 18 点为一天中受众互联网使用的重要时间窗口。9 点以后，互联网使用率开始出现明显上升，直至下午开始逐渐回落。到 18 点以后，互联网使用率又呈现明显上升，直到 21:30 达到峰值。研究显示，互联网受众偏好于晚间使用互联网，而且不同于其他媒介，网络接触行为是在深夜时段显现出较高的活跃度，在所有时段中，深夜时段接触媒介的人中接触网络的比例明显高于其他时段接触媒介的人中接触网络的比例。接触媒介的熬夜人群里上网的比例较高，仅次于电视、广播。由此可知，互联网的兴起在一定程度上对于延长人们媒介接触时间、延迟甚至缩短人们的睡眠时间可能起到了一定的作用。

第二,住所为最主要的互联网使用空间。互联网对住所的空间依赖度很大,90%的互联网使用行为发生于住所这一空间。仅次于电视和报纸。但是在住所里,由于媒介特征的差异,在住所中的使用情境可能还存在着一定差异。比如电视为共享型媒介,其使用空间可能更多的是客厅,且是和家人共同观看,而网络则是个个人媒介,其使用空间可能更多的为卧室、书房,且更多情况下可能是独自使用。因此未来还可以对住所内的互联网使用情境进行进一步考察。

第三,工作活动与互联网使用行为具有弱正相关性,人们的工作(学习)活动对互联网使用情境的空间特征具有一定影响。研究发现,白天的互联网接触率变化、白天在工作(学习)场所上网的人数比例均与工作(学习)活动参与率的变化几近同步,而皮尔森相关系数表明,工作(学习)时长和上网时长存在着弱正相关性。一定程度上说明,工作(学习)活动一定程度上影响了互联网使用情境的空间特征,互联网使用正内嵌于工作(学习)活动中。

第四,虽然工作(学习)场所上网的比例仅次于住所,但是在该空间内上网诱发正面情绪的可能性相对较低。研究表明,受众在地铁/轻轨、餐馆、酒吧、茶馆、快餐店等场所上网诱发的正面情绪可能性较大,但工作(学习)场所由于该场所内工作活动本身的紧张性,使得在该空间内上网不易产生正面情绪,随着互联网对工作(学习)活动的嵌入度不断上升,互联网经营者可以通过开发一些新的网络应用在帮助人们完成工作的同时,纾解受众在工作(学习)中的不良情绪。

第五,互联网的黄金使用情境为21:00—21:45在自己的住所。在该情境里,网络接触率较高,同时接触情绪也相对较好,这一点对于具有重要价值,这意味着未来可以将一些网络营销活动安排于该时间段,到达率高,且受众的情绪较佳也使其较容易接受营销信息。

手机传播能力与手机使用行为研究

——以大学生为例

曾凡斌

摘　要　本文采用暨南大学学生使用手机的被访者（$N=1218$）的问卷调查资料，测量了大学生的手机传播能力与手机使用行为；通过因子分析，发现手机传播能力的潜在变量有技术—效率、偏好—情感、表达—恰当三个因子，手机使用行为的潜在变量有休闲—娱乐、沟通—交际两个因子。在此基础上，本文借助多元回归分析法，探讨了手机传播能力对手机使用行为的影响。研究发现，控制了其他变量之后，大学生的手机传播能力的技术—效率、偏好—情感、表达—恰当三个因子对手机使用行为的休闲—娱乐、沟通—交际两个因子均有显著的正向的影响。因而，本研究提出了一个更为简洁的手机传播能力与手机使用行为的理论模型。

关键词　手机传播能力，手机使用行为，技术—效率，偏好—情感，表达—恰当

一、引　言

如同1950年的电视，1990年的互联网，手机现在已经成为当前这一时代里最重要的一种传播工具（Castells et al. 2007）。在过去十年里，手机在用户和技术进步方面都获得了前所未有的发展，随着手机技术的迅速扩散，全世界有超过40亿的手机用户，用户喜欢手机的原

作者简介　曾凡斌，讲师，暨南大学新闻与传播学院，E-mail：zengfanbin@vip.sina.com。

本文得到国家社科基金重点项目“报业集团核心竞争力与改革创新问题研究”（批准号：03AXW001）的支持。

因是其能够融合沟通交流、休闲娱乐（如音乐播放器、即时消息和视频）以及时尚满足等于一体（Katz & Sugiyama，2005；Leung & Wei，2000；Ling，2004；Wei，2008）。在中国，根据2009年CNNIC发布的中国手机媒体研究报告，截至2008年年底，中国手机用户数量已超过6.4亿。随着中国手机用户数量的增多，手机对中国人的影响也越来越大，而相应的信息传播形式也越来越广泛，如传播信息的方式已经从最初的简单通话和短信，向更丰富的媒体形式发展，包括多媒体信息、手机报纸、手机电视等应用形式迈进。

手机的迅速发展引起了传播学者对手机传播研究的关注，早期对手机的研究集中在手机是如何被采纳与使用（Leung，L. & Wei，R.，2000；张明新，韦路，2006）。这些研究对理解不同人群的手机接入上存在的差距无疑是有帮助的，但却难以理解不同人群在手机使用行为上存在的差距的状况与成因。后期对手机的研究转向手机使用行为的研究，其中包括手机使用行为状况的研究（Göran Bolin，Oscar Westlund，2009）、手机使用行为原因的研究（James E. Katz，Satomi Sugiyama，2006）、手机使用行为的影响的研究（Johnsen，2003；Licoppe，2003；Scott W. Campbell；Nojin Kwak，2010）。这些研究对于理解手机使用行为存在的差距的状况与成因有着一定的启发意义，但是要分析手机使用行为，还需要找出一个影响手机使用行为的核心概念，并在此基础上建构出一个理论框架，并通过数据对其进行经验实证，本文的目的就是要解决上述提到的这一问题。

二、理论框架

在手机使用上的各种研究中，有一种通过传播能力理论（communication competence theory）来对人们关于手机的认知动机、认知知识、使用行为的研究。根据Spitzberg和Cupach（1984）所指，传播能力是人的一种本质需要，能够实现人际交往目的和实现生理和心理的满足，而且，由于传播能力改变着人类的传播实践，传播能力对于技术的推广也变得越来越重要。有些学者从行为学的角度分析了传播能力这一概念，指出该种能力不仅是完成任务的一种技能，而且还是一种隐藏在任务下的一种认知过程（Wiemann & Backlund，1980）。因此，从认知学的角度分析，传播能力属于一种成功的潜在因素，而从行为学的角度分析，传播能力则是属于一种传播的效率。而事实上，传播能力不是一个绝对的概念，而是一个相对的概念，因为在不同的人际交往环境下，传播能力意味着不同的恰当性和效率性（Spitzberg，1988），例如，为了使自身放松、自我安慰、自我支持、传播者在不同的条件下采取不同的传播能力，有时甚至改变一些传播过程（Wiemann，1977）。于是，衡量传播的效果不再仅局限于信息效果，还将其扩展到社会关系、自身感觉等方面，传播能力理论启发人们对于手机使用的研究，因为人们使用手机的目的主要在于进行人际传播，也即人际交往（Katz，2006）。

现在我们的日常人际传播往往依赖某种传播工具，例如手机，然而对于手机传播能力——这种影响手机使用行为的概念的测量及研究还并不很多，因此，也就难以真正地认识到手机使用行为的成因与发展。要探讨手机传播能力的测量，需先探讨其他媒介的传播能力的测量，早在 1977 年，Wiemann (1977）利用 57 个里克特量表发现并测量传播能力的 5 个因子（互动管理、情感、支持、可变行为、社会娱乐），并指出其中互动管理在传播能力中起着重要作用。后来，Spitzberg（2006）提出了一个计算机中介传播能力的模型并进行了测量，该模型构建了动机（Motivation）、知识（Knowledge）、效率（Efficacy）、协调（Coordination）、关注（Attentiveness）、可表达性（Expressiveness）、镇静（Composure）、选择性（Selectivity）、适当（Appropriateness）、有效性（Effectiveness）、清晰度（Clarity）、满意度（Satisfaction）、吸引性（Attractiveness）、具有生产力（Efficiency/Productivity）、总体/体验（General Usage/Eeperience）共 15 个变量，并用 77 个问题来测量，但是如此多的变量和问题显得太复杂，在实际的测量中难以确保其效度和信度。而且其中有相当一些变量有着较高的相关性，如效率、有效性、具有生产力等变量之间的关系，因而导致模型不够简洁及难以应用。Emil Bakke（2010）在 Spitzberg 的计算机中介传播能力模型基础上对手机传播能力进行测量并建构了一个理论模型（见图 1）：

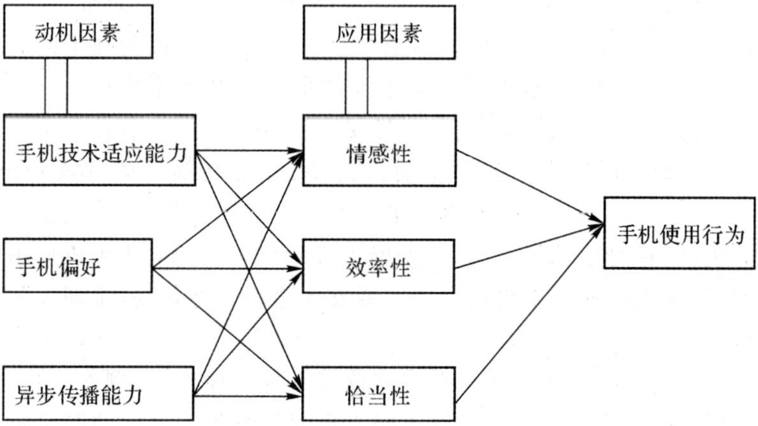

图1 Emil Bakke的手机传播能力模型

该模型构建了动机因素的手机技术适应能力（comfort with mobile technology）、手机偏好（Mobile preference）、异步传播能力（asynchronous communication）、应用因素的恰当性（Appropriate）、效率性（Efficacy）、情感性（Affect）共6个变量，采用24个问题对其进行测量，并利用数据进行实证分析。Emil Bakke的手机传播能力模型无疑大大地简化了手机传播能力模型，但是仍然存在以下几个方面的问题：(1)没有分析动机因素三变量与应用因素三变量是否相关，(2)手机使用行为没有进行因子分析，(3)变量与测量问题还是比较复杂，难以确保测量的效度和信度。(4)样本数据量不多（$N=212$）且没有说明是否随机抽取。

为此，本文试图在Emil Bakke的研究基础上，进一步缩减测量问题，并寻求更为简洁的手机传播能力的理论模型，同时对手机使用行为进行因子分析，最终以手机传播能力的因子对手机使用行为因子进行回归分析，本文选择大学生群体作为例子进行实证分析，之所以选择大学生，因为相当多的文献显示大学生这一群体是大量甚至过分使用手机的用户（Campbell，2006；Harrison Interactive，2008；Wei & Lo，2006）。

根据上述理论和研究设计，本文试图解决以下问题及验证其理论假设：

问题1：手机使用行为的因子有哪些？

问题2：手机传播能力的因子有哪些？

理论假设：手机传播能力对手机使用行为有着正面的积极影响。

三、数据、变量、测量

(一)问卷数据获得及样本基本情况

本研究采用的数据来源于对暨南大学本部和珠海学院的在校学生(不包括暨南大学深圳旅游学院，华文学院的在校生)的抽样。本问卷的访问员为选修笔者《网络新闻传播》等课程的本科生。问卷由被访者完成，需时在 20 分钟左右，访问调查完对问卷进行编号，并对其"访问地点"、"访问时间"进行记录，并要求每一小份问卷都要有访问员亲笔签名。经过培训后，各访问员于 2010 年 12 月份的不同时间在暨南大学本部及珠海的宿舍进行调查，并在被访者当场填写问卷后即刻回收。问卷共发放回收 1331 份，回收后经过查核校验后得到有效问卷为 1244 份，本调查的完成率为 93.46%(本研究的所有数据可在获得授权后向研究者索取)。然后，我们采用 SPSS 16.0 版软件对调查结果进行统计分析，并将样本的一些特征值与总体(暨南大学)各学院的特征进行对比得出表 1：

表 1　样本的特征值与总体相比

学院	样本个数	样本中各学院占的百分比	总体中各学院占的百分比	样本占百分比多于总体的数量
电气信息学院	41	3.30%	3.45%	−0.15%
法学院	52	4.18%	6.70%	−2.52%
翻译学院	8	0.64%	1.24%	−0.60%
管理学院	217	17.44%	8.66%	8.78%
国际商学院	50	4.02%	5.71%	−1.69%
国际学院	76	6.11%	6.50%	−0.39%
经济学院	149	11.98%	13.16%	−1.18%
理工学院	37	2.97%	6.50%	−3.53%
人文学院	21	1.69%	2.60%	−0.91%
生命科学技术学院	20	1.61%	4.76%	−3.15%
四海书院	18	1.45%	0.87%	0.58%

续表

学院	样本个数	样本中各学院占的百分比	总体中各学院占的百分比	样本占百分比多于总体的数量
外国语学院	62	4.98%	3.03%	1.95%
文学院	44	3.54%	8.66%	−5.12%
新闻与传播学院	**233**	**18.73%**	**6.50%**	**12.23%**
信息科技学院	34	2.73%	4.33%	−1.60%
药学院	28	2.25%	4.33%	−2.08%
医学院	135	10.85%	8.66%	2.19%
艺术学院	11	0.88%	2.17%	−1.29%
知识产权学院	8	0.64%	2.17%	−1.53%
合计	1244	100.00%	100.00%	
学历(本科生)	**1159**	**93.10%**	**68.98%**	**24.12%**
博士、硕士研究生	85	6.90%	31.02%	−24.12%
合计	1244	100.00%	100.00%	
生源(华侨、港澳台和外国学生)	625	50.24%	43.09%	7.15%
国内生	619	49.76%	56.91%	−7.15%
合计	1244	100.00%	100.00%	

通过样本特征与总体特征相比可发现,此次调查对象在新闻与传播学院的本科生偏多,但是从整体上来看,由于本调查采取了按宿舍分层抽样的原则,各个学院、各种学历层次、各种生源的学生都抽到了,因此本次抽样的样本在总体上还是基本能够代表暨南大学本部和珠海学院的在校学生的情况。在这 1244 个样本中,有 1218 个(97.9%)的被访者现在正在使用手机,有 26 个(2.1%)现在并没有使用手机,由于本文的研究是使用手机的用户,为此,以下的数据分析则仅考虑 1218 名使用手机的被访者($N=1218$)。

(二)因变量

本研究的因变量为手机使用行为,其测量方法为量表。量表的制定首先在笔者就教的班级中的 2 个 8 人一组的成员进行焦点组讨论后整合而成,然后根据正式调查前的 20 份问卷的前测,对问卷的修改进行相关调整，得出大学生最常用的 6 种手机使用行为，并最终生成关于测量手机使用行为情况的量表(见表 2)：

表 2 关于手机使用行为情况

	从不使用	几乎很少使用	有时使用	较常使用	经常使用
(1)用手机给朋友和家人打电话	A	B	C	D	E
(2)用手机给朋友和家人发送/接收短信	A	B	C	D	E
(3)用手机订阅一些信息服务(如天气预报等)	A	B	C	D	E
(4)通过改变手机铃声和主题来对手机进行个性化设置	A	B	C	D	E
(5)用手机拍照、拍视频，记录生活的点滴	A	B	C	D	E
(6)用手机来听音乐、看电子书、看电影、看网络电视	A	B	C	D	E

(三)自变量

本研究借鉴 Emil Bakke(2010)对手机传播能力的因子分析所得出 6 个因素，以 3 个陈述来衡量每个因素，共发展为 18 个陈述的量表，其中各因素及相对应的陈述为：异步传播能力(asynchronous communication)对应(1)、(7)、(13)陈述；恰当性(Appropriate)对应(2)、(8)、(14)陈述；手机技术适应能力(comfort with mobile technology)对应(3)、(9)、(15)陈述；效率性(Efficacy)对应(4)、(10)、(16)陈述；情感性(Affect)对应(5)、(11)、(17)陈述；手机偏好(Mobile preference)对应(6)、(12)、(18)陈述，其具体陈述的量表见表 3：

表 3 关于手机传播能力情况

	对于我来说，一点也不对	对于我来说，大部分不对	对于我来说，对错各半	对于我来说，大部分对	对于我来说，非常对
(1)我写手机短信时有自己的风格	A	B	C	D	E
(2)我会根据信息所包含内容的隐私程度，选择不同的手机功能(如打电话、发短信、发图片信息等)来交流	A	B	C	D	E
(3) 当手机新技术出现的时候，我相信可以学会使用它们	A	B	C	D	E
(4)我使用手机交流是非常有效率的，能够实现要完成的目标	A	B	C	D	E

续表

	对于我来说,一点也不对	对于我来说,大部分不对	对于我来说,对错各半	对于我来说,大部分对	对于我来说,非常对
(5)我喜欢使用手机打电话的那种感觉	A	B	C	D	E
(6)在日常生活里,我过于依赖我的手机,几乎离不开它	A	B	C	D	E
(7)我的手机短信表达清晰而生动	A	B	C	D	E
(8)我会根据需要反馈的信息内容的不同,选择不同的手机功能(如打电话、发短信、发图片信息等)来交流	A	B	C	D	E
(9)我非常熟悉手机里的功能	A	B	C	D	E
(10)一直以来,我利用手机交流来辅助处理学习、生活的事务都是很有效的	A	B	C	D	E
(11)我在使用手机与别人交流的过程中感到很愉悦	A	B	C	D	E
(12)我属于一个过于频繁使用手机交流的人	A	B	C	D	E
(13)我相信在编写手机短信时,能充分表达我的意思	A	B	C	D	E
(14)我会根据需要传播信息内容的数量,选择不同的手机功能(如打电话、发短信和图片信息等等)来交流	A	B	C	D	E
(15)我很快就能学会使用一部手机的新功能	A	B	C	D	E
(16)我通过手机与别人交流都非常有效的	A	B	C	D	E
(17)对于我的手机交流,我一般都是感到很开心的	A	B	C	D	E
(18)相比别的交流工具,我最喜欢的就是使用手机与别人交流	A	B	C	D	E

(四)控制变量

本研究将被访者的性别、出生地、学历、年龄、手机使用年龄作为控制变量,以更好地了解和解释手机传播能力对手机使用行为的影响。主要控制变量分布如下表。

表 4　控制变量值的分布(N=1218)

变量名	变量值分布	
控制变量(类别变量)	1(频数/百分比)	0(频数/百分比)
性别(男=1,女=0)	609(50%)	609(50%)
出生地(城市=1,一般城镇及乡村=0)	788(64.7%)	430(34.3%)
学历(研究生=1,本科生=0)	79(6.5%)	1139(93.5%)
控制变量(连续变量)	平均值	标准差
年龄	21.09	1.87
手机使用年龄(年)	7.23	3.18

四、研究发现

(一)变量测量结果

手机使用行为和手机传播能力是本研究中的两个主要变量,其都为不能直接观测的潜变量,因此我们采用量表进行测量,并对测量结果进行因子分析。

1. 手机使用行为

本项调查共设置 6 个测试手机使用行为的项目,各项目依照不同的程度分为:1 分为“从不使用”;2 分为“几乎很少使用”;3 分为“有时使用”;4 分为“较常使用”;5 分为“经常使用”。统计结果显示,因子分析检验统计值 KMO 高达 0.714,Bartlettps 球状检验卡方值为 1767,自由度为 15,在 0.000(Sig=0.000)水平上统计检验显著,这些指标说明此次因子分析效度很高。该次因子分析采用主成分分析法,以特征值大于 1 作为选择因子的标准,因子旋转采用正交旋转法中的最大方差旋转法。通过因子分析,从 6 项手机使用行为抽取了 2 个因子,2 个因子的方差贡献率分别为 34.36%、28.64%,累积方差贡献率为 64%,基本达到了因子分析的要求。

经过因子旋转,得出各个基础陈述在不同因子上的负荷,见表 5:

表5　旋转后的手机使用行为因子载荷矩阵(Rotated Component Matrix)[a]

	Component	
	1	2
(1)用手机给朋友和家人打电话	0.134	**0.889**
(2)用手机给朋友和家人发送/接收短信	0.166	**0.872**
(3)用手机订阅一些信息服务(如天气预报等)	**0.639**	－0.023
(4)通过改变手机铃声和主题来对手机进行个性化设置	**0.768**	0.137
(5)用手机拍照、拍视频,记录生活的点滴	**0.708**	0.325
(6)用手机来听音乐、看电子书、看电影、看网络电视	**0.719**	0.208

在因子1上负荷较高的基础变量有:(3)用手机订阅一些信息服务(如天气预报等)。(4)通过改变手机铃声和主题来对手机进行个性化设置;(5)用手机拍照、拍视频,记录生活的点滴;(6)用手机来听音乐、看电子书、看电影、看网络电视,这些变量与休闲—娱乐相关,因此将此因子命名为休闲—娱乐因子。

在因子2上负荷较高的基础变量有:(1)用手机给朋友和家人打电话;(2)用手机给朋友和家人发送/接收短信,这些变量与沟通—交际相关,因此将此因子命名为沟通—交际因子。

2.手机传播能力

本项调查共设置18个测试手机传播能力的项目,各项目依照不同的程度分为:1分为"对于我来说,一点也不对";2分为"对于我来说,大部分不对";3分为"对于我来说,对错各半";4分为"对于我来说,大部分对";5分为"对于我来说,非常对";因子分析检验统计值KMO高达0.922,Bart lettps球状检验卡方值为7904,自由度为153,在00000(Sig=00 000)水平上统计检验显著。这些指标说明此次因子分析效度很高。因子分析采用主成分分析法,以特征值大于1作为选择因子的标准,因子旋转采用正交旋转法中的最大方差旋转法。通过因子分析,测量手机传播能力的18个陈述被简化为3个因子,3个因子的方差贡献率分别为18.58%、17.70%、16.76%,累积方差贡献率为53.04%,基本达到了因子分析的要求。

经过因子旋转,得出各个基础陈述在不同因子上的负荷,见表6:

表 6　旋转后的手机传播能力因子载荷矩阵(Rotated Component Matrix)[a]

	Component		
	1	2	3
(1) 我写手机短信时有自己的风格	0.131	0.147	**0.695**
(2)我会根据信息所包含内容的隐私程度，选择不同的手机功能(如打电话、发短信、发图片信息等)来交流	0.129	0.12	**0.764**
(3) 当手机新技术出现的时候，我相信可以学会使用它们	**0.622**	0.002	0.385
(4)我使用手机交流是非常有效率的，能够实现要完成的目标	0.458	0.186	**0.483**
(5)我喜欢使用手机打电话的那种感觉	0.066	**0.653**	0.316
(6)在日常生活里，我过于依赖我的手机，几乎离不开它	0.091	**0.7**	0.164
(7)我的手机短信表达清晰而生动	0.211	0.3	**0.603**
(8)我会根据需要反馈的信息内容的不同，选择不同的手机功能(如打电话、发短信、发图片信息等)来交流	0.285	0.134	**0.645**
(9)我非常熟悉手机里的功能	**0.671**	0.178	0.203
(10)一直以来，我利用手机交流来辅助处理学习、生活的事务都是很有效的	**0.473**	0.355	0.283
(11)我在使用手机与别人交流的过程中感到很愉悦	0.313	**0.602**	0.227
(12)我属于一个过于频繁使用手机交流的人	0.118	**0.768**	0.083
(13)我相信在编写手机短信时，能充分表达我的意思	**0.378**	0.31	**0.401**
(14)我会根据需要传播信息内容的数量，选择不同的手机功能(如打电话、发短信和图片信息等等)来交流	0.442	0.114	**0.501**
(15)我很快就能学会使用一部手机的新功能	**0.822**	0.032	0.135
(16)我通过手机与别人交流都非常有效的	**0.673**	0.337	**0.166**
(17)对于我的手机交流，我一般都是感到很开心的	**0.554**	0.51	0.145
(18)相比别的交流工具，我最喜欢的就是使用手机与别人交流	0.133	**0.705**	0.056

据此得到的因子命名分别描述如下：

在因子 1 上负荷较高的基础变量有：手机技术适应能力(comfort with mobile technology)对应的(3)、(9)、(15)；效率性(Efficacy)对应的(10)、(16)；情感性(Affect)对应的(17)，其中主要是以技术适应和效率为主，因此将此因子命名为技术—效率因子。

在因子 2 上负荷较高的基础变量有：情感性(Affect)对应(5)、

(11)陈述，手机偏好(Mobile preference)对应(6)、(12)、(18)陈述，其中主要是以情感性和手机偏好为主，因此将此因子命名为偏好—情感因子。

在因子3上负荷较高的基础变量有：异步传播能力(asynchronous communication)对应(1)、(7)、(13)陈述，恰当性(Appropriate)对应(2)、(8)、(14)陈述，效率性(Efficacy)对应的(4)，其中主要是以异步传播能力和恰当性为主，由于异步传播能力属于表达的一种方式，因此将此因子命名为表达—恰当因子。

(二)手机传播能力对手机使用行为的影响

借助因子分析，本研究分析了手机传播能力和手机使用行为两个变量的概念结构，梳理了概念所包含的基本因子。基于对这两个变量的测量结果，本研究在前面提到的理论假设基础上，提出以下6个工作假设：

工作假设1：大学生的手机传播能力中的技术—效率因子，对手机使用行为的休闲—娱乐因子有正向影响。

工作假设2：大学生的手机传播能力中的技术—效率因子，对手机使用行为的沟通—交际因子有正向影响。

工作假设3：大学生的手机传播能力中的偏好—情感因子，对手机使用行为的休闲—娱乐因子有正向影响。

工作假设4：大学生的手机传播能力中的偏好—情感因子，对手机使用行为的沟通—交际因子有正向影响。

工作假设5：大学生的手机传播能力中的表达—恰当因子，对手机使用行为的休闲—娱乐因子有正向影响。

工作假设6：大学生的手机传播能力中的表达—恰当因子，对手机使用行为的沟通—交际因子有正向影响。

为了检验上述工作假设，我们分别以手机使用行为的2个因子为因变量，以手机传播能力的3个因子为自变量，同时引入性别、出生地、学历、年龄、手机使用年龄等作为控制变量，进行多元回归分析。多元回归分析结果见表7：

表 7 大学生手机传播能力对手机使用行为影响的多元回归分析（N=1218）

	休闲—娱乐行为				沟通—交际行为			
	模型 1		模型 2		模型 3		模型 4	
	B(S.E)	Beta	B(S.E)	Beta	B(S.E)	Beta	B(S.E)	Beta
控制变量								
性别	−0.102 (0.061)	−0.051	−0.009 (0.057)	−0.005	−0.478*** (0.058)	−0.239***	−0.409*** (0.055)	−0.205***
出生地	0.141** (0.064)	0.067**	0.102 (0.060)	0.048	0.094 (0.061)	0.045	0.036 (0.058)	0.017
学历	−0.09 (0.133)	−0.022	−0.026 (0.122)	−0.006	−0.015 0.128	−0.004	0.004 (0.119)	0.001
年龄	0.001 (0.019)	0.001	0.008 (0.018)	0.015	−0.063*** (0.019)	−0.118***	−0.040** (0.018)	−0.074**
手机使用年龄	0.033*** (0.010)	0.104***	0.018 (0.010)	0.059	0.000 (0.01)	0.001	−0.004 (0.009)	−0.011
自变量								
技术—效率因子			0.167*** (0.027)	0.168***			0.263*** (0.026)	0.263***
偏好—情感因子			0.287*** (0.027)	0.287***			0.121*** (0.026)	0.121***
表达—恰当因子			0.23*** (0.027)	0.228***			0.227*** (0.027)	0.225***
（常数）	−0.285 (0.374)		−0.359 (0.352)		1.51 (0.360)		1.044 (0.343)	
R SQURE	0.22		0.022		0.178		0.091	
ADJUST R SQURE	0.017		0.173		0.088		0.214	
F	5.266***		31.786***		24.02***		41.282***	

* $p<0.05$；** $p<0.01$；*** $p<0.001$。

表 7 中的模型 1 是手机使用行为的休闲—娱乐因子的基准模型。模型中影响作用显著的自变量包括出生地、手机使用年龄，而且这两变量的作用方向都为正向。也就是说，与出生地为一般城镇及乡村相比，出生在城市的大学生在使用手机的休闲—娱乐行为较高，手机使用年龄越长，大学生在使用手机的休闲—娱乐行为也越高。模型调整后的削减误差比例（ADJUST R SQURE）仅为 1.7%。

模型 2 以上述基准模型为基础，在控制性别、出生地、学历、年龄、手机使用年龄等变量的基础上，进一步引入传播能力的技术—效率因子、偏好—情感因子、表达—恰当因子作为自变量，分析手机传播能力对手机使用行为的休闲—娱乐因子的影响。从模型2的回归系数可见，手机传播能力的三个因子变量对手机使用行为的休闲—娱乐因子影响作用都很显著，且作用方向皆为正向。也就是说，大学生手机传播能力的技术—效率因子、偏好—情感因子、表达—恰当因子越高，其参与手机使用行为的休闲—娱乐行为的可能性也越大。而且引入这些手机传播能力的相关变量后，原来在模型1中起显著作用的出生地、手机使用年龄在模型2中不再显著。模型2的调整后的削减误差比例(ADJUST R SQURE)为17.3%。与模型1相比，模型2调整后的削减误差比例提高了15.6%。

模型3是手机使用行为的沟通—交际因子的基准模型。模型中影响作用显著的自变量包括性别、年龄，而且这两变量的作用方向都为负向。也就是说，与男性大学生相比，女性大学生在使用手机的沟通—交际行为较高，大学生越年轻，其使用手机进行沟通—交际的行为也越高。模型调整后的削减误差比例(ADJUST R SQURE)仅为8.8%。

模型4以上述基准模型为基础，在控制性别、出生地、学历、年龄、手机使用年龄等变量的基础上，进一步引入大学生的传播能力的技术—效率因子、偏好—情感因子、表达—恰当因子作为自变量，分析手机传播能力对手机使用行为的沟通—交际因子的影响。从模型4的回归系数可见，手机传播能力的三个因子变量对手机使用行为的沟通—交际因子影响作用都很显著，且作用方向皆为正向。也就是说，大学生手机传播能力的技术—效率因子、偏好—情感因子、表达—恰当因子越高，其参与手机使用行为的沟通—交际行为的可能性也越大。而引入这些手机传播能力的相关变量后，原来在模型3中起显著作用的性别、年龄在模型4中仍然显著。模型4调整后的削减误差比例(ADJUST R SQURE)为21.4%。与模型3相比，模型4调整后的削减误差比例提高了12.6%。

比较4个回归模型可以发现：模型2比模型1、模型4比模型3的削减误差比例均有显著提升，这说明大学生的手机传播能力对手机使用行为有很强的解释力。综合分析模型1～4，本文的研究工作假设1到工作假设6全部得到证实。这说明在控制了其他变量之后，大学生的手机传播能力的技术—效率因子、偏好—情感因子、表达—恰当因子这三个因子对手机使用行为休闲—娱乐因子、沟通—交际因子均有显著的正向的影响。

五、结论与讨论

本研究在理论上的意义是简化了手机传播能力的测量问题和变量，并通过对手机传播能力与手机使用行为进行实证分析，在此基础上，本研究提出以下理论模型（见图 2）：

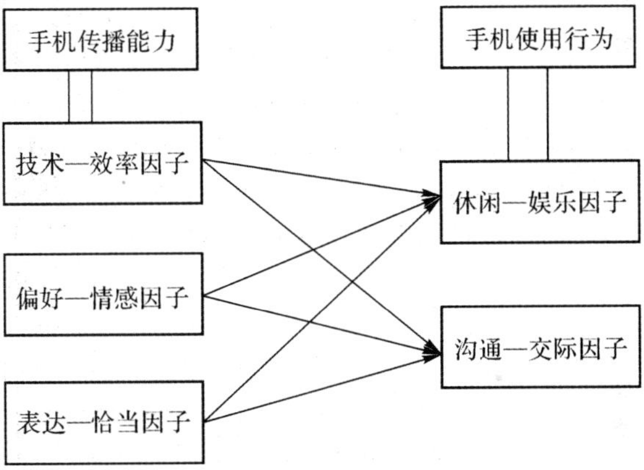

图 2　本研究提出的手机传播能力与手机使用行为的理论模型

该理论模型的自变量仅为三个，因变量为两个，其模型相比 Spitzberg 的计算机中介传播能力模型和 Emil Bakke 的手机传播能力模型更为简洁。

本研究在实践上的意义意味着，从培育大学生的手机传播能力的技术—效率因子、偏好—情感因子、表达—恰当因子入手，引导大学生正确使用手机，是一种值得尝试的方法。

当然，本研究仍存在一定的局限，由于资金和管理的问题，本研究样本未能完成贯彻随机抽样的原则，因此样本的特征并不能完全与总体的特征相对应，另外，学生样本虽然有代表性，但是还是难以直接推断到全体人口中。未来的研究可以在此基础上采取更严格的随机抽样原则，将调查总体扩展到全体人口中。

［参考文献］

[1]张明新、韦路（2006），《移动电话在我国农村地区的扩散与使用》，《新闻与传播研究》2006 年第 1 期，11－24，95.

[2]Campbell,S. W. (2006). Perceptions of mobile phones in college classrooms: Ringing,cheating, and classroom policies. Communication Education, 55(3), 280-294.

[3]Castells, Manuel (2007). 'Communication, Power and Counter-power in the Network Society.' International Journal of Communication 1:238-66,http://ijoc.org/ojs/index.php/ijoc/article/view/46 (last accessed April 7,2007).

[4]Emil Bakke(2010),A Model and Measure of Mobile Communication Competence,Human Communication Research 36 (2010) 348-371,2010.

[5]GÖRAN BOLIN,OSCAR WESTLUND,Mobile Generations:The Role of Mobile Technology in the Shaping of Swedish Media Generations, International Journal of Communication 2 (2009),108-124.

[6]Harris Interactive (2008),2008 Teen wireless research report. Retrieved October 11, 2008, from http://www.harrisinteractive.comNewsMediaAccess/2008/HI Teen Mobile Study ResearchReport.pdf.

[7]James E. Katz,Satomi Sugiyama(2006),Mobile phones as fashion statements: evidence from student surveys in the US and Japan,New Media Society April 2006 vol. 8 no. 2 321-337.

[8]Johnsen,T. E. (2003). The social context of the mobile phone use of Norwegian teens. In J. E. Katz (Ed.),Machines that become us:The social context of personal communication technology (pp. 161-169). New Brunswick,NJ:Transaction Publishers.

[9]Katz,J. E. ,& Sugiyama,S. (2005). Mobile phones as fashion statements:The co-creation of mobile communication's public meaning. In R. Ling & P. E. Pedersen (Eds.),Mobile communications:Re-negotiation of the social sphere (pp. 63-81). London:Springer-Verlag.

[10]Katz,J. E. (2006). Magic in the air:Mobile communication and the transformation of social life. New Brunswick,NJ:Transaction Publishers.

[11]Leung,L. & Wei,R. (2000). More than just talk on the move; uses and gratifications of the cellular phone. Journalism and Mass Communication Quarterly,77(2),308-320.

[12]Licoppe,C. (2003). Two modes of maintaining interpersonal relations through telephone:From the domestic to the mobile phone. In J. E. Katz (Ed.),Machines that become us:The social context of personal communication technology (pp. 171-185). New Brunswick,NJ:Transaction Publishers.

[13]Ling,R. (2004). The mobile connection:The cell phone's impact on society. San Francisco,CA:Morgan Kauffman.

[14]Wei,R. (2008). Motivations for using the mobile phone for mass communica-

tions and entertainment. Telematics and Informatics,25,36-46.

[15]Wei, R. , & Lo, V. H. (2006). Staying connected while on the move: Cell phone use and social connectedness. New Media and Society,8(1),53-72.

[16]Wiemann; J. M. (1977). Explication and test of a model of communicative competence. Human Communication Research,3,195-213.

[17]Wiemann,J. M. ,& Backlund,P. (1980). Current theory and research in communicative competence. Review of Educational Research,50(1),185-199.

[18]Scott W. Campbell,Nojin Kwak(2010),Mobile communication and social capital: an analysis of geographically differentiated usage patterns, New Media Society May 2010 vol. 12 no. 3 435-451.

[19]Scott W. Campbell, Nojin Kwak(2010), Mobile Communication and Civic Life: Linking Patterns of Use to Civic and Political Engagement, Journal of Communication,2010,3,60:536-555.

[20]Spitzberg,B. H. & Cupach,W. R. (1984). Interpersonal communication competence. Beverly Hills,CA:Sage.

[21]Spitzberg, B. H. (1988). Communication competence: Measures of perceived effectiveness. In C. H. Tardy (Ed.), Handbook for the study of human communication: Methods and instruments for observing, measuring, and assessing communication processes (pp. 67-105). Norwood, NJ: Ablex.

[22]Spitzberg,B. H. & Cupach,W. R. (2002). Interpersonal skills. In M. L. Knapp & J. A. Daly (Eds.), Handbook of interpersonal communication (3rd ed.). Thousand Oaks,CA:Sage.

Research on mobile communication competence and mobile use: Based on college students

Fanbin Zeng

Abstract: Based on a survey on students of Jinan University ($N=1218$) who are using mobile, this study develop a measure of college student's mobile communication competence and mobile use. By conducting an exploratory factor analysis mobile communication competence, results identified threes latent constructs: technology-efficacy factor, preference-affect factor, expressive-appropriate factor; While conducting an exploratory factor analysis mobile use, results identified two latent constructs: leisure-entertainment factor, communication-socialize factor. This article also discusses the influence of mobile communication competence on mobile use with the multiple regressions. Results show that the three factors of mobile communication competence have positive effects on two factors of mobile use. This study argues a more concise model of the relation of mobile communication competence with mobile use.

Keywords: mobile communication competence, mobile use, technology-efficacy, preference-affect, expressive-appropriate

论微博传播与公共决策的互动模式

谢 蓓

摘 要 以微博为代表的自媒体带动中国网络舆论力量不断增强，政府决策也因此逐渐倾向网络民意，社会公义在微传播推动的新传媒生态中得到伸张。与此同时，大量由微博披露的社会问题又被政府忽视，政府权威性与公信力因而衰退，网络社区中的矛盾日益加深，制度性逃避与文化自虐现象越来越普遍。中国目前为止在尚不存在政府决策与网络公众有效互动机制，二者的互动关系如何体现？是否存在固定的模式？笔者将尝试找出影响微博传播与公共决策之间互动的因子，并构建两者之间的互动模式，为认清中国特色的网络舆论与公共决策互动机制提供参考。

关键词 微博，传播，网络舆论，公共决策，互动模式

当今社会，知识和时间的碎片化，带来传播的碎片化，文明的碎片化，每天接触到的海量信息让受众的注意力也逐渐碎片化，以微博、社交网站、百科、问答为代表的“微传播”的兴起，催化了媒体的一项新变革。

微博传播兼具“一对多”的大众传播和“一对一”的人际传播的特征，与传统媒体的一元传播相比较，其传播内容更精确，传播对象更精准，传播渠道更精细。“微博”这种传播形态充分体现了互动性、能动性、多向性与时效性。它建立了一个人人都能发声、人人都可能被关注的传播模式。无论是“博主”还是“粉丝”都既是传者也是受者，传者与受者之间没有明确不变的界限，地位平等，受者亦构成整个微博传播体系中的一个节点。

一、“微博热”引发传媒生态变革

传统的传媒生态是由记者采集，编辑编辑，信息由点及面地呈辐

作者简介 谢蓓，中国传媒大学南广学院新闻传播学院，E-mail：xbnj@qq.com。

射状传播开去……但现在，受众就是发布者，这就为新闻从业者的报道提供了更多可能性，虽然现在我们还不能说传媒生态已经彻底改变，因为它还受到制度管理、传者和受者认知上的局限。但是它所引发的这种可能性就足以让人打起精神——对新闻记者、编辑而言，如果当下还没有微博，不参与话题讨论，不关注专业领域的名家，不关心微博热点，那么他就真的称不上是一个专业传媒人。

如今，传统媒体的记者到达新闻现场，立刻拿起相机拍摄，第一时间推上个人微博，若他的微博有足够的粉丝量，转发频繁，又能与有关专家展开互动，进行转评，那这条微新闻的传播力就会以“核裂变”似的几何速度膨胀。电视、广播、报纸紧跟其后，从微博中获取信息源，展开再一轮的报道高潮。一个更开放、更透明、更迅捷的信息传播网正在慢慢编织成形，传媒生态也由此发生了重要变化。

“微博”传播促进了知晓权与接近权的发展，开辟了言论自由的新局面。印刷媒介和广播电视等大众媒介传播中受众是被动地接收信息，缺乏足够的主动权。而微博提供的交互式信息沟通渠道，为用户提供了较大的主动权。人们不仅可以按照自己的兴趣选择性地接触信息，还可以及时反馈自己的意见和主张。“微博”的传播方式与特征决定了任何人都有权利成为信息的发布者与传递者。

二、微博触发“全民表达”，导致决策权力下移

迅速兴起的微博关注玉树地震、舟曲泥石流、西南大旱；微博直播上海教师公寓大火，围观宜黄自焚事件、“郭美美”炫富、“红十字会”信任危机；微博声援谢朝平、监督“李庄案”进展；微博咬住“药家鑫”不放，帮助“被落榜”河南考生李盟盟重圆大学梦；微博号召亿万网友“随手拍照”解救被拐农村“留守儿童”，让失散亲人喜获团聚；微博跟踪“杨金德案”，大声疾呼司法独立……

2010年，被业内人称为“微博元年”，这一年中，我们听到的最响亮的口号当属——微博策动革命，围观改变中国。从推特到weibo仅一年多，140字的“只言片语”，借助新浪、腾讯、凤凰、网易、搜狐、天涯等平台，在中国掀起一场“微革命”，网友们戏言“上诉不如上访、上访不如上网”，看似笑谈，道理却深含其中。

一方面，微博聚集起网民的“集体呐喊”带动了中国网络舆论力量

的不断增强，政府决策也因此逐渐倾向网络民意。一些具有广泛影响的网络公共事件的处理结果显示，社会公义在微传播推动的新的传媒生态中得到伸张；但另一方面，大量由微博、社交网络披露的社会问题又被政府忽视，政府权威性与公信力进一步衰退，网络社区中的矛盾日益加深，制度性逃避与文化自虐现象越来越普遍，如“乐清钱云会车祸案”、“红十字会信任危机”等等，微博的参与使社会问题实现了向公共问题和政策问题的转换。

三、微博传播与公共决策的互动模式

从近年来发生的诸多“微事件”来看，微博传播参与的公众舆论形成过程，也是一个从自媒体到传统媒体的传播影响力提升过程。在这一过程中，“舆论领袖”、“草根明星”的微博自媒体起到了关键作用，而一对多传播的传统大众媒体也在推波助澜，在全民围观的“眼球聚光灯”下汇集起来的舆论倾向，高效而有力地影响着政府公共决策参考体系，从而对行政作为、政策制定等决策过程产生正面作用。整个社会环境也随之发生一系列的变化，这种变化又势必会形成新的“公共话题”在微博平台上激起新的“转发、评论”热潮，这即是由微博传播和公共决策体系的互动效应循环推动的互联网政治良性发展的关系模型(如下图所示)：

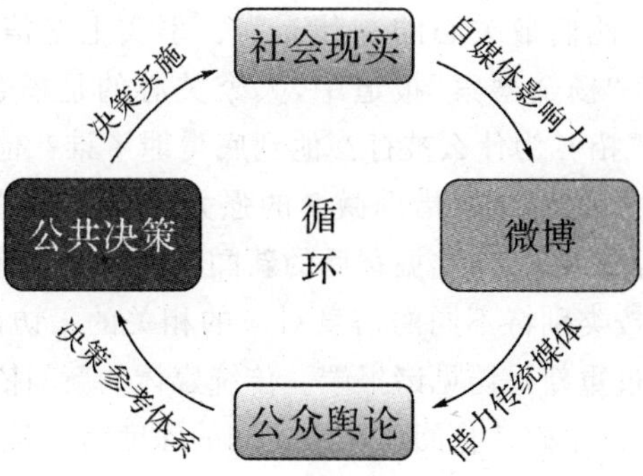

(一)“围脖直播”是网络舆情事件诱发的导火索

许多公共议题最初并非来自报纸、广播和电视等传统媒体，而是来源于由“当事人”、“知情者”在微博上通过“直播”的方式披露情况、引起粉丝及其他微博客们的注意并疯转的帖子。这主要是由网络的开放性和自由性决定的,如“杨海鹏妻子受贿案”和“李庄案”等事件最初都是源于“围脖直播”,再加上舆论领袖、草根精英们的转发,媒体记者微博客的专业点评,使得“热点话题”的蹿红程度往往如星火燎原。

当舆情事件在网络中出现后,微博客们通过评论、转发、呼叫等多种微博传播形式,自由地发表倾向性意见。而对网民来说,很多人就某条新闻产生关注,持续发表意见,自然而然就对特定题目形成了一个讨论空间,进行意见的交锋和碰撞、认同与融合,形成意见矛盾或意见群集,触发网络舆情事件的导火索。

社会公共问题只有在被提上决策议程时,才能成为公共决策议题。微博信息的共享性,打破了政府垄断决策信息的局面,有效消除了公众内部、公众与决策主体间的信息不对称现象,为公众参与公共政策问题提供了更宽松的环境和渠道。网民在微博开放的舆情空间内的自我表达和互动交流,有助于焦点话题优先“上浮”,有助于制定决策方案影响政治议程。

(二)传统媒体“自有妙计”——在纸媒中寻到“完美结局”

对传统大众传媒而言,微博虽然削弱了其信息发布的霸权,却同时意味着给新闻业者带来可以轻而易举地获得的新闻线索和报道资源。专业记者、编辑可以在微博中了解公众关注的热点,获知公众对事件和现象的意见。在国内,纸媒记者在利用微博获知新闻线索方面做得更佳出色。他们最关心的是什么呢?事实上是信息背后的真相和细节。比如在“杨金德案”报道中,大家关心的是杨金德为何瘫痪?被什么人屈打成招?为什么被打?他到底得罪了谁?他何时能够取保候审,入院治疗?因此,纸媒借助微博的强大爆料功能对这些来自全国各地的信息进行深入采访,挖掘背后的新闻。微博此时好比一个更新迅速的信息终端,按类别将不同的信息对应的相关的采访部门,由专业记者继续跟进,通过重新采访见诸报端。传统媒体的新闻依然是最客观专业、最详尽的,满足了碎片化阅读无法达到的深度阅读需求。

(三)公众议题在微博中不断发酵,影响决策主体对参考体系的认知,从而实现对公共决策进程的推动

布坎南曾说过:“在公共决策中实际上并不存在根据公共利益进

行选择的过程，而只有在各种特殊利益之间的缔约过程。”由于政府获取完整决策信息的难度，造成许多政策实际上是在信息搜集不充分的情况下做出的，导致决策失误。因此，笔者认为及时获取全面真实的信息、通过专业渠道进行分析研究，加上有效的管理和监督，是公共政策得以合理存在和有效执行并产生良好的效益的基本前提。而以微博平台为代表的互联网已成为决策者收集信息的主要工具之一，也是对决策进行监督的主要方式之一。

与此同时，20 世纪 90 年代中期以来中国进入“风险社会”，出现了很多矛盾和问题都源于公共决策体制。公共决策体制的结构性漏洞导致了一系列有缺陷的政策，这些政策造成弱势群体的利益受损过大。“十七大”报告中也明确提出“保障人民的知情权、参与权、表达权、监督权”。2004 年，“公众参与”一词正式出现在《政府工作报告》中，此后每年的政府工作报告都提出要完善“公众参与、专家论证和政府决策”相结合的决策体制，保证人民依法直接行使民主权利。这表明高层对公众参与具有强烈的认同感，并通过不断释放政治信号，鼓励和引导公民参与公共决策。

当公共议题已经形成并有一定的政策诉求后，有关部门在考虑相关政策制定与否、该如何制定时，应尽可能广泛地听取网络特别是微博上的舆情民意。公共决策越接近最终政策接受者即公众，政策的执行效果就越好。大众参与话题讨论，对那些目标尚未明确，存在意见冲突的公共议题来说，有助于提高决策理性。此外，微博在采集民意、反映不同群体的利益诉求方面发挥了重要作用，为公共决策的价值取舍、利弊权衡提供了一个重要依据。而微博信息传播及时、覆盖面广、互动性强的特点，无疑是为政府了解民心向背提供了一个成本经济、反馈及时的平台。

四、微博中“舆论暴力”催生“伪民意”，致使公共决策难度加大

网络舆论暴力现象表现为——网民也许会对现实中的不公、暴力事件感到愤懑、不满，但由于顾忌到可能带来的压制和报复，只能是自己调适不满情绪，较少在公共领域表达。而网络环境具有的匿名性的特征，使大部分公众在微博中没有了这些顾虑，可以坦然大胆地表露

自己的观点、意见,匿名性也使网民觉得更为安全,他们甚至通过谩骂、侮辱等方式发泄心中的郁闷,以此来减压。

以微博为代表的SNS网络空间中,"沉默螺旋"效应不是削弱而是加强了。在微博中,人们看到赞同自己观点的转评率高,就会更加积级地与粉丝互动,进一步导致这种观点向更大范围扩散,如果觉得自己是站在少数人的意见一边,则会倾向于对该议题保持沉默。按照"四十五度仰角理论",微博通过"关注"、"互粉"把思想、政见、价值观和爱好基本相同的个人吸引到一起,加深原有的价值观和偏见。微博客们只能在网上阅读相近观点,否则可能被"拉黑"或"取消关注",人们总是置身于相近的看法中,强化了原有的观点,变得偏激。这样的后果是导致"群体极化",即形成具有极端观念的团体,出现意见严重分层。这种虚假的舆论环境极有可能导致"伪民意"大行其道,并为那些偏离常规的行为提供某种合法性,带来"舆论暴政"的不良后果,极大地增加了公共决策的难度。

五、思考及建议

基于上述分析,笔者结合微博传播与公共决策的互动模型提出几点思考和建议:

(一)政务信息微博化、公开化是必行之路

如前文所述,微博推动网络民主和网络监督的快速崛起,必将深刻影响到政民互动。信息发布,网上办事,数以亿计网民队伍对政府信息公开度要求越来越高。例如,2011年上半年,国家部委在官方网站中公布财政预算,就在网络中引发热议:公众对信息公开速度的快慢,数据的详实程度,"三公"经费占整体预算的比重等敏感话题讨论不休,不仅形成了较强的舆论压力,也为"国家部委公布财政预算"这一政策的有效实施给予了理性的舆论监督。再比如,早在2009年,广州市率先公布了市政府预算,而上海却认为政府预算是保密的,同在一个宪法体制下,广州可以公布,上海为什么却不能。上海浦东新区是很多人关注的地方,很难想象"钓鱼执法"竟发生在浦东,钓鱼执法有损政府形象。这种网民穷追猛打追求事实真相,都是公民社会快速发展、网络监督民主异军突起对电子政务带来的巨大挑战,这就要求

政府部门的行政信息要尽早实现网络化、公开化，必要时应利用微博平台发布查询链接，突发事件中应在微博等社交网站上同步更新重要信息。

（二）微博舆情监测的良性实施

人民网舆情监测室秘书长祝华新说过，“不要总想着如何去封堵信息，更需要研究的是如何迅速解决问题或展示出解决问题的姿态和诚意，这才是缓解民怨的最好手段。现在民众对政府的信赖度呈由上而下递减的趋势，民众对地方和基层政府的信赖度不容乐观。针对很多突发事件，民众希望把事情公布出来，目的也就是希望得到上级领导的直接干预。”这一方面说明民众对政府抱以很大的信心，另一方面也说明基层政府的公信力的薄弱。而当地方政府的公信力薄弱时，就会陷入“塔西佗”陷阱：地方政府做好事和做坏事一样，都会受到民众的批评，说真话和说假话一样，都会被民众质疑。因此，祝华新对地方政府应对突发事件提出三条建议：一是第一时间反应，第一当事人出面，尤其是主要领导人不能躲在后面，要出来解释；二是速报事实，慎报原因；三是遵循科学的处理程序，先披露事实，再定性，然后再进行问责。

笔者认为，微博特有的传播特征，打破了原有的信息传递的格局，使信息的传递更为快捷、方便，真实与虚假的信息能够同时进行传播，谣言可能伴随着真相在第一时间内发布，新兴媒体的发展要求执政者具有迅速处理公共危机等突发事件的能力，在公共危机发生的第一时间里，政府应通过最有效的舆情检测系统，掌握公众议题的热点及意见倾向，同时还要及时公布有关危机的一切真实信息，让公众知晓事实，通过各种媒介渠道尽可能地帮助他们分析局势，进行信息反馈，更重要的应虚心听取、采纳公众提出的合理化建议。

（三）政府官方微博不能“新瓶装旧酒”

2010 年 8 月 1 日，北京市公安局“平安北京”微博、视频播客和 3 个博客正式开通，把博客、播客与微博作为警方与市民沟通的平台。警方在网站上表现出了很大的宽容度，很多言语比较激烈、明显透露出抵触情绪的帖子都未遭删帖，依然保留在网页。这一系列公安微博，被网友称为“微博 110”。据不完全统计，截止去年 8 月，已有近 60 个政府部门在新浪注册官方微博。其中包括一个省级部门，而公安微博占总数的近七成。其中公安微博主要发布警情通报。

通过微博，政府官员和普通百姓之间的距离被瞬间拉近了。对政府来说，有了更为便捷的了解民意的渠道，直接对话最底层；对网民来说，网上看到的领导人更亲切，也更真实。微博现在也成为许多新闻报料、上访举报和政府工作报告的资讯集合地。通过微博的桥梁作用，民声民意快速直达。但同时我们也看到，政府微博内容较杂，传播质量层次不齐，既谈时事热点，又有娱乐八卦以及小说接龙等互动节目，甚至出现过有政府部门官方微博关注日本某著名女优被网友戏谑的荒唐案例。由此看来，政府官方微博要么不开，若开通就要起到"直接对话"的功能，切不可"新瓶装旧酒"，否则极有可能称为引爆"危机"的定时炸弹。

（四）提高政府公务员新媒介素养的重要性

近几年来，新媒体的快速发展对公务员群体的媒介素养提出了新要求，尤其是党政干部如何认识新媒体，正确而有效的利用新媒体及应具备何等媒介素养，对加强党的执政能力及建设社会主义和谐社会有着重要的影响。随着网上流行的"微博反腐，小三举报"的负面事件不断曝光，公务员会用微博，慎用微博的呼声也逐渐高涨。

提高党政干部的新媒介素养，塑造高效、廉洁的公务员队伍形象，对政府公共形象塑造具有关键作用。公务员是社会公众人物，他们的言行理应接受公众监督，党政干部在媒体上发表言论不是仅仅代表个人，而是个人的言行举止关系到政府形象。在互联网上开设微博，既可以站在政府的立场上发表个人观点，又可以代表个人替政府说话，具有一定的说服力，通过转评互动，与百姓聊家常，探讨社会热点问题，以情感人，贴近群众生活；但大多数公务员在如何应对公众舆论压力方面没有接受过专门的培训，对于如何利用微博来塑造政府形象的问题上没有足够重视。利用微博提高政府的影响力、号召力，提升公权部门的整体形象，也是新媒体发展时代给政府工作提出的新要求。

[参考文献]

[1]张军(2010).新闻执政能力建设与党政公共形象塑造，今传媒，2010年第9期:146－147.

[2]彭梦婧(2010)."微博两会"与民主政治，新闻爱好者，2010年第13期:20.

[3]秦建辉(2010).我国公民参与政策过程的障碍及对策,郑州航空工业管理学院学报(社会科学版),2010年第5期:15－17.
[4]何显明(2007).信用政府的逻辑:转型期地方政府信用缺失现象的制度分析,上海:学林出版社.
[5]周业柱(2010).公共决策监控机制:特点、问题与对策,中国行政管理,2010年第7期:29－31.

研究生专栏

POSTGRADUATE COLUMN

SNS 在线人际传播与线下人际交往：映射关系及其影响因素

韩晶晶

摘 要 本研究以社会网络分析为基本理论与方法，通过测量一个班集体的线下人际关系网络和 SNS 在线人际网络，探究两个人际网络之间的映射关系以及形成此关系的影响因素。研究发现，线下人际关系与 SNS 在线人际网络呈现出高度相关性。在 SNS 在线人际网络中，82.11%的强连带来自线下人际网络，但事实上，这些强连带只占线下人际网络强连带的 29.22%。线下人际关系中的话题亲密性情感网络和咨询网络会影响 SNS 在线人际网络，其中个体之间的 SNS 在线使用关系，而非性别关系对 SNS 在线人际网络有显著影响。随着 SNS 的出现，格兰诺维特的"弱关系理论"或许需要重新考察。

关键词 社交网络(SNS)，线上社会网络，线下社会网络，人际关系

一、研究背景

社交网站，即 Social Network Sites（SNSs；Boyd & Ellison，2007）。SNS，在学术界较为公认的定义由 Boyd 与 Ellison（2008）提出，指基于网络服务，且具有以下功能的网站：在一个互相连接的系统内用户可以构建公开或半公开的个人主页，用户可以在系统中列出与他们自身相关联的其他用户名单，还可以浏览自己列表内朋友和其他人列表中朋友的主页。因此，SNS 构建了一张庞大的虚拟社会关系网络，而其中各种功能的运用吸引了全世界的网民。

早期对于互联网的研究认为，线上的社会关系是虚拟的（Wellman，1993）。确实，在最初的发展阶段，赛博空间诸如腾讯 QQ，充满了陌生人的对话。但是，随着互联网即时通讯和 SNS 的发展，与熟人

作者简介 韩晶晶，硕士研究生，复旦大学新闻学院，E-mail：hjj0218@126.com。

之间的对话成为人们网络聊天的选择（Boyd，2004；Ellison，Steinfield & Lampe，2007）。于是，线上关系变得越来越去虚拟化，由陌生人关系转向熟人关系。因此，线上的虚拟关系和线下的熟人关系在SNS的发展下日趋模糊。不少研究表明，线上关系在现实生活中扮演了重要的角色，那么是什么因素促成了线上的人际关系？现下的熟人关系是否会影响线上关系的形成？我们如何通过影响线上关系来发挥其在社会公共/私人生活中的作用？本研究将考察SNS与线下人际交往的关系，探寻线下人际交往对SNS中在线人际传播的映射关系及相关影响，希冀今后线上关系能在社会公共/私人生活中发挥更有效的影响力。

二、文献综述和研究问题

（一）互联网与人际关系

早在SNS出现之前，互联网的人际关系与线下人际关系的相关性就已经被研究者所关注。早期的研究观点可分为两大类。一类认为，使用互联网较为频繁的用户易于感受孤独等情绪，并会减少与家人、朋友的沟通机会，而线上的交流也无法提供社会支持。因此，虚拟世界的交往减少了现实交往，也影响到了现实生活（Laurenceau，Barrett，& Pietromonaco，1998；Minerd，1999；Campbell，2005）。但在后继的一些研究证实，由在线时间产生的孤独、沮丧等情绪的影响在减弱，一些学者甚至发现，心理健康与在线时间之间没有显著关联（Kraut，Kiesler，Boneva，Cummings，Helgeson，& Crawford，2002；Wästerlund，Norlander，& Archer，2001）。持另一类观点的学者认为，互联网的在线互动可以形成一定的社会支持（Parks & Floyd，1996；Wellman et al.，1999；Wildemuth，2001；叶勇助、罗家德，2007）。

（二）SNS与线下人际关系

随着互联网各种应用的不断呈现，虚拟世界与现实世界的界限日趋淡化。SNS的发展使得线下的人际关系被渐渐复制到社交网站上，人们似乎开始在虚拟世界中发展本已存在的熟人关系。于是，互联网的虚拟性因为熟人世界被现实化。而基于这种现象，线上与线下人际关系的研究又需要学者们重新探寻。

近几年，多数研究发现，线上线下的人际关系具有显著的重合性(overlap)。SNS被用作维护线下已有关系以及结交新朋友(Boyd, 2004; Ellison et al.,2006)，用户会运用即时通讯、SNS等工具来维持并强化线下朋友间的联系，且不同的在线通讯工具运用于不同的线下人际关系。例如，Quan-Haase和Young (2010) 比较了Facebook和即时通讯工具的使用与满足差别。研究发现，Facebook满足了用户玩乐和了解朋友日常活动的需求，而即时通讯则重在维持和发展人际关系。

更多的研究者把关注对象缩小到社交网站的人际关系和社会资本研究。Donath和Boyd(2004)提出，网上社会网络可能无法提高个人强连带数量。不少研究认为，社交网站被用户用于维持原有的线下人际关系，而非发展新的人际关系。这些研究强调了原有的线下人际关系存在的重要性(Boyd & Ellison, 2008; Ellison, Steinfield, &Lampe, 2007; Mcmillan & Morrison, 2008; Steinfield, Ellison &Lampe,2008)。例如，Ledbetter等人(2011)最近的研究发现，虽然线下关系和人们在Facebook上的关系亲近性高度相关，但这其中起主导作用的主要为线下交往关系。

有趣的是，虽然用户称他们不会加陌生人为SNS中的好友，但他们SNS中最亲密的朋友与线下最亲密的朋友却不相同(Subrahmanyam,Reich,Waechter, & Espinoza,2008)。只有49%的用户表示，他们面对面时候的好朋友也是他们在SNS中的好朋友。在这里，作者对此现象的解释是，用户可能通过SNS来加强那些线下面对面交往中并不强烈的关系。因此，虽然线上与线下的人际关系有着交叉合集，但这不意味着他们两者之间是简单的镜射关系。

故而，本研究希望重新考察两者之间的关系，即：

Q1：SNS在线人际网络与线下人际网络在结构上有什么关系？

在社交网站与社会资本关系的研究中，Steinfield和Lampe(2009)发现，用户只在信息搜寻方面感受到社会资本的扩张与建立，而在与他人关系的维护和产生上并没有发现对社会资本的扩张作用。基于此，叶勇助和罗家德(2007)所发展的信息网络、情感网络、咨询网络和友谊网络以及线上和线下关系的探讨或许有助于我们对于以上研究的理解。回顾过往研究，线下的社会网络具体影响SNS人际网

络的模式仍未被在一个清晰的框架中探讨,因此,本研究的第二个问题,即为:

Q2:在具体的交互内容上,线下社交网络与SNS有什么关系?

(三)社会网络

边燕杰(2004)指出,"无论在华人社会还是非华人社会,人们的社会关系网都是多维的(Ruan et al.,1997),而且是动态的、不断发展的,亦可能是无界的(Liang 1949; King 1985,1988)。这就使我们通过标准的定名法和定位法(Lin,1999)精确地测量一个人的核心关系网变得十分困难。"同样,要全面准确地勾勒出一个社会关系的整体网也是一件困难的事。因此,在社会网络中,对于交往内容的考察也存在着多种方式。

社会网络类型有很多种分类。Wellman等人(2002)认为,关系可以分为互换关系(exchange)、支配关系(control)、依赖关系(dependency)、合作关系(cooperation)和冲突关系(conflict)。而Kemper(1973)的研究则将社会关系分为支配关系(control)与影响关系(affection),同时,他认为社会关系也可从权力(power)与地位(status)两个维度来考察。国内也有关于社会关系类型的零星研究。赵延东、罗家德(2005)指出,根据网络所涉及的不同社会关系,个体中心的社会网络可以划分为"讨论网"(discussion network)、"互动网"(interaction network)和"支持网"(support network)等。再如,范德普尔(Van Der Poel)把社会网络区分为情感性支持网络、工具性支持网络和社会交往网络三种类型。威尔曼(Wellman)则在城市社会网研究中提出了五种社会支持网络类型,包括情感支持网、服务网、伙伴关系网、财政支持网和工作或住房信息网。

在研究网上社会关系与线下人际关系时,叶勇助、罗家德(2007)采用了魁克哈特(Krackhardt,1973)的分类原则。组织行为学者魁克哈特在考察企业社会网时,将其细分为咨询网络、情报网络以及信任网络三种。但是,"信任"经常被认为是另一种情感关系(罗家德,2010),故而本研究将情感网络细分为两类,即依据格兰诺维特的理论将情感网络分为话题亲密性与行为亲密性(罗家德,2010),话题亲密性在这里反映的就是"信任"网络。考虑到本研究研究对象之间的朋友关系,本研究对于SNS和线下人际关系网络的测量将分为以下三个网络,共四个子网络:情感、咨询和信息。咨询网络在这里主要考察个人的学业和职业发展。

SNS和线下的两个社会网络将以整体网络的形式被考察，我们提出以下假设：

H1：真实人际关系网络中的四个维度子网络与SNS在线人际网络的四个子网络，两两之间均存在正相关。

H2：真实人际关系网络中的四个子网络正向影响SNS在线人际网络。

值得关注的是，社交网站的性质会相当程度地影响研究结论。以上提及的研究所选取的网站均为交友类(socially-organized)社交网站。但在以兴趣类(passion-centric)社交网站的研究中，Ploderer等人(2008)的经验研究证明，线下关系的缺失并不妨碍线上和线下人际交往的亲密关系。用户通过兴趣的一致性，不仅在SNS上会发展新的人际关系，而且这种关系有时候还会从线上发展到线下。再如，在对企业社交网站的研究中，DiMicco等人(2008)也发现，用户除了与亲密的同事在SNS上联络外，还倾向于寻找那些自己尚未认识的或关系较弱的员工。另外，社会性别(gender)也有可能影响SNS的使用和线上的社交网络。Lenhart和Madden(2007)的研究证明，女孩们运用社交网站来与线下的朋友联系，尤其是那些平常很少有机会见面的朋友，但男孩们则运用社交网站来结交新朋友。不仅如此，叶勇助和罗家德(2007)发现，使用互联网频繁的人能在SNS上发展更多的人际关系。因此，线下社交网络映射到SNS在线人际网络的影响因素也将在本研究中得到考察：

H3：在线下人际关系网络影响SNS在线人际网络的过程中，性别关系是控制变量。

H4：在线下人际关系网络影响SNS在线人际网络的过程中，SNS在线使用关系是控制变量。

三、研究方法

(一)样本选择

本研究的样本选取了武汉一所211高校新闻系2007级2班的学生。在大学四年的学习生活中，该班已经建立了比较稳固的人际关系。因此,本研究预设该样本为一个较为封闭的团体,网络的界限较为明确。本研究收集到了该班共34人完整的整体网络信息。而SNS网站则选取校友类社交网站的代表——人人网,作为考察对象。

问卷以电子邮件的形式发放,答卷者在线作答。这种方式可以让答卷者有机会查看自己的SNS个人主页,浏览与问卷相关的信息,而不仅仅凭个人记忆作答。

(二)控制变量

本研究的控制变量主要考察性别和SNS使用频率。因本研究的变量均为关系变量,所以控制变量也应该转换为关系变量,以矩阵形式表示。因此,本文将朋友之间异性关系设为1,同性关系设为0。性别关系如表1所示。

表1 性别关系

	男	女
男	0	1
女	1	0

SNS在线使用频率可分为低频率、中频率和高频率。低频率指极少使用SNS,中频率指每月使用数次,而高频率则为每周使用数次。因此,朋友之间关于SNS使用的关系如表2所示:

表2 SNS在线使用关系

	低频率	中频率	高频率
低频率	0	1	2
中频率	1	2	3
高频率	2	3	4

(三)测量方法

本研究以社会网络分析为基本方法,采用整体网测量。研究首先测量SNS在线人际网与线下人际关系网的总体情况,以比较线下人际关系与SNS在线人际关系的差别,进而从结构和网络内容角度比较两者间的关系。

格兰诺维特(Granovetter,1973)指出,社会连带的强度,也就是关系的强弱,应包含四方面的测量:亲密程度、熟识或相互信任的程度,互动频率与互惠交换程度。因此，他认为关系强度的测量应该是多维度的。“但事实上，大多数研究者为简便起见，都在经验研究中采取了单一指标测量方法。常用的方法有互动法和角色法等。”（赵延东、罗家德，2005）另外，林南（2005）认为，关系强度可以通过感知强度或角色扮演两种方法测量。综合分析以上数种测量方法，本研究将采用互动法测量两个整体网络中人与人之间的关系强度。

互动法是根据关系人与本人交往的频度来测量关系强度，交往越频繁，则关系越强（赵延东、罗家德，2005）。Wellman（1992）在定义社会联结时也指出，对社会联结强度的判断基准之一，即互动的频率①。而考虑到细分多变量后的复杂性及之后在后续分析中加入的必要，本研究对SNS在线人际网的估计就只测量SNS在线的互动频率。互动频率以半年为考察单位，测量朋友之间的互动情况。本研究将互动频率设定为没有联系、很少（半年一两次）、有时（一月一二次）和经常（每周一二次），分别以1、2、3、4记录。而线下人际关系的总体估计则以每个成员与其他成员关系程度的感知强度来体现。将关系设定为基本没有关系、关系一般、关系较好、关系很好四个程度，以0、1、2、3标记。因此，具体测量方式如表3、表4所示，量表由叶勇助和罗家德（2007）关于线下人际交往和互联网人际交往的研究改编。真实人际关系网络以F为标示，SNS在线人际网络以S为标示。

表3　线下人际网络测量表

问　题	测量维度
1. 请问您常和班上哪些同学吃饭、一起活动？	F情感网络1—行为亲密性
2. 如有心事您会向哪些同学诉说？	F情感网络2—话题亲密性
3. 当学习及求职遇到困难需帮助时，您曾跟哪些同学请教？	F咨询网络（个人发展）
4. 如果想知道校园动态、生活信息，您会询问哪些同学？	F情报网络

注：F为线下人际网络简写。

① 转引自陈蓉萱. 线上社会支持类型初探——以即时通讯软件MSN为例，中华传播学2005年会论文 http://ccs.nccu.edu.tw/UPLOAD_FILES/HISTORY_PAPER_FILES/122_1.pdf.

表4 SNS在线人际网络测量表

问　题	测量维度
1.您在人人网上曾向谁送过电子礼物	S情感网络1—行为亲密性
2.您曾跟班上哪些人通过人人网闲聊(同步聊天或日志等留言形式)	S情感网络2—话题亲密性
3.您经常通过哪些同学的人人网传递、分享、交流学习和求职信息?	S咨询网络(个人发展)
4.您经常浏览或分享哪些同学的校园动态、生活信息?	S情报网络

注:S为SNS在线人际网络简写。

于是,本研究可形成以下模型,考察真实人际关系网络中的各变量对SNS在线人际网络的影响:

$$Y=\alpha+\beta_1 X_{1+}\beta_2 X_2+\gamma_1 Z_1+\gamma_2 Z_2+\gamma_3 Z_3+\gamma_4 Z_4+\varepsilon$$

其中,因变量Y为SNS在线人际网络。考虑到在关系总体测量中所测的关系网络已能代表SNS在线人际关系,故此处Y即以互动法单一维度考量的互动频率计量;自变量Z_1、Z_2、Z_3和Z_4分别代表真实人际关系网中的情感网络1、情感网络2、咨询网络和情报网络,X_1、X_2分别为控制变量中的性别关系和SNS在线使用关系,ε为随机变量,其余均为相应变量的参数。

四、研究发现

社会网络的分析层次主要有两个:一是"关系的",主要分析两个行动者之间的联系的强弱程度和具体内容;二是"结构的",主要分析多个行动者结成的网络结构中的位置(如结构洞的位置)和结构形态本身(闭合或桥梁)的特点。本文将从这两个层面出发,首先考虑该班的线下人际网和SNS在线人际网的核心—边缘结构变化,再从网络的具体内容分析其相关性和映射关系。

(一)结构分析

1.核心—边缘结构分析

为使各成员之间的互动关系在社群图中凸显出来,本研究将调查中对于SNS在线的互动频率和线下人际关系总体考察的多值关系二值化处理。将SNS互动频率为"没有过"、"很少"两项重新编码为0,

“有时”和“经常”两项转值为 1；同理，将线下人际交往的总体关系“基本没有联系”、“关系一般”重新编码为 0，而“关系较好”与“关系很好”转为 1。因此，二值化处理后，社群图所显示的连带关系已经为强连带，弱连带的关系在社群图中不再显现。通过 UCINET. v6.216 的核心/边缘(Core/Periphery)分析，得出两张网络的核心—边缘结构。如表 5、表 6 所示。

表 5　线下人际关系网络核心—边缘结构

核心成员	1 2 3 4 5 8 9 10 11 12 13 14 16 19 22 23 25 26 28 29 34
边缘成员	6 7 15 17 18 20 21 24 27 30 31 32 33

Starting fitness：0.413，Final fitness：0.413

表 6　SNS 在线人际网络核心—边缘结构

核心成员	1 2 3 4 6 8 9 10 11 14 16 17 19 20 23 24 25 26 28 31 34
边缘成员	5 7 12 13 15 18 21 22 27 29 30 32 33

Starting fitness：0.266，Final fitness：0.266

为使两个网络的结构性及人际关系更形象化，以下两张社群图可较为清晰地反映 SNS 在线人际网络与线下人际关系网络的结构差别。其中，图 1 的黄色与蓝色分别代表核心成员和边缘成员。在图 2 中，我们可以看到，大部分图 1 的核心成员依然是图 2 的核心成员。但有 4 个红色的成员从图 1 的核心成员在图 2 中转为边缘成员；同时，有 5 个绿色成员在图 2 中成为核心成员，但在图 1 中却是边缘成员。因此，在样本中，无论是在 SNS 人际网络中还是在线下人际关系中，始终处于核心地位的成员达到了 50%，始终处于边缘地位的成员达到了 23.5%，故而成员位置不变的比例达到了 73.5%。

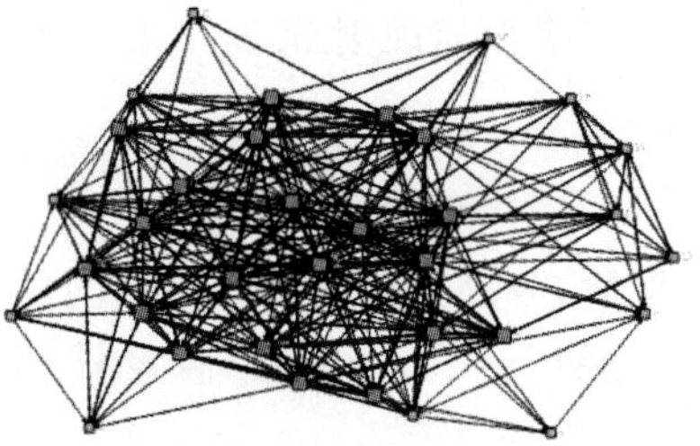

图 1　线下人际关系网

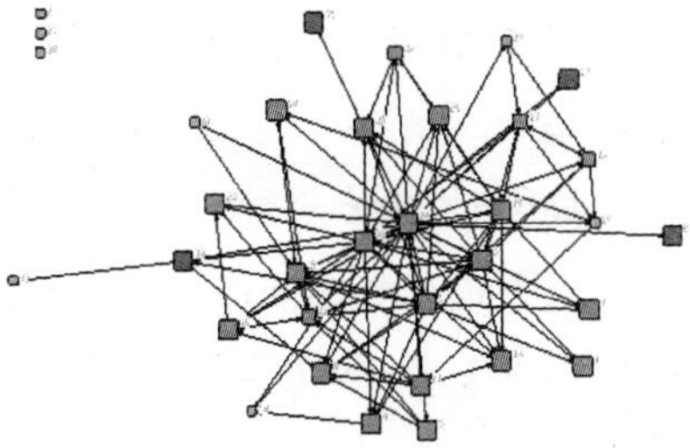

图 2　SNS 在线人际关系网

2. 连带比较

以上重在分析点或节(node)的位置,而如果从社会网络的另一个元素——连带关系(tie)比较,同样可以直观地得到相似的结论。图3以SNS在线人际网为基础,黑色连带表示在线下人际关系网络中存在的强连带,而玫红色则表示在SNS在线人际关系中新增的强连带。结果显示,线下人际关系网络中有421条强连带,SNS在线人际关系网中有123条强连带,其中玫红色连带仅为22条,占总体的17.89%。这也就意味着线下人际关系的强连带占SNS在线人际关系强连带的82.11%。而另一方面,线下社会网络中,只有29.22%的强连带映射到了SNS中。

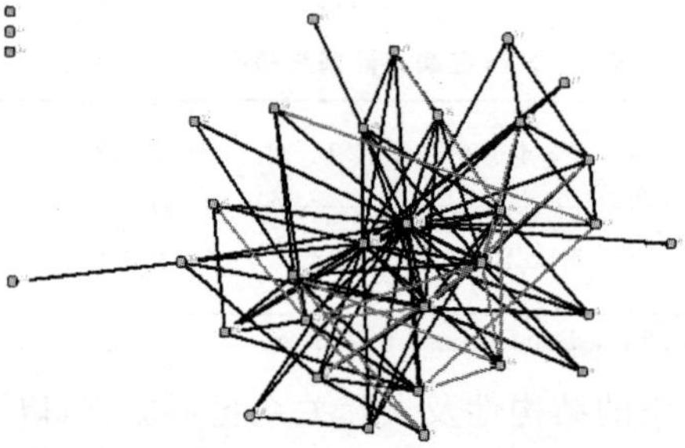

图3 线下人际网—SNS在线人际网映射关系

(二)映射关系

核心—边缘结构的模型与连带关系主要分析了SNS在线人际网络和线下人际关系网络的结构相似性。而为更进一步地探究其相似的影响因素,本研究将人际关系网络细分为情感网络1、情感网络2、咨询网络和情报网络四个维度网络。在SNS在线人际网络与线下人际关系网络的区分下,本研究将考察八个整体网的相关性,并通过QAP回归来讨论线下人际关系网络如何映射到SNS在线人际网络。

1. QAP相关分析

以下进行整体网络的关系相关性检验,分别考察八个网络之间的对应关系。各矩阵之间的关系采用QAP correlation的假设检验方法。

通过 QAP 相关性分析，我们惊讶地发现，各个网络之间的 QAP P-Values 均为 0.000，呈现出高度显著性相关，说明 SNS 在线人际网络与线下人际网络呈现出高度一致。表 7 所示为各网络之间的 Obs Value 系数，表示两个网络之间实际观察到的相关系数。分析数据可以发现，同一网络的子网络之间相关性都比较高，大多情况下都高于相异网络的子网络。

表 7　线下人际网—SNS 在线人际网络内容相关表

	F 情报	F 情感 1	F 情感 2	F 咨询	S 情报	S 情感 1	S 情感 2	S 咨询
F 情报网络	—	0.50	0.59	0.52	0.21	0.46	0.29	0.26
F 情感网络 1—行为亲密性	0.50	—	0.68	0.51	0.34	0.52	0.29	0.27
F 情感网络 2—话题亲密性	0.59	0.68	—	0.53	0.21	0.61	0.34	0.34
F 咨询网络	0.52	0.51	0.53	—	0.20	0.42	0.30	0.33
S 情报网络	0.21	0.34	0.21	0.20	—	0.35	0.34	0.40
S 情感网络 1—行为亲密性	0.46	0.52	0.61	0.42	0.35	—	0.44	0.51
S 情感网络 2—话题亲密性	0.29	0.29	0.34	0.30	0.34	0.44	—	0.33
S 咨询网络	0.26	0.27	0.34	0.33	0.40	0.51	0.33	—

2. QAP 回归分析

以下对 SNS 在线人际关系与线下人际网络四个子网络进行 QAP 回归分析，结果如表 8 所示。研究发现，两个自变量，即 F 情感网络 2—话题亲密性和 F 咨询网络的回归系数在统计意义上显著，显著水平分别为 0.000 与 0.028，而 F 情报网络、F 情感网络 1—行为亲密性两个自变量却不显著。由此，我们可以认为，SNS 在线人际网上的整体互动情况与线下人际网中的话题亲密性和个人发展的信息咨询有关，而与生活信息的获取、现实生活中行为亲密性无关。此模型下，模型拟合度 R 值为 0.079，调整后 R 值为 0.077，模型拟合效果一般。

表8 SNS在线人际网络回归分析(模型1)

自变量	Un-stdized Coefficient	Stdized Coefficient	Sig.
截距	1.40	0.00	
F 情报网络	0.11	0.04	0.155
F 情感网络 1—行为亲密性	0.00	0.00	0.449
F 情感网络 2—话题亲密性	0.61	0.20	0.000***
F 咨询网络	0.23	0.08	0.028*

Note. * $p<0.05$, ** $p<0.01$, *** $p<0.001$。*F* 为线下人际网络的简写。

进一步，模型2将性别关系与个体之间的SNS在线使用关系纳入模型考察，结果如表9所示。研究发现，纳入两个上述自变量后，模型拟合度 R 值提高为0.241，调整后 R 值为0.238，模型拟合较好。而影响SNS在线人际关系的线下人际关系依旧为 *F* 情感网络2－话题亲密性和 *F* 咨询网络，p 值分别为0.000和.025。而新增的两个变量中SNS在线使用关系的确为此模型中的控制变量（$p=0.000$），而性别关系不能影响使用者在线人际关系（$p=0.420$）。

表9 SNS在线人际网络回归分析(模型2)

自变量	Un-stdized Coefficient	Stdized Coefficient	Sig.
截距	0.89	0.00	
F 情报网络	0.07	0.03	0.246
F 情感网络 1—行为亲密性	−0.03	−0.01	0.455
F 情感网络 2—话题亲密性	0.63	0.20	0.000***
F 咨询网络	0.22	0.08	0.25*
SNS 使用关系	0.23	0.40	0.000***
性别关系	−0.02	−0.01	0.420

Note. * $p<0.05$, ** $p<0.01$, *** $p<0.001$。F 为线下人际网络的简写。

因此，真实人际关系到SNS在线人际交往的映射关系可以表示为：

$$Y=\alpha+0.40X+0.20Z_1+0.08Z_2+\varepsilon$$

其中，Y 表示SNS在线人际网络，X 为控制变量，即SNS在线使用关系，Z_1、Z_2 调整为真实人际关系中的情感网络2—话题亲密性和咨询网络，ε 为随机变量。

五、结论与讨论

(一)结论的解释

通过以上研究发现,影响SNS在线人际关系的因素仅包括线下人际关系中的情感网络一话题亲密性和咨询网络,情感网络的行为亲密性与情报网络并不能影响SNS在线人际关系网。结合前文结构分析结果,我们认为,SNS在线的人际交往只能折射出部分线下的人际关系,但SNS在线的人际关系基本都是线下关系的呈现。

SNS在线使用关系,而非性别关系,是本研究的控制变量。这一点与Subrahmanyam等四人(2008)的研究非常一致。他们在证明线下关系的缺乏不妨碍线上关系的形成时,同样发现线上线下两个社会网络的重合性与性别没有显著性关系。

情感网络中的话题亲密性代表了情感关系中的强连带关系。一个可以诉说心事的朋友固然是关系最坚固、社会连带最强的朋友。而在大学生活中,因为集体居住的原因一起吃饭、一起活动是非常普遍的现象。因此,吃饭、活动网络并不能反映社会关系的强连带,它是一种较弱的情感性行动。

本研究的咨询网络侧重考察了学业、工作这些有关个人发展的社会网络,它体现的是一种个人发展需求的社会支持性网络。这一影响因素让我们发现,在SNS中,用户会因为自身的发展需求而与线下人际交往中关系不甚密切的,但能提供较多信息支持的人产生SNS在线互动。例如,22号作为线下人际关系网络中的边缘成员,在SNS在线人际网络中却成为了核心成员。进一步地观察,我们发现,22号在真实人际关系的咨询网络与情报网络中居于核心的地位,但在情感网络的两个子网络中则处于边缘地位。这一结果非常符合22号在线下人际交往中的表现。22号曾担任过年级学生会学习部长及班长职务,自身非常积极、努力、上进。因此,22号虽然在他人的评价中关系一般,但因为他在SNS上非常活跃的表现及真实生活中掌握着较多的学习、求职信息,最终使得他在SNS在线人际网络中处于核心地位,与他人互动较多。

同样的,13号、19号的线下人际关系与SNS在线人际关系的地位不一致也可通过F咨询网络影响SNS在线人际关系来得到解释。13号、19号也都曾担任过学生干部职务,掌握着一定的信息。但13号与班级中的很多同学基本没有联系,19号在日常生活中也是长期居住在外,与同学关系较为淡薄,时常通过网络与同学互动。因此,我们可以发现,13号、19号在线下人际关系中处于边缘地位,而在SNS在线人际关系网络中则处于核心地位。这一方面源于他们曾担任过学生干部,掌握着一定量的个人发展信息,另一方面也归于他们在SNS上的活跃表现。学习和求职的信息支持对SNS在线人际关系的影响,其实质就是SNS也可作为社会资本的获得途径。

而6号、12号、17号、31号的两类网络地位不一致则充分说明了SNS用户自身使用频率对SNS在线人际关系的影响。而难以解释的是5号和20号的地位不一致。5号运用人人网极少,基本不在线下环境和SNS在线环境中与班里人交往,他的社交网络基本不在这个班级。但研究结果却显示,他在SNS在线人际互动关系中处于核心地位。而20号运用人人网频率一般,真实环境中与同学关系也还可以,可他在SNS在线人际关系中却处于边缘地位。经过仔细分析两者的问卷,我们发现,两者在两类网络中的地位不一致源于他们个人对关系程度、互动关系的理解有偏差。5号对自己与他人的SNS互动关系整体评价较高,与他人互动的频率有诸多“有时”和“经常”出现,即使他很少上人人网。而20号虽然在SNS使用的子网络中显示曾经与同学有非常多的来往,但在以半年为时间限度的SNS在线人际关系综合评价中,他所选择的互动频率均较低。针对其原因,20号表示,近半年的时间他使用人人网的次数比以往有所降低,尽管以前在人人网上比较活跃。因此,5号与20号的地位不一致属于统计误差问题。

线下人际关系的情报网络无法影响SNS在线人际互动关系。校园信息、生活信息并非如学习、求职信息所必需,可多可少,它并不是一种重要的社会资本。因此,我们推测,情报网络在校园友谊中可能属于一种弱连带性质的网络。这一点,可以从F情报网络与S网络各子网络的相关性上解释。F情报网络与S情感网络一行为亲密性相关度较高,而与其他三个子网络相关度较低。另一方面,在前面的分析中,我们认为行为性的情感关系属于弱连带,因此F情报网络同样也属于弱连带性质的网络。另外,需要注意的是,在SNS在线人际互动关系的考察中,本研究着重强调了相互拜访、留言等互动明显的行为,而情报网络一般仅仅体现在同学之间相互浏览各自所发信息,严格意义上并不存在互动行为，因此对结论也存在着一定的影响。

（二）关系强度理论的有趣发现

在以上的研究中，我们发现，某些线下人际交往的弱关系在SNS在线人际关系中变成了强关系（如22号的连带关系）。而这种关系却提供了必要的学习和求职的信息支持。同一群人的两类社会网络的存在使得关系强度理论变得复杂。格兰诺维特（Granovetter 1973，1982，1995）在研究中发现强关系的人之间具有同质性，而弱关系的人之间在信息上具有较强的异质性，所以从弱关系中可以得到对个体求职更有价值的信息。之后，除了不少支持格兰诺维特的“弱关系假设”的经验发现之外，也有研究发现了强关系在求职中的作用。边燕杰在考察中国人求职过程中，发现了与“弱关系强度命题”相对应的“强关系假设”。而在本例中，究竟是真实人际交往的弱关系支持了SNS在线的学习、求职信息提供，还是由SNS在线人际交往本身的强关系提供了学习、求职的信息支持？这些问题不仅需要后续研究进行探索，更提示我们需要在当下环境下对关系强度理论重新审视。两张人际网络的不同和相互的影响效应将把关系强度理论更加复杂化。

SNS社交网络的出现，把原本一维度的人际网络扩大为二维度的人际网络。例如，Marjolijn等人（2010）在其研究中指出，前期对线上线下友谊的研究在定义上是不明确的。简单区分线上与线下不能反映现实状况，尤其需注重混合模式的友谊类型。他们注意到友谊的类型有三种：一种是在线友谊（online friendships），即在网络上产生同时也仅仅在网络上有交往；一种是混合模式友谊（mixed-mode friendships）（Walther & Parks，2002），指的是在线上产生，但是在线下或者其他情景中发展友谊；最后一种是线下友谊（offline friendships），即在线下产生的友谊继而在网络中也有发展。作者认为不少线上的友谊后来发展成为线下友谊，也就是一种混合模式的友谊。这也暗示我们，在以后对真实社会网络的考察中，需要将线上和线下的网络都纳入研究视野。

（三）研究局限

本研究进一步验证了魁克哈特对于社会网络分类的可行性，并且得出了线下人际网络与SNS在线人际网络映射关系的模型。该模型具备了一定的解释力。模型在解释SNS在线人际网络与线下人际网络差异的过程中较为有效,符合现实情况。

当然,需要指出的是,本研究考察的F咨询网络与关系强度理论中考察的求职过程仍存在一定的区别。本研究的咨询网络仅仅强调求职的信息支持,而在关系强度理论中考察的求职还包括联系用人单位、推荐应聘者等其他方面的支持。

除模型中考虑的变量外,影响SNS在线人际关系的因素还有很多。例如,对于个体来讲,网络使用的便捷性、个人网络使用习惯等都是SNS在线人际关系和线下人际网络之间映射关系的影响因素。而对于媒介来讲,社交网站的功能提供也具有相当大的影响力。例如,像Facebook、人人网在个人首页中都会设置"你可能认识的人"的用户推荐项目。而这种用户推荐的方式是基于线下的相关信息而计算出来的,例如用户曾经及现在就读的学校、出生地等。这样,用户会不自觉地把线下的朋友加到自己的SNS好友中来,从而导致了两个网络高度相关的结果。

本研究的局限性是任何一个整体网分析都面临的问题。因整体网所分析的样本不是随机抽样,仅是个案,所以,只能在小范围内推论其意义,而不能迅速地推论到所有人。另外,本研究因为整体网络测量的需要,在社交网站的选择上依然以交友类定位的人人网为例。而正如Ploderer等人(2008)所关心的问题一样,本研究在一定程度上强化了线下人际关系与SNS在线人际互动网络的相关性,同时也影响了两者的映射关系。

SNS社交网络不是简单的对线下人际关系网络的复制,它的存在为社会网络理论的研究又提出了新的课题。随着社交网站的发展以及人们对其运用的增加,人们在虚拟与现实中的关系将走向融合。未来,或许我们将无法区分哪些人际关系是虚拟关系,哪些是现实的人际关系。虚拟与现实的概念将逐渐模糊。两者的融合将形成一种新的人际关系。而在融合过程中,两张社会网络的影响方向是否会有变化,两张社交网络之间的交互影响如何改变着人们的交往心理,它们的融合如何进一步作用于人们的行为等都是今后社会网络理论可以进一步探索的问题。

[参考文献]

[1]边燕杰,刘翠霞,林聚任(2004).中国城市中的关系资本与饮食社交:理论模型与经验分析.开放时代,2004 (2),94-107.

[2]Freeman,L. C. 著. 张文宏、刘军、王卫东译(2008). 社会网络分析发展史. 北京:中国人民大学出版社.

[3]郭毅,朱扬帆,朱熹(2003). 人际关系互动与社会结构网络化——社会资本理论的建构基础,社会科学,2003 年第 8 期,64-74.

[4]林南著,张磊译(2005). 社会资本一关于社会结构与行动的理论. 上海:上海人民出版社.

[5]林聚任(2009). 社会网络分析:理论、方法与应用. 北京:北京师范大学出版社

[6]刘军(2004). 社会网络分析导论. 北京:社会科学文献出版社.

[7]刘军(2009). 整体网分析讲义:UCINET 软件实用指南. 上海:格致出版社.

[8]罗家德(2010). 社会网分析讲义(第二版). 北京:社会科学文献出版社.

[9]约翰·斯科特著,刘军译,沈崇麟校(2007). 社会网络分析法(第 2 版). 重庆:重庆大学出版社.

[10]赵延东,罗家德(2005). 如何测量社会资本:一个经验研究综述. 国外社会科学,2005 年第 2 期,18-24.

[11]张文宏(2006). 中国城市的阶层结构与社会网络. 上海:上海世纪出版集团.

[12]Bian, Y. J. , & Song A. (1997). Guanxi networks and job mobility in China and Singapore. Social Forces, 75, 981-1006.

[13]Boyd, D. , & Ellison, N. B. (2008). Social network sites: Definition, history and scholarship, Journal of Computer-Mediated Communication, 13 (1), 210-230.

[14]Davis, Jenny (2010). Architecture of the personal interactive homepage: Constructing the self through MySpace, New Media & Society, 12(7), 1103-1119.

[15]DiMicco, J. , Millen, D. R. , Geyer, W. , Dugan, C. , Brownholtz, B. , & Muller, M. (2008). Motivations for social networking at work. Paper presented at the 2008 ACM conference on computer supported cooperative work, New York.

[16]Donath, J. & Boyd, D. (2004). Public displays of connection, BT Technology Journal, 22(4), 71-82.

[17]Ellison, N. B. , Steinfield, C. , & Lampe, C. (2007). The benefits of facebook "friends:" Social capital and college students' use of online social network sites. Journal of Computer-Mediated Communication, 12(4), 1143-1168.

[18]Granovetter, M. (1973). The strength of weak tie, American Journal of Sociology, 78, 1360-1380.

[19] Haythornthwaite, C. (2005). Social networks and internet connectivity effects. Information, Communication & Society, 8, 125-147.

[20]Kemper, T. D. (1973). The fundamental dimensions of social relationship: A theoretical statement. Acta Sociologica, 16(1), 41-60.

[21]Kraut, K. , Boneva, Cummings, Helgeson, & Crawford(2002). Internet para-

dox revisited,Journal of Social Issues,58,49-74.

[22]Krackhardt,D. (1992). The strength of strong ties:The importance of Philos in organizations. In Nitin Nohria and Robert G. Eccles (Eds.),Networks and Organizations. Boston:Harvard Business School Press.

[23]Krackhardt,D. ,& Hansom,J. R. (1993). Informal networks:The company behind the chart. Harvard Business Review,July-August,104-111.

[24]Lampe,C. ,Ellison,N. ,& Steinfield,C. (2006). A Face(book) in the crowd: Social searching vs. social browsing. In Proceedings of the 2006 20th Anniversary Conference on Computer-Supported Cooperative Work (CSCW 2006), 167-170. New York,NE:ACM Press.

[25]Laurenceau,J. ,Barrett,L. F. ,& Pietromonoaco,P. R. (1998). Intimacy as an interpersonal process: The importance of selfdisclosure, partner disclosure, and perceived partner responsiveness in interpersonal exchanges. Journal of Personality and Social Psychology,74,1238-1251.

[26]Ledbetter, A. M. , Mazer, J. P. , DeGroot, J. M. , Meyer, K. R. , Mao, Y. , & Swafford,B. (2011). Attitudes toward online social connection and self-disclosure as predictors of Facebook communication and relational closeness,Communication Research,38(1),27-53.

[27]Lenhart,A. ,Madden,M. (2007). Social networking websites and teens. Retrieved from http://www. pewinternet. org/~/media//Files/Reports/2007/PIP_SNS_Data_Memo_Jan_2007. pdf. pdf.

[28]Antheunis,M. ,Valkenburg,P. M. ,& Peter, J. (2010,June). The quality of online,offline,and mixed-mode friendships among users of a social network site. Paper presented at the 60th annual International Communication Association,Singapore.

[29]Mcmillan,S. J. ,& Morrison,M. (2008). Coming of age with the Internet:A qualitative exploration of how the Internet has become an integral part of young people's lives. New Media Society,8(1),73-95.

[30]Parks,M. R. ,& Floyd,K. (1996). Making friends in cyberspace. Journal of Communication,46(1),80-97.

[31]Patchin,J. W. ,& Hinduja,S. (2010). Trends in online social networking:Adolesent use of Myspace over time. New Media &Society,12(2),197-216.

[32]Ploderer,B. ,Howard,S. ,& Thomas,P. (2008,November). Being online,living offline:The influence of social ties over the appropriation of social network sites. Paper presented at the Conference on Computer Supported Cooperative Work (CSCW 2008),San Diego,CA.

[33] Quan-Haase, A. , Young, A. L. (2010). Uses and gratifications of social

media: A comparison of facebook and instant messaging, Bulletin of Science Technology & Society, 30(5), 350-361.

[34] Schwarz, O. (2010). On friendship, boobs and the logic of the catalogue: Online self-portraits as a means for the exchange of capital. Convergence: The International Journal of Research into New Media Technologies, 16 (2), 163-183.

[35] Sina. com (2012). The number of users on Renren. com will reach to 200million. Retrieved on November 3rd, from http://tech. sina. com. cn/i/2012-02-14/12486721576. shtml.

[36] Steinfield, C., Ellison, N., & Lampe, C. (2008). Social capital, self-esteem, and use of online social network sites: A longitudinal analysis. Journal of Applied Developmental Psychology, 29(6), 434-445.

[37] Steinfield, C., & Lampe, Cliff (2009, May). Connection strategies: Relationship formation and maintenance on social network sites. Paper presented at the meeting of International Communication Association, Chicago.

[38] Subrahmanyam, K., Reich, S. M., Waechter, N., & Espinoza, G. (2008). Online and offline social networks: Use of social networking sites by emerging adults. Journal of Applied Developmental Psychology, 29, 420-433.

[39] Tufekci Z. (2008). Can you see me now? Audience and disclosure regulation in online social network sites. Bulletin of Science, Technology & Society, 28 (20), 20-36.

[40] Valenzuela, S., Park, N., & Kee, K. F. (2009). Is there social capital in a social network site?: Facebook use and college students' life satisfaction, trust and participation. Journal of Computer-Mediated Communication, 14, 875-901.

[41] Wästerlund, E., Norlander, T., & Archer, T. (2001). Internet blues revisited: Replication and extension of an Internet paradox study. Cyberpsychology & Behavior, 4(3), 385-391.

[42] Wasserman, S., & Faust, K. (1994). Social Network Analysis and Application, London: Cambridge University Press.

[43] Wellman, B. (1990). An electronic group is virtually a social network. In Kiesler, S. (Ed.), Cultures of the Internet (pp. 170-205). Mahwah, NJ: Lawrence Erlbaum Associates, Publishers.

[44] Wellman, B., Chen, W., Dong, W. (2002). Networking guanxi. In Gold, T., Guthrie, D., & Wank, D. (Eds.), Social networks in China: Institutions, culture, and the changing nature of guanxi (pp. 221-242). London: Cambridge University Press.

[45] Wellman, B. & Gulia, M. (1999). Net surfers don't ride alone: Virtual commu-

nities as com-munities. In Kollock, P. , Smith, M. (Eds.), Communities in cyberspace(pp. 167-194). New York: Routledge.

[46]Wildemuth, S. M. (2001). Love on the line: Participants' descriptions of computer-mediated close relationships. Communication Quarterly, 49(2), 89-95.

[47]Yeh, Y. C. , & Luo, J. D. (2007). Are virtual social relationships independent from reality?, 资讯社会研究 (Information Society), 2007(7), 33-55.

[48]Zhang, W. , Johnson, T. J. , Seltzer, T. , & Bichard, S. L. (2010). The revolution will be networked: The influence of social networking sites on political attitudes and behavior. Social Science Computer Review, 28(1), 75-92.

Online and Offline Interpersonal Communication of SNS

Han Jingjing

Abstract: Based on the theory of social network analysis, this study investigates the mapping relations of offline social network towards SNS network via analyzing a whole network data. Results show that although the two social networks are correlated, only 29.22% strong ties in offline social network manifest in SNS network. Moreover, consulting network and privacy-talk network in offline social network affect SNS network. Additionally, the frequency of SNS usage, instead of gender relation, serves as the control variable. Results implicate the necessity of restudying "the strength of weak tie" due to the existence of SNS network.

Keywords: social network sites (SNS), online/offline social network, interpersonal relationship

群体性事件中的抗争性话语分析

齐发鹏　陈丽娜

摘　要　近年来，群体性事件，不仅表现为话语权的争夺，也是抗争性政治的体现。本文以2003—2011年我国（包括港澳台地区）发生的46起群体性事件为切入点，采用文献阅读、内容分析与话语分析的方法，比较六种不同种类群体性事件的话语表现、形式特征与利益诉求。透过这一解读过程，总结出不同时间、空间下群体性事件的异同与抗争性话语的新特征。

关键词　群体性事件；抗争性话语；谣言

一、引言

近些年，随着经济改革的不断深入，社会急剧转型，贫富差距逐步拉大，群体性事件时有发生，表现形式也愈发多样，影响广泛，于此我国已进入社会矛盾凸显期。相关统计数据显示，十几年来，我国社会群体性事件数量呈上升趋势：根据2005年的《社会蓝皮书》统计，从1993年到2003年，中国群体性事件数量由1万起增加到6万起，参与人数也由约73万人增加到约307万人，而近年来更加严重。

人们普遍认为群体性事件是小范围的集体行动，殊不知随着时代的发展，越来越多的事件已超越地域限制，发展成省际、甚至是跨国的示威活动。因此，笔者采纳赵鼎新（2006）的划分依据，将其定义为社

作者简介　齐发鹏，深圳大学2010级传播学硕士研究生，E-mail：johnnychih0214@gmail.com；陈丽娜，深圳大学2011级传播学硕士研究生，E-mail：szurenachen@yeah.net。

本文是广东省哲学社会科学“十二五”规划项目《抗争性话语研究——以广东省的群体性事件和环保运动为例》（GD11CXW04）、国家社科基金项目（11BXW025）、广东省教育厅人文社科重大攻关项目（11ZGXM86001）：“网络群体性事件的预防、引导与治理研究”阶段性成果。

会抗争下的集体行动。在我国,有关群体性事件的研究很多,但大多关注社会变化与社会政治结构对事件的影响,鲜有学者从“话语”角度对事件进行深度剖析。通过观察发现,在各类群体性事件中,民间的抗争性话语是引发与推动事件走向的重要因素,参与者通过争夺话语权来引导事件的发展,以寻求支持、争取权利,夺回利益,这是抗争性政治的一种表现。

在这场民间与官方的话语对抗中,流言与谣言作为抗争性话语的典型类别,十分常见。流言关乎个人闲言碎语,主要在群体层面发挥影响,谣言的影响则主要体现在社会层面。尽管谣言和流言同样具有“非官方”色彩,但流言的内容则仅是关于个人的鸡毛蒜皮似的闲谈。

因此,本文对各类话语分类并加以解析,总结出话语表达所采取的方法、策略、形式,以及不同环境下的话语特征。具体而言,本文主要解决以下问题:

(1)一般群体性事件是否都有明显的抗争性话语存在?

(2)一般群体性事件的话语通常会有哪些典型的传播媒介?

(3)不同种类群体性事件的话语在现实呈现方式上有什么异同?

(4)伴随着群体性事件,抗争性话语的发展有哪些阶段?

(5)新媒介环境下群体性事件在抗争性话语方面具有哪些新的特征?

二、理论综述

(一)群体性事件

自新中国成立以来,关于“群体性事件”的称谓可谓历经沧桑。从“群众闹事”、“治安事件”、“突发事件”到“紧急治安事件”及“群体性治安事件”等,颇具鲜明的时代特点。“群体性事件”这个名字是2004年由中共中央办公厅、国务院办公厅颁发的《关于积极预防和妥善处置群体性事件的工作意见》首次提出,指的是“由人民内部矛盾引发、群众认为自身权益受到侵害,通过非法聚集、围堵等方式,向有关机关或单位表达意愿、提出要求等事件及其酝酿、形成过程中的串联、聚集等活动”。

（二）抗争性政治

人类的日常生活离不开社会的稳定，安定的社会环境是社会快速发展的重要条件。社会稳定作为一种公共物品，攸关百姓的日常起居，具有重要的意义，但群体性事件对社会稳定构成了威胁，极有可能引发深层危机、导致社会碎裂。

在现今社会，群体性事件演变成"抗争性政治"的可能性不断增加。社会学家刘能依据大量经验案例将当代中国群体性事件分为三种类型：20 世纪 80 年代中后期，以传统精英（大学生、知识分子）为主流参与者的"社会类别群体/身份共同体"类型；2000—2002 年间，以下岗工人和抗税农民为主流参与者的"首属社会弱势群体"类型；2005 年及其前后，以保卫居住环境和土地房屋产权的地方性居民构成的"地域共同体"类型。"地域共同体"是建立在地域认同感和共享利益基础上的行动共同体，这一本质性的不同导致群体性事件具有了新的特点，如行为激烈程度高、动员潜能大、对非直接利益相关者的现场动员能力强等，因此更加容易演变成骚乱、抗争性政治。

在本文中，笔者根据查阅到的资料，把此类事件界定为公共空间内的集体性对抗行动，如暴力对抗社会控制机构、损害人身安全和财产、围堵建筑物、堵塞交通等，十分接近"抗争性政治"（contentious politics）这个概念所描述的社会冲突场景。于建嵘（2011）在前人成果的基础上从三个维度对抗争性政治进行了研究，分别是生存伦理、依势博弈、边界冲突，为我们阐释了中国社会从利益博弈到管制困难的过程与特征。

我们沿着于建嵘新的解读，按照"抗争性政治"的框架，可以发现这种政治利益上的抗争，是在一定社会背景下产生的。经济的提升仅能满足人们的基本生活，却无法在新的物质文化需求到来时提供相应的精神供给。此时，人们就会开始关注自己作为一名"公民"的基本权利。抗争性政治就是社会转型时期，是在"民众对现有体制的期望与体制所能满足其要求的实际状况之间产生了张力"的情况下产生的。政治主张在历史上一直都是主旋律，同时，张力也一直存在着。不同时期的政治抗争有不同的表现形式。现阶段我国处于社会主义初级时期，张力在不断生成变大，制度化与反制度化同时进行，政治上的冲突抗争由此显现。

(三)"变迁、结构、话语"

我们发现,群体性事件并不完全等同于传统意义上的"社会运动",而是典型形式的"集体行动"。笔者借用赵鼎新(2006)给予的定义将群体性事件进行理论意义上的归类:认为"集体行动"(collective action)是"有许多个人参加的、具有很大自发性的制度外政治行为",认为"社会运动"(social movement)是"有许多个体参加的、高度组织化的、寻求或反对特定社会变革的制度外政治行为"。由此可见,两者最大的区别在于组织化程度与诉求程度,前者组织化与诉求程度低,而后者明显高于前者,群体性事件在特征适用上符合前者。

另外,赵鼎新认为,影响和决定社会运动形成与发展的宏观因素可以概括为"变迁、结构、话语"。目前,我国学者对以群体性事件为代表的社会抗争的研究,大多集中在"变迁、结构"两个方面,讨论"社会变化对社会运动与革命产生和发展的影响"。从宏观和微观分析"国家的社会与政治结构对社会运动和革命的影响",而在"话语"方面,讨论"伴随着社会运动与革命出现的意识形态、话语和公众舆论在社会运动与革命中的作用"的研究文献则很少,鲜有学者以群体性事件中的"话语"为蓝本,研究其在群体性事件的特殊传播环境中的传播机制与潜在作用。

(四)话语权与抗争性话语

日常生活中,"话语权"一词经常被人提及,但当笔者追溯其本源时却没有找到它的标准定义。有学者认为,"说话发生效用才算是'话语权',仅仅能发表一点议论,说话不顶用,算不上'话语权'",也有学者认为,"话语权是人们为了充分地表达思想进行言语交际而获得拥有说话机会的权利。'话语权'是语言权利的一种具体表现形式"。笔者在查阅了相关文献后,比较认同以下解释:

"话语权是社会人表达意愿的权利、资格,话语权又是社会人以话语的方式表达诉求、影响他人乃至政策决策的权力、手段。权利与权力是话语权的二重属性,自由与民主是话语权的本质要求,而利益表达是话语权的出发点及根源,社会共治则是话语权的必然导向。"在此基础上,我们可以将抗争性话语认为是一种权利争取的手段,而争取权利的过程还伴随着权力的产生,这个权力,就是话语权。通过抗争性话语的博弈取得话语权,这个过程就是抗争性的群体性事件的发生过程。

在这场抗争性话语的博弈中，谣言作为一种主要的话语表现形式，其抗争性质十分明显。胡泳将其认作是一种"社会抗议"(2009)，"谣言是一种信息或命题，它赋予与现实有关的某人、某事或某个条件一些新的因素。其次，谣言是口传的，且未经证实。再次，很多定义认为，谣言是为了使人相信"。作为弱势群体自我抵抗的手段之一，谣言从某种程度上也为事件的发生发展起了推动作用。

当今时代，也有学者十分关注谣言的生产机制，周裕琼在考察了过去10年间各类谣言的产生、传播与影响的过程后，得出以下结论："谣言正成为中国民众获得社会认知(如艾滋谣言)，进行社会动员(如家乐福谣言)和表达社会诉求(如胡斌'替身'谣言)的'工具性说法'。"对于当代中国社会来说，谣言在群体性事件的抗争性话语体系中堪称一把"利剑"，它在催生事件发生的背景下，提供重构社会公平与争取权益的一种可能，"在瓦解社会信任的同时又提供了重建社会和谐的可能"。

笔者认为，如果说长期存在的矛盾是群体性事件发生的必然原因，那么事件发生中的抗争性话语则是引爆事件的导火线，是事件的催化剂，是抗争性政治的直接体现。通过分析这些群体性事件，我们可以发现各类神秘莫测话语的出现，在幕后忽隐忽现，左右着事件的发展。因此，分析、研究群体性事件中看似来无影去无踪的话语，对预防和处置群体性突发事件具有十分重要的理论和实践意义。

三、研究方法

本文采取文献阅读、内容分析与文本分析的方法，以2003年至2011年为时间范畴，选取期间发生的46件群体性事件作为案例，以事件发生过程中的民间话语体系为研究蓝本，包括标语、口号、短信、BBS论坛帖子、谣言、流言、行为语言等，主要采取的是文本取向方面话语分析方法，对其作话语分析。

四、研究发现

本文所搜集到的46起群体性事件,分布全国东中西部22个省市、自治区、直辖市,其中包括3起全国范围内的事件。通过观察,这些群体性事件中持续时间最长的达到2个月,其余多以2~4天为主。作为民间力量的表现形式,群体性事件常被认为是"不和谐"的,但并不代表其所有类型都是违法或者违反道德的。一般情况下,群体性事件的主要形式包括:群体上访、请愿静坐、罢工、罢市、罢课、游行示威、阻塞交通、围堵或者冲击重要机关、重点工程和要害部门等。群体性事件发生前后,各类谣言、流言掺杂其中,人际传播、群体传播快速进行,口口相传达到顶峰,为事件发展起着推波助澜的作用。

在前期话语库建立的基础上,笔者将收集到的群体性事件分为六大类,包括:环境保护类、权益维护类、征地收购下岗补偿类、地区骚乱与民族冲突、反日示威、群众与政府人员冲突。试图根据不同事件的发生情况进行抗争性话语分析,总结其普遍规律,呈现出较为清晰的话语特征。

(一)不同种类群体性事件分析

1.环境保护类

此类以环境保护为主题的群体性事件,我们看到的是人类对自身生存环境的担忧。现阶段,环境问题对我国的社会稳定已形成了严峻的挑战。据统计,因环境污染引发的群体性事件以年均29%的速度递增。另外,环境群体性事件的对抗程度明显高于其他群体性事件。2005年,浙江农村连续发生了三起大规模暴力环境抗争事件,2007年,厦门、北京、上海等城市先后爆发了大规模的环境集体行动,我国环保类型的群体性抗争已经进入凸显期。

笔者发现,此类事件多发生在人口密度较大的都市,人们受教育程度高、能而且善于表达自己的观点,同时对自身的保护意识十分强烈,对于公民权利的主张有热情有斗志。笔者"以厦门PX事件"为例,查看在这场没有硝烟的对抗中,抗争性话语是如何生成扩散的:6月1日前,聚集信息通过手机、计算机、博客扩散。6月1日,万余名厦门市民按照前期消息集合大散步。他们无组织有纪律，不仅没有留下一点垃圾，而且按约定，经过学校、医院时不喊口号，保持安静。所有的诉求与口号不跑题——“只谈 PX”。以至于此次事件后来被视作中国“新社会运动”的范本（孙玮，2007），不无其道理。游行中的标语、口号还有一些行为（艺术），都是前期准备好的。厦门市民公共素质之高，长年竖起天线就可收到台湾地区电视节目，市民无形中对议会政治、游行抗议并不陌生，事件的组织、话语的争夺自然游刃有余。

事件发生前期，人们通常通过短信、家园论坛（以居住小区为单位建立起来的网上线上交流平台）的方式发布信息，发表自己的看法，寻找同盟与支持者。如果事件突然，短信则充当了最佳传播途径，话语中以“拯救”、“保卫”、“一旦，就会”等性质词语出现，一方面强调污染源的非法或者不合理性，另一方面鼓舞市民，用较少的文字突显事件的紧急及与市民生活的紧密相关。这类话语一般只需要两天时间便会在市民中广泛流传，士气高涨，市民会在接下来的时间通过各种途径密切关注相关污染项目的发展，积极参与事件的讨论，从在线到线下，形成舆情压力，带动各种媒介形式跟进报道，从而增加话语对抗胜利的可能性。

事件发生阶段，此类事件的最大特点就是有理有序、口号标语一致。一般会采取非暴力的方式，如散步、静坐等，人们事先统一口径。譬如上海磁悬浮事件中的“保卫家园”、浙江海宁“骚乱”中的“打倒晶科”，使用简单的字眼，朗朗上口，让人一目了然且目标明确。事件中，游行队伍会散发传单，不知情的市民根据自身情况参与其中。厦门事件中“要求停建，不要缓建”“爱护厦门，人人有责”“不要毒气、还我厦门”就直接反映了大家的疾苦与诉求，将本地民众的共同利益置于最高点，将环境保护的必要性一再强调。在大连事件的抗争性话语中，则开始出现恐怖字眼的标语口号，譬如“原子弹”、“畸形”、“白血病”等，一方面突出环境污染将带来的原生态的破坏，另一方面将这种破坏的影响形象化、具体化、对比化，让人们以一种直观的理性态度来对待这场将会由环境污染带来的事件。除却口头、标语等的显性展示外，行为艺术也是近年来环境保护事件中的又一话语呈现方式：在厦门事件中，人们头戴防毒面具，手臂上系着黄丝带，这是一种身体语言的表达，也是对口号和标语的补充，是一种歇斯底里的抗争形式。

2. 权益维护类

近年来，越来越多的权利受害者选择群体性事件获得支持，是因为他们无法获得问题的解决。也是因为正常维权通道的缺失或堵塞,才导致此类群体性事件的发生,事件中的话语争夺具有鲜明特点。

以维权接力和教师静坐事件为例,事件中没有出现任何口号和横幅,作为知识分子的教师与维权人士以"静"为依托,将自己的话语诉求凝结到"绝食"和"静坐"两种行为方式上,以无声化有声,话语对抗持续进行。在2011年年初的"茉莉花事件"中,人们的口号是"我们要食物、我们要工作、我们要住房、我们要公平、我们要正义"。事件发生过程中无人高喊,但已普遍被人们所认同,成为最主要的利益诉求,这种具有普世价值诉求的口号一旦形成,必会激起人们的共鸣,产生大范围的影响。在保护藏语游行、南京梧桐事件、广州撑粤语事件中,话语的种类更是贴近人们的生活,"还我合法权益,维护母语使用"、"爱我古都,保卫梧桐"、"听不懂就回乡下"、"齐撑粤语大行动"、"♡"将朴实的情感需求融入于事件中,以达到呼唤真爱、还本清源的目的。粤语和藏语之于广东和西藏来说,都是一种源远绵长的情感寄托,以游行的方式支持母语的存续,这种基于地域的话语特点也是真性情的表现。

在话语库中,合肥学生游行中"《新安晚报》,胡说八道"、"太石村罢免事件"中"绝食抗议番禺区民政局破坏《中华人民共和国村民委员会组织法》的违法行为"、"通钢事件"中"建龙滚出去"等标语口号的运用在事件发生中有着明确的诉求对象,《新安晚报》、民政局、建龙则是事件参与人员一致讨伐的对象。在此类事件中,我们发现行动者将口号与标语分为几种,分别运用到事件发生的不同阶段,已达到预期的效果。这种策略的运用,在其他事件中并不常见,可谓是维权事件中的典型特征。

"石首事件"中"在烧毁的酒店内地底发现三具身份不明的骸骨,怀疑受害人是因揭发酒店贩毒等非法行为而遭杀害灭口"、联建事件中"正己烷中毒,受影响的员工共47名,其中轻度36名,中度10名,重度1名",此类话语则和其他种类群体性事件中的话语作用相似,在事件的初期成为民众质疑权威、意志动摇、情绪激动的催化剂,让人们在情感追求上达到高度统一,形成共振,以利于诉求的表达,引发群体亢奋,达到预期目的。

3.征地收购下岗补偿类

将这一类群体性事件定为"征地收购下岗补偿类",在于"钱"与

"权"成为事件发生的重要冲突缘由,因此讨论起来具有代表性与概括性。这其中包括:下岗安置——失业职工、库区安置——移民、权益受损——企业职工、征地补偿——失地农民、收购补偿——普通民众、讨薪——外来工。笔者还发现,在此类维权事件中,很大一部分主体是农民,是生活在底层、话语权被削弱、被称为"弱势群体"的农民,他们的利益主张得不到伸张。

此外,与"钱"有关的另外一个群体就是"外来工"。广东佛山总工会调查数据显示,外来工欲通过群体性事件维权的人高达45.43%,认为"事情闹大了就会解决"的人有16.34%。该调查还显示,外来工虽维权意识增强,但选择维权路径却十分有限。而工会干部维权不到位,甚至不敢维权,是工会维权职能难以发挥的瓶颈。

在此类事件中,人们通常会有明确的经济需求,或者是本该拿到的补偿没有了,或者是本该兑现的承诺不见了,放在国有外资企业中,则是下岗安置、企业转型没有照顾到最广大人民的根本利益,既得利益者贪污腐败,造成群起而攻之的局面。这其中,作为抗争性话语的标语往往色彩鲜艳,"打倒贪官、打倒腐败"、"高物价、高房价、低遣散"、"还我祖先耕地"等标语口号的运用既是对自我渴望的呐喊,也是底层人民希冀的一种挣脱,将本该是常态的事情突出化,强调其在本阶段的特殊性,即常态异常,生活得不到保障,反映了劳苦大众的集体呼声。

流言方面,陇南骚乱中"那边(政府)出动了大批武警'镇乱',造成100多人重伤,200多人被捕,据说有人死亡",南京华飞工人示威中"听说抗议中有人受伤了,一个孩子,十多岁,还没出院,听说伤得好重,出手真够狠",云南文山警民冲突中"政府与紫金矿业互相勾结,才会让我们得不到补偿与安置",东洲事件中"共有三人死亡、八人受伤,其中三人重伤,死伤者均为东洲坑村人"等在事件中则起到推波助澜的作用,一方面明知是揣测不敢肯定,另一方面又希望自己通过话语的传递成为对事件"了解"的人,这种矛盾的心理让此类事件的话语传递更富有戏剧色彩,将群发性事件的特点放大,如暴力、冲击、残酷等,以达到集体在话语权上的磨合统一。

4.地区骚乱、民族冲突

在中国大陆都市与沿海地区经济快速发展的过程中,位于中西部的许多少数民族地区发展仍然滞缓。同时,乡村和二级城市充斥着因为来源地居民生活习惯不同导致的纠纷;讨薪和地区间自我认同的差异也使小范围的地区稳定显得日益紧张。

在分析此类骚乱案例后,笔者发现,这类事件更符合群体性事件"突发"的特点,以西藏和新疆的几起暴力恐怖事件为例,事件多是由境外分裂势力策划形成,较少口号、极少标语,甚至没有谣言的生成。他们顶着"疆独"和"藏独"的旗号进行宣传动员,最简单的话语对抗就是"言论的自由",以"独立、民主、自由"为诉求打砸抢烧,以达到破坏社会稳定、分裂边疆地区的目的。新疆"7·5事件"的缘由可以追溯到旭日玩具厂的械斗事件,而这场械斗的起因,一方面由于大部分在外的维吾尔族语言不通,生活习俗不同,导致部分民众对普通维吾尔族存有积怨及误解;另一方面,则是谣言"众口铄金"、"真假难辨"的话语特点造成。

在中牟县回汉冲突和讨薪引发的古巷骚乱中,谣言还成为推动事件发展的"助推器"。"一名回族出租车司机杀死一名汉人,死者家属要求赔偿未遂而酿成一场不该发生的重大惨案"、"部队开枪暴力镇压骚乱群众"将人们的疑虑给予了满意"解答"。古巷事件中的熊汉江因讨薪受伤的事情流传得很快,受伤的版本从"砍伤"一路演变成"挑断手筋脚筋",甚至发展成"一只脚的脚筋被抽出"。谣言随着事件的发展不断扩散,成为人们判断事件起因、揣测实力对比的重要依据,这场基于不确定话语基础上的博弈在事件还未发生就已经开始,并随着事态的变化不断"变异",衍生出更多的流言、谣言,使得事件发展扑朔迷离。

5.反日示威

近年来,我国与日本的关系十分微妙。围绕历史事件,两国民间众说纷纭。2003年、2005年、2010年的几起大规模反日游行示威活动将国人对日的激愤情绪推到了高潮。从"珠海买春事件"到"西安留学生演剧事件",再到全国27个城市联动发生的"反日示威",中国人民在一次次的反日事件中体现出的话语策略也发生着变化。

针对搜集到的三次反日事件,均是以大学生和市民为主体进行的,这与各地高校作为接收外国留学生的主要场所有直接关系。事件的发生规律是日本人的辱华行为在高校中发生,继而被发现,肇事者不思悔悟,中国人义愤填膺举行示威讨伐。2003年的游行示威是经典案例,日本留学生的公然辱华,在高校中首先上演,被中国学生发现并且强烈抗议，辱华日本人不思悔改、态度强硬，接着发展成为规模大、范围广的群体性事件。在此类事件中，示威参与人员多是抱着对祖国的无限热爱之情，对于日本人的傲慢与错误做法感到愤怒，从而“怒发冲冠”严厉批评、集体讨伐的。与环保事件不同，反日事件中的抗争性话语充满了爱国主义情怀与对日本民族的严厉谴责，同时将对日本的反感联系到日本产品上，“抵制日货”成为各地事件中响亮的口号。在“钓鱼岛事件”与日本教科书事件中，日本的错误做法更是让中国人民感情上受到严重伤害，人们在示威中焚烧与践踏日本国旗，到日本领事馆抗议、递交抗议书等行为也是普通群体性事件中难以见到的。在得知日本申请加入联合国常任理事国的消息后，中国人民更是气愤。在全国 27 个城市举行了联动抗议，抗争性话语在此时转化成身为中国人的骄傲，游行民众高唱《义勇军进行曲》，以表达对日本忘记历史的谴责和对祖国日益强大的自豪。这在所搜集到的其他事件中绝无仅有，是一种抗争性话语的典型体现，在话语权对抗的游行中，高唱国歌则代表了示威者最坚定的立场与坚守的信念。

近年来的反日群体性事件，都是自下而上的群众性话语抗争与博弈，一方面表现出了国人强烈的自豪感，和对历史事件还原的重视；另一方面则反映出了此类事件背后的抗争性政治，成为区别于其他类型事件的显著特征。

6. *群众与政府人员冲突*

本类事件是由于一些地方政府部门和执法机关在处置一些民事纠纷或刑事案件时，没有秉公处置，引发民众对公权力不信任，导致社会怨气积聚，小事件酿成“大灾祸”引发冲突。

长期研究群体性事件的中国社科院农村所研究员于建嵘认为，此类由政府与人民之间冲突造成的群体性事件，在表现形式和深层原因上有其共同特点。“第一，群众利益长期受损，多年矛盾积蓄难解。第二，处置方式不当，作风粗暴，滥用警力。第三，信息不公开，导致政府公信力缺失，矛盾激化。”

在分析此类事件的抗争性话语时，笔者发现，围绕事件的整个过程，谣言与流言成为引发与推动事件发生发展的重要因素，人际传播在事件中起着关键作用。事件中的人们会“接收”信息然后根据自己的见闻进行“加工”再“传递”给他人。在增城事件中，“孕妇王联梅的老公唐学才被活活打死”；在瓮安事件中，“元凶是瓮安县委书记的侄女，另外两个参加行凶的男生和当地派出所所长有亲戚关系。又有传言说元凶是副县长的孩子”;在万州骚乱中,“宣称自己是国家公务员，出了什么事情都可以花钱摆平”;在上海九亭事件中,“群众的头被警察用脚踩在地上，把群众拉到警车上衣服扒光打得遍体鳞伤”。这些事无巨细的描述在极短的时间内人尽皆知，参与者根据自己所见所闻还原事件“本色”,推动事件发展，在产生对伤亡百姓怜悯的同时，对当权者和行政执法人员的蛮横也充满了愤怒，这种由于资源分配不公造成社会地位上的不对等带给底层百姓的冲击是非常严重的，最终造成了冲突事件的发生。此外，国家政策的层层下放，本来是出于全体人民的长远利益考虑的，但没有想到一旦涉及摊派，就会性质逆转，成为伤害政府与人民感情的首要原因。在博白计生事件中，作为国策之一的“计划生育”在当地的执行却发生了原则上的转变:“县政府有摊派，每个镇必须完成规定的结扎人数和罚款金额”的说法迅速蔓延，人们相信空穴不来风，出于对自身权利的争取和对执行者暴力执法的无奈导致了最后骚乱性事件的发生。在黔西骚乱中,“他们不打行人的，砸警察那个警车”的说法让更多的人出于民愤参与到事件之中，这使得话语成为事件的“助推器”,成为话语在抗争性政治中的典型体现。

骚乱的发生在笔者看来是一种转型期社会的必然现象，在造成了人财两失的同时也达到了揭露真相、还原真实面目的效果。在利川事件中,“李伟要收拾冉建新”的说法和“得罪领导，惨遭暗害”的标语为事件真相的还原起到催化作用;在钱云会事件中,“浙江乐清一村长遭撞死，传被5人按住碾死”这个说法也是集中表达了人们对钱村长死因的质疑与对真相揭露的期待。相对于官方的“车祸致死”说，民间的“谋杀”说被更多的人所传递。作为一种与公权力的对抗，底层人民用自己的口头复述、口口相传，将政治对抗转化为话语权对抗，并愿意为之坚持到最后。

值得关注的是，瓮安事件中关于李树芬死因的报道，让“俯卧撑”成为了年度热词,《南都周刊》将“俯卧撑”评为年度表情。它来源于贵州省公安厅新闻发言人对瓮安事件中女学生溺水死亡细节的描述，所要表达的具体含义，带有调侃语气，但寓意更丰富，表达了对时事不关心、不评论，只做自己事的态度。在事件后来的发展中，逐步衍生出了新的含义:一是表示对某种说法，尤其是公开发表的说法的不信任;二是表达对某种事情的不满又无能为力的态度。我们可以看到，在这场“后瓮安事件”的话语对抗中，对于社会不公尤其是行政不力激起的社会不满才是“俯卧撑”形成的真正原因。这种词语来源于官方主流话语管道，通常以某一具体社会事件为背景，但是原有的解释往往具有内在的逻辑错误，令人匪夷所思，难以接受。在这种情况下，民间的话语体系出于对事件的无奈与质疑在与官方话语体系的博弈中产生了如此一类的热词。归根结底是政治对抗，也是话语博弈。

(二)群体性事件发展规律中的话语表现

根据对前述六种群体性事件的总结，笔者大致整理出一般群体性事件的发展规律，如下图所示：

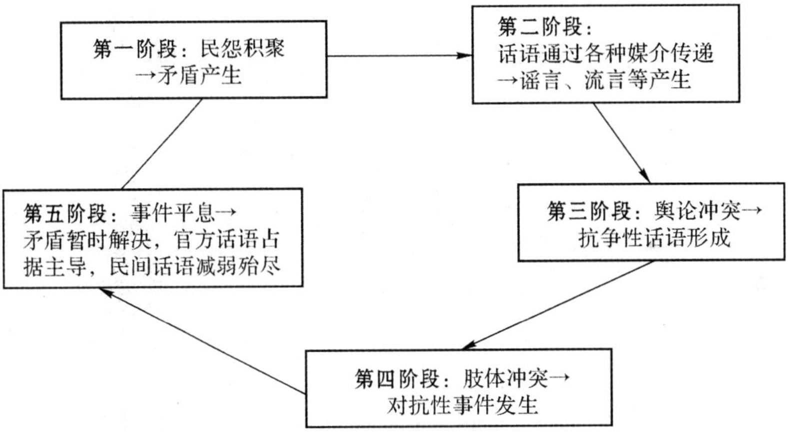

图 1

美国学者 James C. Scott 认为，“贯穿于大部分历史过程的大多数从属阶级极少能从事公开的、有组织的政治行动，那对他们来说过于奢侈”。弱者的反抗、群体性事件的发生，往往是以“日常”斗争的形式开展的，因为他们对改变宏大国家结构和法律缺乏兴趣，他们关注的主要是如何在既有的制度结构下，有效维护自身的利益。然而，利益主体多元化格局和社会分配不公导致的贫富分化加剧使得民怨积聚，矛盾从而产生。这时，各种流言、谣言通过短信、论坛、口口相传等的形式迅速扩散，话语对抗与政治博弈开始显现。当民间话语体系到达高峰时，官方话语体系已开始运作，报纸、电视、广播无处不在，而此时的信息不够透明、公信，于是舆论冲突产生，(微博)话语对抗正式形成，抗争性话语通过各种管道呈几何数量扩散。这时民愤达到极点，言语冲突转化为肢体冲突，群体性事件一触即发。政府维稳，争取话语权的工作继续进行。紧接着，事态得到转变，政府或同意群众要求，或接受代表主张，民间怒火渐弱，话语体系崩落，官方话语占据主导，事件慢慢平息。

在事件发生发展的全过程，以流言和谣言（同时包括事件发生过程中的口号、横幅、标语、行为等）为代表的“弱者的武器”（Scott，1966）通过各种途径迅速流传，导致事件发展的五个阶段环环相扣，话语在事件的发展过程中不断升级、变异，直到事件“解决”后利益主张得到满足，才消失殆尽。笔者在第五阶段与第一阶段间建构了联系，但没有指向，这是一种隐形关联，一个事件的结束或许即将成为另一个事件的开始，这很难判断。

（三）不同种类事件话语在传播过程中的异同

不同种类群体性事件的话语在发生过程中有着不同的传播倾向，譬如环境保护类的在线线下互动、民族冲突类从一开始就伴有浓烈的言语诋毁与种族仇恨。我们发现这些特点在同类事件中反复出现，形象勾勒出建立在事件利益诉求基础上的抗争性话语和政治形态。

此外，在对话语库进行横向对比的同时，笔者还将事件种类、话语类别、发生阶段作为三个因素放入纵向维度进行考察，发现了新的特征：

表1　各类事件在传播媒介上的差异性

种类 类别	口号	横幅	标语	行为	短信	BBS	流言	谣言
环境保护	√	√	√	√	√	√	√	√
权益维护	√	√	√	√	√	√	√	√
征地收购下岗补偿	√	√	√				√	√
地区骚乱民族冲突	√			√			√	
反日示威	√	√	√	√			√	√
群众政府人员冲突							√	√

由上面的表1中可以看出，各类事件在传播媒介上有着明显的差异性，在环境保护类和权益维护类中，七种形式的话语传播媒介全部覆盖。与其他类别相比，短信与BBS的运用则成为此类事件差异化的重要特点，这与参与主体有着密切关系，城市市民、下岗职工，还有相当数量的人民教师，使得此类事件在前期策划、中期准备、发生发展、

后期商榷的整个过程都有着精准的定位和合理的表达，对于事件的快速解决有着事半功倍的作用。征地收购下岗补偿类的话语形式主要是口号、横幅、标语、流言、谣言，此类事件有着长期的根源与利益冲突，事件之前往往已经有着一年甚至几年的积聚过程，因此，行动并不具有集中性的差异。在事件过程中，此类事件遵循的也是最普遍古老的手段方式进行，基本没有什么创新之处。在地区骚乱民族冲突事件中，口号、行为和流言是最主要的传播手段。此类事件的参与主体是在极个别分裂分子的鼓动下参加了事件的发生，本性并不坏，采取的方式也是十分简单的。在反日示威中，由于话语库搜集到的事件多是以学生为主体组织发动的，因此在此类事件中，话语传递形式还是比较多样的，但是由于时间早和事件突发的原因，此类事件中没有出现短信和BBS的形式。群众政府人员冲突事件中，在话语库的建立过程中发现，此类事件多是由口角相争、执法不当引发，事件发生原因简单，责任方多是政府部门或者工作人员，此时围观群众出于对政府腐败与执法不公的愤懑参与其中，本着泄愤的心情加入人群。这时候，人们基本上互不认识，事件当事人也未曾料想会有如此多的围观群众。于是，陌生与陌生之间只有流言和谣言可以进行顺畅的扩散，标语横幅根本来不及制作，更不用说短信等形式。流言和谣言在此类事件中是一剂催化剂，推动着事件在短时间内积聚爆发。

表2　各类事件中抗争性话语在不同阶段集中程度的差异性

种类＼阶段	第一阶段	第二阶段	第三阶段	第四阶段	第五阶段
环境保护		√	√	√	
权益维护	√		√	√	
征地收购下岗补偿	√		√	√	
地区骚乱民族冲突	√			√	√
反日示威		√	√	√	√
群众政府人员冲突	√	√	√		

由上面的表2中可以看出，六种不同种类的群体性事件，在各个阶段都有着不同集中程度的话语表达：

第一阶段：民怨积聚，矛盾产生。此时，权益维护、征地收购下岗补偿、地区骚乱民族冲突、群众政府人员冲突类型的事件，话语集中程度非常高，抗争性话语通过各种形式不断扩散，这是事件的第一阶段，也是为事件的展开做铺垫的最佳时间,因此,多数事件在此阶段就有着较为集中的话语传播。

第二阶段:话语通过各种媒介传递,谣言流言等开始生产。环境保护、反日示威、群众政府人员冲突类型的事件,在此阶段话语集中程度较为明显。这时候是谣言和流言开始生产的阶段,作为一种典型的话语传播形式,此阶段是话语抗争的襁褓阶段。

第三阶段:舆论冲突,抗争性话语形成。此时,除却地区骚乱民族冲突种类的事件外,其余五类事件在话语传播上均出现明显的剧增现象。环境保护中对生命健康的尊重、权益维护中对人类基本权利的重视、征地收购下岗补偿中对应的利益强调、反日示威中对爱国情怀的颂扬、群众政府人员冲突中对粗暴执法的抗争都成为话语传播中的主要诉求点与抗争着力点。

第四阶段:肢体冲突,对抗性事件发生。此阶段大多有着较为集中的话语表现,群众政府人员冲突在肢体冲突上更加激烈,发生时间很短,因此不像其他五种类型有着充裕的时间在肢体冲突的同时齐头并进地保持着话语上的抗争,话语类别上表现单一,数量也比较少。

第五阶段:事件平息,矛盾暂时解决,官方话语占据主导,民间话语渐弱殆尽。此阶段抗争性话语还有集中表现的只有地区骚乱民族冲突与反日示威两种事件类型。受着民族与地区居住等各种潜在因素的影响,此类事件的话语抗争也会存在较长一段时间,方式也多是简单的行动和平常生活中零零碎碎的口耳相传。

表3 不同传播媒介的抗争性话语在不同阶段集中程度的差异性

种类 类别	口号	横幅	标语	行为	短信	BBS	流言	谣言
第一阶段							√	√
第二阶段					√	√	√	√
第三阶段	√	√	√	√			√	√
第四阶段	√	√	√	√			√	√
第五阶段				√			√	√

此外,不同传播媒介的抗争性话语在不同的阶段也有集中程度上的差异。首先,由表3中我们发现,谣言和流言作为典型的话语形式在群体性事件的每个阶段都会出现,他们贯穿于事件发生的始末,或者是口头相传,或者是道听途说,总之,这种最廉价的信息载体从未减

弱过；其次，出现数量比较多的是行为(艺术)，主要出现在第三、四、五阶段，这时候，舆论发生正面冲突，抗争性话语形成；再次，横幅、标语、口号则似乎连带成为了一个媒介信道，在第三、四阶段比较集中，这时候会出现肢体冲突，对抗性事件发生；最后，我们应该注意的是短信和BBS这两种新媒介环境下的传播工具，它们主要出现在事件发生的第二阶段，这时候话语通过各种途径传播，谣言流言等开始生产，建立在地域联系基础上的人们通过家园或职业论坛(建立在同一小区或同种职业基础上的论坛)进行信息的传播与扩散。此时，政府还未采取信息屏蔽与封堵措施，大量的话语通过小小的字节和比特单位传递出去，为事件的发生起到聚集作用。

五、总结与讨论

美国学者塞缪尔·P.亨廷顿曾指出："现代性孕育着稳定，而现代化过程却滋生着动乱。"赵鼎新也认为：一个社会如果变迁规模很大，且这些变迁所带来的社会变化不能被及时消化(即所谓"制度化过程缓慢")，就很容易发生社会运动和革命。我国在求平稳促发展的过程中始终坚持"和平解决"方针，群体性事件是无法避免的，是社会发展过程中的小波折，我们唯有尽可能降低其发生频率，而不能做到完全避免。

在分析过程中，笔者对比以往群体性事件中的话语生产与传播形式，发现在新的媒介环境下，民间话语体系出现了一些新的特征：

(1)事件发生时，抗争性话语以群众基本利益为主，形成有利于己方的话语优势，争取更多群众参与，此时的话语结构简单，普罗大众。"领头者"为扩大事件影响力，往往邀集更多人员加入以提高声势，特别是一些特殊利益群体，为了达到自己既定的利益目标，往往相互串联。这时，他们会找准普通百姓的普遍诉求，以此为着力点喊口号、做标语、造谣言，形成有利于己方的话语优势，争取更多的群众参与，如"我们要权益，我们要生存"。

(2)参与者的诉求指向愈发清晰，事件中的话语表达方式愈发激烈，他们认为只有将事情闹大，才能引起社会的关注，才可以将问题解决。这类事件中的抗争性话语充满了火药味，往往"以死相逼"，如"千人下跪"事件中的行为，尽管事件中的百姓是利益受害者，但是正由于他们软弱的性格才会让这种毫无商量余地的话语对抗更加激烈。

(3)事件群体划分更加清晰,话语诉求表达一致,具有天然的模仿性。城乡群体性事件的多发与行业性扩散,使得不同指向对象的事件具有了权利争取的一致性,从而导致了话语表达的延续性与模仿性。工人以企业管理者为主要抗争对象、农民抗争以要求补偿受损利益和实现村民自治为主要内容、受环境污染的市民要求以环境保护为中心议题。这些是不同种类事件的具体表现,具有一定的代表性,往往会被后来相同主题事件的参与者模仿。

(4)组织程度高、经济矛盾趋向政治化,话语对抗反映政治对抗。越来越多的群体性事件发生具有了前期的组织性,并且出现跨区域、跨行业串联声援的倾向。尤其是那些参加人数多、持续时间长、规模较大、反复性强的群体性事件事先都经过周密策划,目标明确,行动统一。此类群体性事件的政治色彩日渐明显,带有明确的政治主张,这一点在民族冲突事件中的民间话语体系中得到了体现。

话语作为一种自我主张的表现形式,一直受到游行示威事件发动者的青睐,不知不觉就会以各种形式加以使用。在中国社会大变迁以及社会各阶层联系"断裂"的大背景下(孙立平,2007),在这场民间与官方话语体系的对抗中,抗争性的民间话语体系所呈现出的多样性与复杂性是官方难以预测的,成为左右事件产生发展的重要因素。我们看到,在这场没有硝烟的斗争中,民间主体的抗争性话语不仅具有内容上的相似性,多种话语表达在形式上还会综合作用,建构出一种动态意义上的策略框架,在事件的动员方面与成员的认知方面发挥着至关重要的作用。

本文的不足之处有以下几点:

本文语境下的群体性事件范围限定太过宽泛,涉及种类过多,导致了总结概括上的较多例外情况,譬如政治、宗教方面的群体性事件,在我国属于少数,只发生在特定地区,需要具体讨论,代表性不大。

由于部分群体性事件信息在国内遭到屏蔽,因此数据收集是由软件在国外网站抓取,这部分内容一定程度上带有偏激色彩,并不能完全保证内容的中立与信息的有效。

以上不足,会在日后的研究中加以弥补,最终希望探讨出较为完整的研究结果,从而全面概括我国群体性事件中抗争性话语的基本特征与发展规律。

[参考文献]

[1]陈先兵.维权话语与抗争逻辑——中国农村群体性抗争事件研究的回顾与思考,北京化工大学学报(社会科学版),2010.

[2]胡泳.谣言作为一种社会抗议,传播与社会学刊,2009.

[3]刘晓燕,丁未,张晓.新媒介生态下的新闻生产研究:以“杭州飙车案”为个案,深圳大学学报(人文社会科学版),2010.

[4]刘炳君.农村群体性事件成因的法社会学求证,政法论丛,2005.

[5]刘子富.新群体事件观:贵州瓮安“6·28”事件的启示,北京:新华出版社,2009.

[6]乔琳琳,高一琴.农村群体性事件的成因及解决对策,企业家天地,2008.

[7]权姣.6·28瓮安事件与信息公开——关于群体暴力事件的分析,东南传播,2008.

[8]孙立平.1990年代中期以来中国社会结构的裂变,天涯,2006.

[9]孙玮.“我们是谁”:大众媒介对于新社会运动的集体认同感建构——厦门PX项目事件大众媒介报道的个案研究,新闻大学,2007.

[10]王彩元等.群体性治安事件紧急处置要领,北京:中国人民公安大学出版社,2003.

[11]徐乃龙.群体性事件的预防与处置,北京:中国人民公安大学出版社,2002.

[12]于建嵘.当代中国农民维权组织的发育与成长——基于衡阳农民协会的实证研究,中国农村观察,2005.

[13]于建嵘.有一种“抽象愤怒”,南风窗,2009(18).

[14]于建嵘.抗争性政治:中国政治社会学基本问题,北京:人民出版社,2011.

[15]赵鼎新.社会与政治运动讲义,北京:社会科学文献出版社,2006.

[16]赵为学.论新闻传播学话语分析理论的建构,上海大学博士学位论文,2008.

[17]周保刚.社会转型期群体性事件预防、处置工作方略,北京:中国人民公安大学出版社,2008.

[18]周忠伟.群体性事件及处置,南昌:江西人民出版社,2006.

[19]周裕琼.伤城记:深圳学童绑架案引发的流言、谣言和都市传说.开放时代,2010(12).

[20]周志家.环境保护、群体压力还是利益波及——厦门居民PX环境运动参与行为的动机分析,社会,2011(11).

[21]朱永生.话语分析五十年:回顾与展望,外国语,2003.

[22][法]勒庞.乌合之众,北京:中央编译出版社,2004.

[23]Scott J C. (1985). Weapons of the weak: Everyday forms of peasant resistance. New Heaven, CT: Yale University Press.

The Analysis of Protest Discourse in Mass Incidents

Qi Fapeng　Chen Lina

Abstract: In recent years, many mass incidents occurred in China; it's not only the fight for the right to speak, but also the manifestation of protest politics. The paper takes 46 mass incidents between 2003 and 2011 as the viewing point in mainland China, comparing six different types of mass incidents in discourse performance, the formal features and benefits demands by the methods of literature review, content analysis and discourse analysis. Via the interpretation process, the author summed up the similarities and differences of mass incidents in various times and spaces, even the new features of protests discourse.

Keywords: mass incidents, protest discourse, rumors

关键词分析

KEYWORD ANALYSIS

网络民族主义：现实与想象的冲突

——中国网民关于抵制《功夫熊猫》的争论启示

肖　珺　郑汝可

摘　要　从国家、政府层面探讨网络民族主义有其现实合理性，因为，在网络普及后，已经出现过太多被国家神圣化的民族主义，然后又通过宣传、鼓动扩散到公民中，进而塑造反对外来者的民族认同。但本文质疑的是，有没有独立于国家实体的网络民族主义呢？如果有，它在当代中国又表现出何种特质？本文基于对独立于国家实体的网络民族主义的关注，主要分析当下中国文化民族主义的纷争。为更集中地进行深入探讨，本文聚焦 2008 年、2011 年发生在中国的抵制《功夫熊猫》系列电影事件和由此引发的中国网民讨论。本文试图揭示在这场文化民族主义话语的网络讨论中，中国网民是否赞同网络民族主义的话语表达？同时，在网民围绕文化霸权等讨论中，是否存在民族主义的话语？本文论证两个研究假设：中国网民对《功夫熊猫》存在网络民族主义的解释框架；网络实现的全球化观点市场促使文化融合成为必然趋势。研究证明，两个假设全部成立，同时，本文发现：(1)中国网民对文化民族主义具有自身的辨析能力。(2)文化是一个动态的过程，不应该仅做静止地考虑。(3)在全球化以及新媒体的语境下，文化的融合呈现出一种新形式，文化不再是单一的有强势文化向弱势文化的输出，更多地体现为双方互相容纳吸收的一种博弈过程。(4)由于经济强势的文化在跨文化交流中仍然占主导地位，对于文化商品的讨论中，网络民族主义在一定程度上存在。

关键词　网络民族主义；功夫熊猫；文化霸权；文化融合

作者简介　肖珺，博士，副教授，武汉大学新闻与传播学院网络传播系，E-mail：xiaojunemails@gmail. com；郑汝可，硕士研究生，武汉大学新闻与传播学院。

该文系国家社会科学基金项目“媒介融合对新闻传播的影响研究：新技术环境下如何提升中国新闻网站的国际影响力”(09BXW019)的系列成果之一。

全球化的资本主义市场体系加快了信息文化传播的商品化过程,网络及各类数字新技术应用的普及进一步推动全球化和信息商品化进程,网络社会的崛起已经重新构筑我们的世界,我们的生活。但,真的存在地球村中的"我们"吗?

浸润于全球化的中国自20世纪90年代中后期以来进入高速发展期,其社会结构、经济体制、文化形态和生活方式的全方位转型不仅对内滋生许多新问题,也同时导致了世界体系结构性的变迁。多年来,中国与西方社会在人权、新闻自由、经济利益等领域之间冲突不断。冷战结束后,国际冲突的战略中心开始转移,中国日渐上升的经济、政治地位使其越来越多地卷入国际性、地区性冲突,并越来越多地成为各种全球化矛盾和争斗的中心。一系列冲突性的变化不仅考验政府的执政能力,同时也不断加深中国公众的焦虑和不安,国家安全、中国身份、民族独立、文化自主等始终是网民意见交锋的热点,2008年发生的抵制美国CNN行动,以及多年来未曾停歇的抵日言论和集体动员等,都表现出民族主义在网络空间的流行与勃兴。近年来,不断出现的中国网络民族主义事件加剧了其他国家的忧虑,印度国防分析研究所副研究员2008年撰文称:"中国出现了数以百万计的网络大军,影响辐射全球",而中国政府"能以最小成本将全球范围内的人联合和动员起来",削弱和折磨他国心理,进而施加足够压力,"这种新出现的民族主义具有强大、有时甚至是危险的力量,它可以被视为中国心理战一部分"。① 这类观点相信,中国政府通过网络、媒体等的战略性宣传驾驭公众的看法,挑动尖锐而敏感的民族情感,进而将网络民族主义话语延伸为现实的社会行动。

从国家、政府层面探讨网络民族主义有其现实合理性,因为,在网络普及后,已经出现过太多被国家神圣化的民族主义,然后又通过宣传、鼓动扩散到公民中,进而塑造反对外来者的民族认同。但本文质疑的是,有没有独立于国家实体的网络民族主义呢?如果有,它在当代中国又表现出何种特质?

① [印]阿班迪·巴达恰亚:《中国网络战士对印度构成挑战》,汪析译,香港《亚洲时报》2008年11月27日,转引自 http://post.news.tom.com/AC000AFA1236.html。

一、文献综述

民族与民族主义是非常复杂的议题，人们容易感知，但却苦于解释，其主要原因在于，它们总是关涉到人，这一最难把握的主体。

“民族”(nation)一词来自拉丁文，最初与人的出生，即土地和血缘密切相关，逐渐发展为种类、种族和人群，现代汉语中，“民族”一词由两个表意字组成：民和族，也都是按照家庭的隐喻而表达出来的。[①] 对民族概念的强化，来自于政治经验、宣言与战斗的实践积累，它在个人原则与集体原则间建立了某种依赖关系，成为集体共同的意志。“民族首先是通过国家进入历史进程之中的。二者构成一个共生体，民族是生命体，国家是组织者。”[②]民族具有生物性、自发性的特点，国家则表现出意识形态的导向性和计划性。美国学者安德森创新地将民族与媒介进行了关联性研究，他认为，18世纪初兴起的小说与报纸为重现(re-presenting)民族这种想象的共同体提供了技术的手段，“民族”作为“想象的共同体”最初而且最主要是通过文字(阅读)来实现的，“它是一种想象的政治共同体——并且，它被想象为本质上也是有限的，同时也享有主权的共同体”(安德森，2005)。安德森的研究指明一个趋势，媒介技术的发展会强化或者削弱民族认同。

“民族主义”一词则清楚地指向意识形态，在研究层面上，它指专门研究民族问题的理论；在实践层面上，它指代将民族神圣化的态度或行为，通常表现为极端的排他性。“1836年，英语中首次使用‘民族主义’，它当时是以神学用语出现的，指某些民族成为上帝选民的教条。此后，该词逐渐倾向等同于民族自大和自我为中心。”(史密斯，2006：6)法国思想史研究者吉尔·德拉诺瓦指出，民族主义总是无法脱离四种思想框架：表达对衰落的恐惧，比如民族存亡，有时甚至是臆造的存在；表现对现实意识形态的反抗，试图赋予民族更多的重要性，实现民族的再生；表现出个人与集体间的有机体论，即，个人的一切都因民族而生，进而产生

① 整理自：[法]吉尔·德拉诺瓦：《民族与民族主义》，郑文彬、洪晖译，三联书店2005年版，第3-6页。

② 整理自：[法]吉尔·德拉诺瓦：《民族与民族主义》，郑文彬、洪晖译，三联书店2005年版，第66页。

为集体献身的民族情感；民族主义是一种宣传工具，是大众政治的产物，又是其制造者。[①] 在现实生活中，民族主义与爱国主义间的关系常常容易被混淆，其实相较而言，民族主义的意识形态性更强。对民族主义者而言，有好的国家与坏的国家之分，而对爱国主义者，无论在何种情况下都要维护国家的名誉、独立和尊严，不可弃之而去。

有学者将当代中国民族主义的内外语境概况为：民族主义的历史记忆、国内社会生活实践的改变、不合理的国际利益格局、寻找政治正当性的冲动。[②] 自20世纪70年代末、80年代初开始，中国人一方面满怀对西方的憧憬，陷入扬弃民族自我的历史批评情节；另一方面，又饱含在民族大是大非问题面前以民族利益为重的主体意识。90年代，以《中国可以说不》《妖魔化中国的背后》《全球化阴影下的中国之路》三本书，开启了中国知识界民族主义的三部曲。"三部曲鲜明地体现了中国部分民族主义知识分子面临西方对中国的压力时做出直接而质朴的响应，特别是《中国可以说不》一书浓烈的民族主义情绪溢于笔端。"（王军，2011：52－53）

同样在20世纪90年代的美国，网络社会的崛起已渐入佳境，民族主义的藩篱似乎将被打破时空界限的网络推倒。1997年11月25日，美国麻省理工学院媒体实验室的教授尼葛洛·庞帝（Nicholas Negroponte）在布鲁塞尔的一个信息技术研讨会上提出："全球计算机网络的潜力实际上被大大地低估。"他预测："互联网将通过打破国家界限实现世界和平"，"今后20年，孩子们会习惯于通过点击鼠标了解其他的国家，那时，他们将不再知道什么是民族主义"。[③]可是，与他的预言恰恰相反，在互联网快速发展之际，民族主义思潮和行动找到了前所未有的活动平台和空间，发展出新的民族主义类型——网络民族主义。互联网为民族主义情感的表达提供了平台，全球化中的话语权平民化，为民族主义意识的扩散提供了前所未有的便利。"电子传播技术及其实际的创造不能响应未来'全球公民'的情感和心理需要，也不能指导他们如何应付由生活所带来的快乐、压力、痛苦和失落。"（史密斯，

① 整理自：[法]吉尔·德拉诺瓦：《民族与民族主义》，郑文彬、洪晖译，三联书店2005年版，第107页。

② 房宁、王炳权：《民族主义思潮》，高等教育出版社2004年版，第97-101页。

③ Reuters(edited by CNN). Negroponte：Internet is way to world peace http://www.cnn.com/TECH/9711/25/internet.peace.reut/ November 25，1997.

2006:141)网络民族主义的产生是人们对网络化和弹性化的一种反应，人们迫切地通过网络表达自己的民族认同，急迫地渲染这种情绪，直到被别人明确认知，网络民族主义被视为“在这个距离越来越短的、显然越来越同质、高科技的世界中的一种基本力量”(Hobsbawm,1992)①。

在中国，不少人将1998年印度尼西亚排华事件视为网络民族主义的起点，中国人开始在互联网上相互表达民族主义情绪并开展了黑客运动。2003年，被媒体称为中国网络民族主义发轫之年，中国网民针对日本持续展开攻击。而2008年奥运前夕，奥运火炬在境外传递受阻等事件也使得全球华人的民族主义情绪在互联网内外高涨。网络上的民族主义大多是“自发的，具有鲜明的青年特征，是具有爱国主义、民族特征的反应性社会运动”②。中国学者将“网络民族主义”界定为“基于互联网传播的民族主义言论、情绪和思潮，表达、鼓动民族主义情绪，制造、扩散民族主义舆论，并在某些情况下推动现实行动以达到预期目的网络传播行为”(闵大洪，2008)。甚至还会出现“基于民族主义的心态而破坏和攻击他国网站等行为”③，这些行为被认为是中国“在网络上获得了意见管道的新公民表达的集团化民族情绪以及由此形成的政治势力”④。中国互联网普及率逐年上升，2011年底已达38.3%。⑤ 技术的普及使得网络民意越来越能发挥社会干预作用，网络民族主义对政府决策思维的影响力日益加大。由于“政府对传统媒体的监管和控制，互联网成为了议程设置的另一管道”⑥。网络民族主义议题往往呈现出强烈的历史情结，“在中国，一直伴随着网络问题的一个主题相关性是自鸦片战争以来，中华民族对于暴行所承受的强烈耻辱感，这一主题一直作为对中国技术和全球化论述的基础。中国一直沉浸在作为星球上技术最先进的国家的回忆之中”(邱林

① [美]曼纽尔·卡斯特:《认同的力量》，曹荣湘译，社会科学文献出版社2006年版，第31页。

② 整理自:王军:《网络民族主义与中国外交》，中国社会科学出版社2011年版，第55—57页。

③ 王军:《网络民族主义与中国外交》，中国社会科学出版社2011年版，第36页。

④ 加藤嘉一:《什么是“网络民族主义?》，《金融时报》网站，2010年10月14日。http://www.ftchinese.com/story/001035021。

⑤ 中国互联网信息中心:《第29次中国互联网络发展状况统计报告》，2012年1月。http://www.cnnic.net.cn/research/bgxz/tjbg/201101/P020110221534255749405.pdf。

⑥ Lagerkvist J. The Rise of Online Public Opinion in the People's Republic of China. China:An International Journal,3(2005), 119-130.

川，2009：50）。

网络民族主义显然被深深地烙印上国家的标签，那么，是否存在独立于国家实体的网络民族主义？曼纽尔·卡斯特的研究指出："当代民族主义也许会、也许不会被导向建立具有主权的民族国家，因此，民族不管是从历史方面看还是从分析方面看，都将是独立于国家的实体。"他对大量网络社会运动的研究证明，当代民族主义"更多地倾向于捍卫已经制度化的文化，而更少以建设或保卫国家为己任"①。由此，吉野（Kosaku Yoshino）对于日本民族文化的分析更能解释网络民族主义的现实性与多样性：

"文化民族主义的目的是在人们感到其文化认同不足或受到威胁的时候，通过创造、保存和强化这种文化认同，来重建其民族共同体。文化民族主义者把民族看做是独特历史文化的产物，是具有独特属性的集体结晶。简言之，文化民族主义关心的是作为一个民族的本质的文化共同体的特殊性。"②

二、研究设计

本文基于对独立于国家实体的网络民族主义的关注，主要分析当下中国文化民族主义的纷争。为更集中地进行深入探讨，本文聚焦2008年、2011年发生在中国的抵制《功夫熊猫》系列电影事件和由此引发的中国网民讨论。

2008年《功夫熊猫1》和2011年《功夫熊猫2》系列影片在中国乃至全球市场成功的要素之一被归因为主打中国元素的美国式励志动画，《功夫熊猫2》更是被媒体称作"好莱坞给中国的情书"（Hollywood's love letter to China）③。可是，在熊猫的故乡，连续两次都出现了抵制的声音，其代表人物是被称为熊猫艺术家的赵半狄。赵通过个人博客、报纸广告、接受采访、政府部门呼吁等多种方式宣称：功夫熊猫的真实目

① ［美］曼纽尔·卡斯特：《认同的力量》，曹荣湘译，社会科学文献出版社2006年版，第32—33页。

② ［美］曼纽尔·卡斯特：《认同的力量》，曹荣湘译，社会科学文献出版社2006年版，第33页。

③ Nicola Davison，2011年2月2日，《每日电讯报》。http://www.telegraph.co.uk/culture/film/film-news/8931393/DreamWorks-eyes-China.html。

的只是灌输美国的文化价值观，进而将该片视为是好莱坞的文化入侵，是一种文化霸权行为。其旗帜鲜明的抵制行为在网络上引发了中国网民的激烈讨论，为什么看起来憨态可掬的熊猫阿宝会引起中国网民关于文化霸权的思考？对于直接喊出“中国人不看《功夫熊猫 2》，抵抗美国强权文化，阻止美国文化入侵”（赵半狄，2011：10）的文化民族主义话语，中国网民是否赞同？同时，在网民围绕文化霸权等讨论中，是否存在民族主义的话语？

由此，本文需要论证两个研究假设：

1. 中国网民对《功夫熊猫》存在网络民族主义的解释框架

网络社会推进了全球化的进展。“因为电子通信网络的扩展，时间、空间以及距离等概念具有新的含义”（图拜乐，2009：421）。在网络推进的全球化的大潮中，民族文化还有容身之地吗？抑或是，已经融合成全新的“世界文化”，或者称之为“普适文化”？由此提出：

2. 网络实现的全球化观点市场促使文化融合成为必然趋势

在研究方法的选择上，本文采取量化研究与质化研究相结合的方式，通过编码译码和比较分析的方法论证假设 a，抽样和文本分析的方法论证假设 b。

三、案例研究：中国网民关于抵制《功夫熊猫》的争论

（一）案例背景

赵半狄，被网友称作“熊猫人”，他从 1999 年起一直用熊猫进行艺术创作，并且是中国唯一一位自始至终以熊猫作为全部艺术线索的艺术家。2008 年 6 月 15 日《功夫熊猫 1》上映前期，赵在其博客上发表题为《称中国地震为“报应”的好莱坞滚蛋》的博文：“在劫后余生的中国捞金！本月 20 号，好莱坞影片《功夫熊猫》将进军中国院线，这简直就是从死难同胞身上扒项链和手表！”（赵半狄，2008：1）6 月 16 日，赵来到国家广电总局电影局，呼吁抵制该片的上映：“好莱坞在莎朗·斯通发表对中国地震的言论后，又跑到劫后余生的中国‘捞金’不合适。”（赵半狄，2008：6）他从未看过这部影片，但他表示“我要起诉《功夫熊猫》的发行方美国派拉蒙公司，我要求他们把票房收入拿出来，赔付

所有在地震中失去孩子的母亲们,还有失去父母的孩子们……因本片的上映所受的精神伤害”(赵半狄,2008:5),后来,他还曾悬赏十万征集中国熊猫大片片名。2011年,《功夫熊猫2》上映前期,赵于5月16日、23日在中国南北两家报纸各投放半版刊登抵制广告,称自己“为了这场战斗,我将竭尽全力”(赵半狄,2011:1),他甚至在电影上映期间向全国院线经理发出公开信表示:“千万不要让下一代的头脑被美国‘快餐’麻痹!”(赵半狄,2011:5)赵的抵制行为获得了北大教授孔庆东和北京动漫学院院长孙立军的声援,孔接受采访时说道:

“文化第三次世界大战已经早就打响了,我们国土已经大部分沦陷了,这帮傻帽早就被以《功夫熊猫》为代表的美国大片洗脑了。我们以前看到的美国好莱坞,是美国题材,美国思想,现在人家连中国的符号都拿去了,连熊猫都拿去了,用你的符号继续征服你,我们不懂好莱坞是什么,好莱坞不仅要赚你的钱,还要洗你的脑,还征服你的心,所以美国大兵不用到,好莱坞就是美国的文化部,是美国的中宣部,我们还不懂得这个道理。”(赵半狄,2011:2)

与此同时,赵的抵制行为也遭遇到很多网民的批评,这些网民的解读更偏向的是一种“提倡包容性的认同”,其中代表性的人物是著名的青年导演陆川,陆在个人博客中写道:“看着这部由外国创作者制作的‘中国’题材动画片,我发现对于这些大洋彼岸的创作者而言,我们熟悉的文化不再是一种束缚创作的沉重包袱,而成为一种最为鲜活和有力的滋养。”①

(二)对于假设的论证

1. 论证假设a:中国网民对《功夫熊猫》存在网络民族主义的解释框架

假设a涉及网民对于抵制事件态度问题,故本文选取一篇相关新闻报道,对新闻报道后面的跟帖进行人工编码,分析网民的情感态度。

① 《功夫熊貓,好莱坞,莎朗斯通》,陆川博客,2008年6月20日。http://blog.sina.com.cn/s/blog_539a023201009e00.html。

笔者选取了在中国发行量最大的新闻周报《南方周末》报道[①]《〈功夫熊猫〉滚出去?》(附录一),对报道电子版文后的新闻跟帖进行分析。

从帖文数量来看,截至2012年2月1日,《南方周末》的报道后新闻跟帖总数为(其中相同作者同样内容的帖文算作一条)104条(见附录3)。

根据陈国明(2010)的论述,态度被认为是个人定位系统的一个组成部分。态度可以是负面的,比如民族中心主义、狭隘主义和偏见;也可以是正面的,比如思想开放和包容。借鉴陈国明教授关于跨文化中态度的定义,笔者将新闻跟帖的情感态度分为负面(认同赵半狄文化侵略的观点)、正面(不认同赵,认为文化应当包容)和中立(应当将《功夫熊猫》单纯作为动画解读)三类。根据文本的特殊性,具体细分为以下五类进行编码:

A. 认同赵半狄的文化侵略说或认为电影有辱中国文化;

B. 不同意赵半狄的观点,认为应该向好莱坞学习,不能狭隘民族主义;

C.《功夫熊猫》只是一部动画片而已,仅从动画片的角度来评价;

D. 赵半狄为个人利益的炒作;

E. 其他。[②]

需要说明的是:研究共有编码员两名,为确保编码准确性,在正式编码实施前,所有编码员进行了沟通和培训。为检验编码员间信度,在编码完成后,利用SPSS统计软件随机抽取样本中的13条(10%)评论,两名编码员同时对这13条专题编码,利用SPSS统计软件针对每个变量计算出柯里潘道夫(Krippendorf)的α值。检验结果表明:定类变量各项指针的编码员间信度值均在0.9以上,定距变量各项指针的编码员间信度也均在0.9以上,均超过了威摩(Wimmer)和多米尼柯(Dominick)指出的最低信度值0.75,编码员间信度达标。

① 根据百度指数趋势表可以看出,"抵制功夫熊猫"搜索量的峰值位于2008年5月24日到2008年5月26日之间,故笔者在此时间范围内,随机选取跟帖数量较多的一篇报道进行研究分析。

② 表明其他的为与主题无关的相关评论,其中有对赵半狄的人身攻击或者仅仅对赵半狄行为的不理解,无个人观点的表达。

编码员对该新闻报道跟帖进行编码所得结果分别如表1所示：

表1

针对《南方周末》的报道跟帖	编码员一		编码员二	
	帖数	百分比	帖数	百分比
A. 认同赵半狄的文化侵略说或认为电影有辱中国文化	4	3.8%	3	2.9%
B. 不同意赵半狄的观点，认为应该向好莱坞学习，不能狭隘民族主义	37	35.6%	35	33.7%
C.《功夫熊猫》只是一部动画片而已，仅从动画片的角度来评价	7	6.7%	6	5.8%
D. 赵半狄为个人利益的炒作	21	20.2%	20	19.6%
E. 其他（表明其他的为与主题无关的相关评论）	35	33.7%	40	38.5%

为了更加直观地表示不同观点所占百分比，在此将数据制成如图1所示。

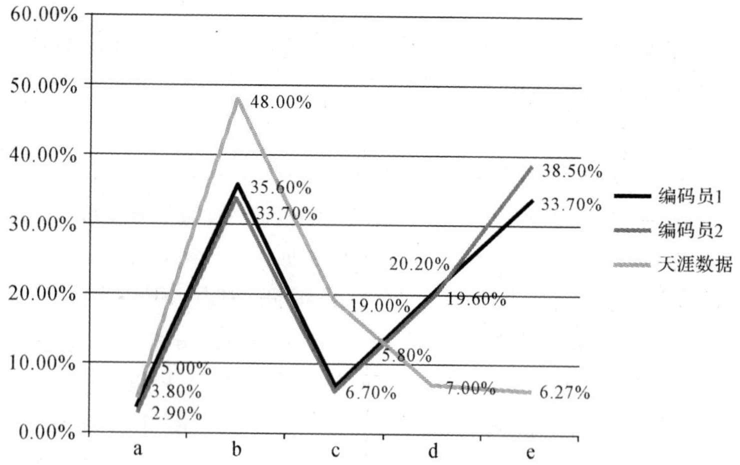

图1　文本解码意见分布百分比

通过图1中可以看到，两位编码员所得结果基本一致。网民对此事的讨论意见分布多样。取两位编码员的数据平均值，在所分析的跟帖范围内，仅有3.35%的网民认同赵半狄的文化侵略说；34.65%的网民不赞同赵半狄的意见，认为不能狭隘民族主义，应当向好莱坞学习，而其他62.03%的网民对此事持相对中立态度。由于中国网民回帖的特性，需要指出的是，大量与主题不相关，对赵半狄进行人身攻击的言论存在于跟帖之中。为尽量消除这些无关帖文对结果的影响，笔者同样选取了天涯小区 2008 年 5 月 25 日到 2011 年 5 月 30 日关于抵制《功夫熊猫》的 74 篇帖文，从主帖内容分析网友对抵制《功夫熊猫》的意见倾向，在表 1 中可以看出，选取天涯帖文中认同和反对赵半狄网民所占百分比和《南方周末》基本重合，出入较大的为对这个行为是否为赵半狄个人利益和炒作上，主要是因为在天涯论坛中，大多数网友进行了较为深入的观点表达，而不仅仅是一句话表明自己认为赵半狄在炒作。在跟帖中，根据笔者的观察，认为赵半狄炒作的不在少数。同时，不同网络论坛有着其独特的文化氛围，这也是造成差异的原因。但此种差异并不影响我们对于假设的判断。我们将 C、D、E 三种情绪纳入中立情绪的判断。

综合分析：

卡斯特在《认同的力量》一书中提到，"全球化时代也是民族主义复兴的时代"（卡斯特，2006：29）。网络社会作为全球化的一种当代表述，为民族主义情感的表达提供了平台，这样一种"零门槛"平台的存在，也为民族主义的复兴提供了契机。赵半狄通过博客发起的抵制行为，本身就具有网络民族主义"自发性，爱国主义与民族特征"。从新闻跟帖分析的结果中可以看到，网民对于赵半狄将《功夫熊猫》看做是"美国文化入侵"（赵半狄，2011：10）的话语存在多样性解读。网民的多样性解读，除自身文化背景差异外，还受到所处国家经济社会政治面貌的影响。"中国社会固有的一种'天朝'心态，是引起网络民族主义的重要原因。但与此同时，随着全球化的深入，信息交换的不断增强，更多的民众更倾向于理智对待'大国崛起'。"（邱林川，2009：126）在中国这样一个既受限于"中国特色"，又处于全球化洪流中的因特网文化之中，中国网民"形成他们的网络认同，产生了一种以消费为导向的新媒体文化"（邱林川，2009：127）。

同时，作为好莱坞对外输出的文化产品，对于中国，《功夫熊猫》具有其独特的文化属性。由编码译码中 62.03％的网民持中立态度可以看出，网民更倾向于探讨电影本身的内容以及《功夫熊猫》所取得的票房成功。在《功夫熊猫》中，大量的中国元素得到运用。影片中出现的场景、角色，甚至片中一日三餐的食物，都给中国观众带来一种亲切感。这样，一种"逆文化折扣"的现象在这里出现。文化折扣的概念中指出，文化背景的差异会使得媒介产品在外国受众中的价值降低，“国家间文化差异性阻碍了文化的跨境传播”（Wayne & Clarice，2010）。然而随着全球化的深入，跨国公司通常通过制造一些文化特点不是十分鲜明的产品，将不同社会的文化杂糅，传统的、现代的，从而创造出一种全新的文化产品。通过这种方式，最大限度地降低文化产品的折扣率，从而在海外市场获得票房成功，提高市场占有率。而《功夫熊猫》的制造方——梦工厂正是采用了这样一种“贴近受众市场”、“推行普适价值”的创作理念，使得影片在中国获得观众的喜爱。由于这种“逆文化折扣”的存在，赵半狄的抵制行为效果受到减弱。

从分析中可以看出，网民在对《功夫熊猫》的解读中，观点趋于多元化和理性化，多数网民不认为好莱坞的这样一部商业动画有损中国文化。网络民族主义存在，但是在对抵制《功夫熊猫》事件的解读中，这样一种网络民族主义只占极小的一部分。

由此可得，假设 a 成立。

2. 论证假设 b：网络实现的全球化观点市场促使文化融合成为必然趋势

为验证假设，在中国网络环境中，本文选取具有代表性的天涯小区[①]，在小区首页中搜索关键词：功夫熊猫，可得到相关帖文 45737 篇，共计 75 页。虽然帖文数目众多，但由于是在同一主题下进行的搜索，没有数据分层的必要。为提高抽样的可操作性，笔者利用随机数表[②]，首先对页码进行了随机抽样。除重复和范围之外数字，抽取了 10 个有效的页码样本，分别为：39 58 18 37 16 65 60 61 21 26。接下来，笔者按照抽样页码顺序将所选页码的帖文编号。进行第二次随机抽样，抽取的 5 个帖文编号分别为：53 34 25 39 88。现对 5 篇帖文进行个案分析。

---

① 天涯小区在 2009 年、2010 年、2011 年凤凰网推出的《中文论坛 100 强》评选中，均名列第一。详见 http://bbs.ifeng.com/special/bbs100/；同时，根据艾瑞咨询网络用户行为监测工具 iUserTracker 的监测数据，采用“月度覆盖人数”指标计算，天涯引领 2011 年中国十大最佳独立小区博客类网站，详见 http://web2.iresearch.cn/58/20120216/163478.shtml。

② 随机数表：Abridged from Handbook of Tables for Probability and Statistics, 2nd ed, edited by William H. Beyer.

表 2

编号	时间	板块	发帖人 ID	点击/回复量	帖文标题	帖文主要内容	回帖主要观点及分析
帖文一	080626	影视评论	韩不平	359/5	《功夫熊猫，教会我们什么功夫》	《功夫熊猫》在国内赢得了一致的叫好声，其中也不乏一些另类的声音，最具有代表性的是熊猫人赵半狄的抵制，以及在四川等地停影或延后。但是不能否认的是，由于中国电影审查制度等一些体制上的弊端，中国没有能力制作出像《功夫熊猫》这样的动画片，我们应当打破僵化体制发展我国动画事业，而不是喊什么抵制。“功夫硬了，何愁好莱坞什么天外飞仙的招数？《功夫熊猫》一脚踢中中国电影”	回帖中 2 个为帖文作者的回复，其他 3 个回复，1 个是有关电影“中国元素”的讨论（作者“八荣好青年”），其余 2 个均是附和作者关于国家广电总局的看法，认为“现在孩子能看电视的时段，连国外动画片都不让播了。广电总局信奉，比不过你，就封杀你”（“路人刀”）；从中可以看到，帖文及回复认为国家过于严苛的审查制度阻碍了中国动画产业的发展（“上传下载的乐趣”）
帖文二	080621	天涯杂谈	二百八	1244/33	《抵制〈功夫熊猫〉是民意？四川电影部门痛快地同意》	转载的一篇新闻报道，主要是从电影解密，观众调查、导演响应三个方面陈述各方对《功夫熊猫 1》在四川被推迟上映的看法。	大部分网友对《功夫熊猫 1》的推迟上映表示不理解：“不自信就会什么都上纲上线”（纵横八方）；“严重怀疑这次抵制是一场自编自导的、借用和煽动民意向西方施压的闹剧”（李寻欢 1990），“拥护GCD”“白鸽 qz”“一往而浅”等网友都跟帖表示，不能因为中国拍不出这样好的动画片，就抵制好莱坞的。如“国内不能生产出好的影视作品就必须要抵制他国的作品吗？夜郎自大，美国能拍出具有我国浓郁风格的电影，说明我们国家特有的文化背景对很多国外朋友都有很大的吸引力，我们这时不是该说什么抵制而是该说应该怎么补救、怎么样迎头赶上，在这夸夸其谈有什么用?!”（白鸽 qz）

续表

编号	时间	板块	发帖人ID	点击/回复量	帖文标题	帖文主要内容	回帖主要观点及分析
帖文三	080624	天涯杂谈	人民网评	1789/52	《〈功夫熊猫〉永远只能是一个布娃娃》	帖文中写道，功夫熊猫是“让人钻进一个布娃娃里面表演动作，制成电影（这是我同事告诉我的），因此引发了观众的好奇”，同时，“这部‘功夫片子’，则远没有我们中国大陆武术片子拍得要好，内涵、情节、就连武术都不是真的武术——时间终将证明斯皮尔伯格的反华作品只是跳梁小丑的表演，而我们中国国产的电影，最终将战胜这些自以为是的家伙”	由于帖文作者的ID以及文章内容对国产电影难以言喻的“自豪感”，网友怀疑其是“五毛党”①：“变着法的胡乱引导舆论来了，目标是打击先进文化，培植弱智文化，直到把群众的脑can率引导到70％以上为宗旨”（panhaicun）；“我要代表人民恶心你的网评”（我爱软白沙），评论大多是对作者进行攻击。网友“RPGboy_0”还在回复中贴出了关于赵半狄抵制时间的新闻报道，有一名网友赞同作者观点，认为“功夫熊猫就是一个烂片”（lxyddd）
帖文四	110601	北京板块	一杯浓浓的红茶	129/6	《今晚：功夫熊猫2这种电影如果在网上看真对不起好莱坞的劳动》	帖文主要是作者觉得《功夫熊猫2》这样的电影是一定要去影院看的，相反的那些糟糕的国产片反而不用。作者说“就乐意让他们赚我的钱”，要去影院看《功夫熊猫2》	因为发帖时间是六一儿童节，回复中均是祝楼主节日快乐和楼主回复。同时由于帖文所处板块和内容的原因，引发关注量较少。网友“加菲猫的明天”还“建议听原版看中文字幕”，认为“这部比上一部还好看”
帖文五	080626	影视评论	Sakabao	380/2	《〈功夫熊猫〉，国宝的尴尬！》	帖文主要内容是通过《功夫熊猫》的优良制作哀中国电影之不幸。作者说道：“我佩服美国人，他们是地球上最血腥的文化强盗，都把你扒光了你还得笑，还得叫好！在以各种饱含创意与高科技的大片儿暗度陈仓侵蚀其他文化的同时更贪得无厌地吸纳其精华。不论传统还是先进，只要是好的，一律照单全收！”	帖文引起关注度不高，仅有两篇回帖。其中网友“haoren027”跟帖说“不要带太多民族区别眼光，毕竟影片让人娱乐的”，另一名网友回复与主题无关

① 网评员或网民所指的“五毛”，是中国大陆特有的一种指称，指受中国当局雇佣或指导，以网络发表评论为全职或兼职的人员，是网络时代的一种新型职业。通常他们以普通网人的身份，发表尽可能对中国官方有利的评论，来试图达到影响网络舆论的目的。“五毛”是对网评员的蔑称，意在讥讽他们发一篇网络评论能赚5毛钱。

综合分析：

吉登斯(2011)将全球化定义为“世界范围内的社会关系的强化”，这种联系将远距离的事件相连接，使得当地发生的事情，也会受到世界其他地方情况的影响。同时指出，“全球化社会关系的发展，既有可能削弱与民族国家(或是国家)相关民族感情的某些方面，也有可能增强更为地方化的民族主义情绪”。在网络社会这样一个具有多元价值体系的空间里，价值是由参与者遵照网络行事，根据等级性对网络进行编程，并在每个空间每个时刻在每个主导网络中进行处理的。[①] 也就是说，“网络社会不存在唯一的价值来源”，多元价值观产生并存在，一个典型的例子就是“网络社会中的媒体出现了大量通信管道并用以增加交互性。而他们不会形成统一的好莱坞中心化的文化地球村，他们包含了广泛的文化和社会组织”(卡斯特，2009:33)。

《功夫熊猫》的抵制是由个人发起，网络中形成讨论。不是由网民自发形成的抵制行为。在对抽样文本的解读、个案分析中可以看到，从帖文一、帖文二和帖文五的讨论中，网友都明确表达了应当从《功夫熊猫》的成功中，反思国产动画片的不足之处，以促进民族电影产业发展的观点。在样本选取的帖文三文本中，作者言论充斥着网络民族主义的话语，作者说“好莱坞的巨头们又开始拿中国四川的熊猫说事，看来又是隐晦迎合一部分幸灾乐祸的手段了”。《功夫熊猫》“远没有我们中国大陆武术片子拍得要好，内涵、情节、就连武术都不是真的武术”，而且，“时间终将证明斯皮尔伯格的反华作品只是跳梁小丑的表演”。但是这些民族主义的话语，虽然吸引了大量点击，但在跟帖中遭到了网民的谩骂，发帖者也被网友称作是“五毛党”。赵半狄博客中提出，由于自己的抵制，《功夫熊猫 2》在六一期间票房惨淡，他还称，对《功夫熊猫》的抵制是“送给孩子的礼物”(赵半狄，2011:8)。而帖文四作者“一杯浓浓的红茶”在文章中却说“冲着好莱坞以及《功夫熊猫》团队的付出，以及对中国文化如此细致的了解，就乐意让他们赚我的钱”，可见，赵半狄所宣扬的抵制行为对网友影响效果有限。

网友的这种对《功夫熊猫》“包容”和对“五毛党”的厌恶，与中日钓鱼岛事件、中美南斯拉夫大使馆事件引发的网络抗议形成了鲜明反

① 整理自曼纽尔·卡斯特:《信息论、网络和网络社会:理论蓝图》。援引自[美]曼纽尔·卡斯特(主编)，周凯(译):《网络社会——跨文化的视角》，北京:社会科学文献出版社 2009 年版，第 25—29 页。

差，由此可以看出，对于美国文化输出，大多数国人抱有接受态度，并不认为是文化侵略。很多网友提到，之所以观看并喜爱《功夫熊猫》，是因为情节有趣，能够打动观众，寓教于乐。《功夫熊猫》的导演 Mark Osborne 在记者问为什么要采用熊猫作为主角时，他说道："熊猫很可爱，他们练起功夫一定让人忍俊不禁。"（quite comical[①]）

邱林川（2009）认为，中国网络中基层民众的国家主义仍然是一个短期的政治发作，而不是一个公民参与的有组织的模式，或者一个持续的社会力量……民族主义言论充斥着因特网上的中国政治舞台，并对个人文化认同的形成起着关键作用。网民帖文和跟帖中的话语显示，抵制《功夫熊猫》引起了网民对于中国文化制度层面的反思。2008年赵半狄发起对《功夫熊猫 1》的抵制时，国家广电总局用推迟电影在四川地区上映的行政干涉行为支持了赵的抵制。

网民更多的是将《功夫熊猫》看做一面镜子，照出国产动画片的不足。既是存在制度层面的反思，也并未将其联想到强势文化的侵略。全球观点市场促成文化融合，然而这种文化融合绝不意味着本土文化的消逝，而是在全球化的环境中，通过与不同文化间的交流与融合，从而形成一种既是"民族的"，更是"世界的"。

由此可得，假设 b 成立。

四、结论

1. 中国网民对文化民族主义具有自身的辨析能力。《功夫熊猫》系列影片并不像赵半狄等人所宣扬的那样，具有对中国网民进行"洗脑"的魔力。受众的解读，对于文化输出的效果起着极其重要的作用。我们在谈论文化霸权时，也不能忽视了受众的能动性在其中发挥的作用。

2. 文化是一个动态的过程，不应该仅做静止的考虑。在考察文化问题时，不能简单地使用单一维度。以《功夫熊猫》系列影片为例，虽然制作方是好莱坞，但片中却运用了大量的中国元素。文化折扣率被降低。文化产品更易引起共鸣，文化输出效果更为显著。《功夫熊猫》

---

① Rob Carnevale http://www.indielondon.co.uk/Film-Review/kung-fu-panda-john-stevenson-and-mark-osborne-interview.

系列影片在中国受到广泛的好评以及取得的可观票房成绩正证明了这一点。

3. 在全球化以及新媒体的语境下，文化的融合呈现出一种新形式，文化不再是单一的有强势文化向弱势文化的输出，更多地体现为双方互相容纳吸收的一种博弈过程。全球化包括将本土与更广阔的世界相连接，同时，本土化与全球化的趋势相一致。因此，文化开始具有杂糅(hybid)的性质。随着时间的推移，来自不同文化群组的人们信息交换的增强，一个可能的结果就是文化的同质化(cultural homogenization)，也就是不同地区，群组的不同文化融合成一种世界性的文化。[①] 曼纽尔·卡斯特把网络社会文化的意义定义为“社会行动者对自身行动目的的象征性认可(identification)”，认为网络社会的意义是“围绕一种跨越时间和空间而自我维系的原初认同建构起来的，而这种原初认同，就是构造了他者的认同”[②]。在网络社会，文化并不是被西方现代文化所同化，而是随着控制反控制的进行以及交互文化网络的出现，网络社会通过价值共享这一共同信仰统一起来。[③] 在多元的世界里应遵循“共同性原则”，各文明的人民应寻求和扩大与其他文明共有的价值观、制度和实践。[④] 网络社会作为商品的文化界限模糊，不能单纯地区分为中国文化、美国文化等等，而更倾向于是一种共同的文化，存在于“共同体的想象”之中。在本文最初的票房分析中，《功夫熊猫》不仅在原产地美国，或是“功夫”“熊猫”的故乡中国取得了不错的票房成绩，在全球其他国家(如韩国和英国)，票房也相当成功。正佐证了在全球化环境中，这样一种“杂糅”文化的存在，文化融合的趋势势不可挡。

4. 由于经济强势的文化在跨文化交流中仍然占主导地位，对于文化商品的讨论中，网络民族主义在一定程度上存在。但是这样一种网

---

① Barnett G A & Sung E. Culture and structure of the international hyperlink network. Journal of Computer-Mediated Communication, 11(2005), 217-238.

② [美]曼纽尔·卡斯特:《认同的力量》(第二版)，曹荣湘译，社会科学文献出版社 2006 年版，第 6 页。

③ 曼纽尔·卡斯特:《信息论、网络和网络社会:理论蓝图》。援引自[美]曼纽尔·卡斯特(主编)，周凯(译):《网络社会——跨文化的视角》，社会科学文献出版社 2009 年版，第 48 页。

④ [美]萨缪尔·亨廷顿:《文明的冲突与世界秩序的重建》，周琪、刘绯、张立平、王圆译，新华出版社 2002 年版，第 370 页。

络民族主义较之于网络政治运动而言，更具理性。文化这种在对抗中融合的悖论始终存在，正如法国文化学者阿芒·马特拉所言："理解不同的独特文化和世界空间之间的碰撞的调解和调节者的这种必要性被多极化所遏制。这让我们看到：存在着多样性的地方就有'集团'，存在着粗糙的表明就会有抛光机，存在着文化复杂性就会有简单的一次方程式，存在着环行线的地方就会有单行线。"①

需要指出的是，本文存在以下不足：

1. 网络小区中存在不发布实际内容，而只用侮辱性语言对人物或作者进行人身攻击的网友的存在，这些网友多数使用的是表达情感的词汇。而这些词汇可能会对 ROST 分析结果产生一些干扰。故在本文中，在 ROST 软件分析准确率比较高的情况下，仍然对中文文本进行了人工编码译码。与此同时，中国网友在新闻跟帖中，很多回复内容都是单纯对赵半狄的人身攻击，这导致在人工编码中，被归为其他类别的回复帖文占有很大一部分比例（33.7%，38.5%），而这样一种辱骂，在本文中被归为中立情绪，即不属于针对《功夫熊猫》系列影片所涉及的文化问题的讨论范畴。这种归类是否合理，有待进一步商榷。

2. 独特的网络小区可能存在其独特的文化特点，其成员发言大多遵循其小区特有的文化特征②以及政治立场的差异性。在中国国内，一般认为，天涯网站中的有关茶社自由主义气息比较浓厚，凯迪小区也富有自由主义气息，但在中华网军事论坛中，民族主义网友更具有话语与人数优势。至于人民网的强国论坛，它是国内外学者观察中国网络民意的一个窗口，但它最初也是民族主义的产物。③ 本文在选择天涯等网络小区作为考察对象时并未将这一点纳入考虑。这些特殊的小区文化可能会对网友的观点产生影响。

3. 在对论坛及新闻报道跟帖进行分析时，本文无法证实所分析选取的跟帖留言是初始性数据，抑或是修改后的数据。网站的编辑及论坛的版主均有可能对论坛留言进行删帖等处理。要定量地考察中国

---

① [法]阿芒·马特拉著：《世界传播与文化霸权——思想与战略的历史》，中央编译出版社 2005 年版，第 217 页。

② Huffaker D. Dimensions of leadership and social influence in online communities. Human Communication Research, 36(2010), 593-617.

③ 王军：《网络民族主义与中国外交》，中国社会科学出版社 2011 年版，第 59 页。

网民的政治偏好以及民族主义与自由主义的交锋，还需要考察大量的不同类型的网站信息样本。

4. 有学者通过对谷歌小区的量化研究表明，在大多数网络小区中，信息的主要部分是小部分用户生成的。同样，在大多数网络小区都有大量的“潜水者”，他们只仔细阅读帖子但从不回复或发布。① 而这样一些“潜水者”的存在，影响了本文对于中国网络民族主义情绪的判断。

5. 由于时间和研究条件的限制，在选取个案进行分析时，选取范围较窄，个案的代表性可能值得探讨。同时，由于不同的文化情景背景，帖文中出现谩骂言论，或者帖文的情绪走向，虽然与帖文所讨论的主题有很大关系，但网络小区的意见领袖在其中同样发挥重要作用。本文未对这一点进行探讨与区分。

[参考文献]

[1]房宁、王炳权. 民族主义思潮，北京：高等教育出版社，2004.

[2]刘照娟. 跨文化传播中的文化霸权. 新闻爱好者，2010：28-29.

[3]邱林川. 中国的因特网：中央集权社会中的科技自由. 援引自[美]曼纽尔·卡斯特主编，周凯(译). 网络社会——跨文化的视角(第一版)，北京：社会科学文献出版社，2009

[4]王军. 网络民族主义与中国外交，北京：中国社会科学出版社，2011.

[5][法]吉尔·德拉诺瓦著. 民族与民族主义. 郑文彬，洪晖译. 上海：三联书店，2005.

[6][美]萨缪尔·亨廷顿著. 文明的冲突与世界秩序的重建(修订版)，周琪，刘绯，张立平，王圆译，北京：新华出版社，2002.

[7][美]迈克尔·波特著. 态度，价值观，信念以及繁荣的微观经济学. 载[美]塞缪尔·亨廷顿，劳伦斯·哈里森主编. 文化的重要作用——价值观如何影响人类进步. 北京：新华出版社，2010.

[8][美]本尼迪克特·安德森著. 想象共同体：民族主义的起源与散布. 吴叡人译. 上海：上海人民出版社，2005.

[9][美]曼纽尔·卡斯特著. 认同的力量(第二版). 曹荣湘译. 北京：社会科学文献出版社，2006.

[10][美]曼纽尔·卡斯特著. 网络社会的崛起. 夏铸九等译. 北京：社会科学文献

① Huffaker, D. (2010). Dimensions of leadership and social influence in online communities. Human Communication Research, 36(4), 593-617.

出版社,2003.
[11][美]曼纽尔·卡斯特著.千年终结.夏铸九、黄慧琦等译.北京:社会科学文献出版社,2006.
[12][美]曼纽尔·卡斯特.信息论、网络和网络社会:理论蓝图.援引自[美]曼纽尔·卡斯特主编.网络社会——跨文化的视角(第一版).周凯译.北京:社会科学文献出版社,2009.
[13][美]伊玛·图拜乐著.电视、因特网以及认同的构建.转引自[美]曼纽尔·卡斯特主编.网络社会——跨文化的视角(第一版).周凯译.北京:社会科学文献出版社,2009.
[14][英]安东尼·史密斯著.民族主义:理论,意识形态,历史.叶江译.上海:上海人民出版社,2006.
[15][英]安东尼·吉登斯著.现代性的后果.田禾译.南京:译林出版社,2011.
[16]http://ent.ifeng.com/movienewsmainland/detail_2008_06/19/40638_0.shtml。
[17]2010年10月14日,加藤嘉一《金融时报》中文网专栏
http://www.ftchinese.com/story/001035021
[18]2012年1月,中国互联网信息中心:《第29次中国互联网络发展状况统计报告》,
http://www.cnnic.net.cn/researchbgxztjbg/201101/P020110221534255749405.pdf
[19]Barnett G A & Sung E. Culture and structure of the international hyperlink network. *Journal of Computer-Mediated Communication*, 11 (2005), 217-238.
[20]Lagerkvist J. The Rise of Online Public Opinion in the People's Republic of China. *China:An International Journal*,3(2005),119-130.
[21]Wayne F & Clarice S. Examining international country to country flow of theatrical films. *Journal of Communication*,60(2010),120-143.

赵半狄博客:
[1]2008-06-15 称中国地震为“报应”的好莱坞滚蛋!
http://blog.sina.com.cn/s/blog_491e246201009x3v.html
[2]2008-06-18 我为什么抵制《功夫熊猫》?
http://blog.sina.com.cn/s/blog_491e246201009yca.html
[3]2008-06-19《功夫熊猫》在四川被叫停!
http://blog.sina.com.cn/s/blog_491e246201009zj3.html
[4]2008-06-22 关于抵制《功夫熊猫》的十个回答
http://blog.sina.com.cn/s/blog_491e24620100a0s8.html
[5]2008-06-29 我起诉《功夫熊猫》的发行方美国派拉蒙公司
http://blog.sina.com.cn/s/blog_491e24620100a4m5.html
[6]2008-07-06《功夫熊猫》导演心虚的响应抵制事件

http://blog.sina.com.cn/s/blog_491e24620100a7mv.html
[7]2011-05-16 新京报刊登“抵制功夫熊猫 2”广告
http://blog.sina.com.cn/s/blog_491e246201017bfn.html
[8]2011-05-18 北大教授孔庆东支持赵半狄抵制《功夫熊猫 2》
http://blog.sina.com.cn/s/blog_491e246201017ej5.html
[9]2011-05-23 南方都市报再登抵制功夫熊猫 2 广告！目标:票房减半！(3)
http://blog.sina.com.cn/s/blog_491e246201017epc.html
[10]2011-05-24 孙悟空不认功夫熊猫这孙子(4)
http://blog.sina.com.cn/s/blog_491e246201017eqk.html
[11]2011-05-26 就削减《功夫熊猫 2》在中国票房,致各地影院经理的一封信(5)
http://blog.sina.com.cn/s/blog_491e246201017et8.html
[12]2011-05-27 北京电影学院动漫学院院长声援抵制《功夫熊猫 2》
http://blog.sina.com.cn/s/blog_491e246201017euy.html
[13]2011-05-27《北京晚报》:美国大片外表光鲜,骨子里却不怀好意
http://blog.sina.com.cn/s/blog_491e246201017ev7.html
[14]2011-06-01 抵制《功夫熊猫 2》“六一”战报
http://blog.sina.com.cn/s/blog_491e246201017ezl.html
[15]2011-06-03 周末建议:别花钱在肯德基、麦当劳、功夫熊猫上
http://blog.sina.com.cn/s/blog_491e246201017f0g.html
[16]2011-06-12 答《读者》问及《南方人物周刊》文:功夫熊猫 2 是垃圾(10)
http://blog.sina.com.cn/s/blog_491e246201017f5u.html

大学生网络民族主义的传播效果探析

杨莉明　刘于思

摘　要　本文通过对网络民族主义信息的传播效果进行分析，发现大学生是否会响应网络信息的号召去转发消息、抵制日货、抵制旅游以及参加保钓游行示威等活动主要取决于网龄、讨论事件的频率、对其他人做出相应行为的感知以及自身的民族主义倾向程度等变量。据此，研究者建议，对于大学生网络民族主义情绪和行为的引导应从加强网络媒体素养教育，积极做好媒体的舆论引导，防范从众效应，提倡理性表达爱国情感。

关键词　传播效果，大学生，网络民族主义

随着中国互联网络的高速发展，中国网民网络应用形态日益丰富。相较于传统媒体而言，网络媒体的互动性使受众对新闻热点事件的参与更为广泛。受众能够通过网络媒介来表达自己言论、影响舆论气候甚至制造社会舆论。网民网络话语权的表现之一就是近年来网络民族主义的盛行。

网络民族主义是伴随着互联网的发展和普及而兴起的。网络媒体的出现为受众公开表达舆论、参与社会互动提供了更为广阔的平台。网民得以较为自由地发表自己的言论，同时较少受到规范和管制。而中国与日本的矛盾，特别是关于钓鱼岛的主权争议，历来是诱发网络民族主义情绪爆发首要的事件。

2010年9月7日中国渔船与日本巡逻舰于钓鱼岛海域相撞事件(下称“中日撞船事件”)由于涉及两国领土纠纷，由“一场看似很小的海上事故迅速演变为中日间重大外交对峙”。事件发生后，由于日方迟迟未释放中方被扣留的船长，“中方采取了双方建交38年来最严厉反制措施”。虽然中方船长于9月25日被释放回国，但事件不但没有

作者简介　杨莉明，嘉应学院文学院助教，E-mail:173667442@qq.com；刘于思，清华大学新闻与传播学院2010级博士生，E-mail: liuyusi10@mails.tsinghua.edu.cnm。

平息反而余波不断，国内的反日声浪也随之日渐高涨。10 月 16 日，隔海相望的中国和日本，几个城市几乎同时爆发了大规模抗议示威。中国成都、郑州和西安爆发了大规模反日游行。据报道，成都示威人数约有 2000 人，西安约有 7000 人。这是自 2005 年以来，中国国内爆发的又一次大规模反日游行。[1] 与此同时，网络舆论也呈现出网民们激烈的反日情绪。“钓鱼岛，妈妈爱你”活动便是这波网络民族主义浪潮的代表性群体运动之一。与以往的网络民族主义运动一样，网络民族主义言论主要以人民网强国论坛、百度贴吧等网络论坛为舆论阵地，通过以个人博客、微博、电子邮箱、手机和即时通讯工具来传递消息，集结声势，从而取得一呼百应的传播效果。

为什么网络民族主义会产生如此大的社会影响？回顾历史，中国的民族主义形成于 20 世纪内忧外患的革命和建国的过程中，它的核心是对外反抗帝国主义和殖民主义，对内实现区域内各民族的自治与平等。[2]。国家主权独立、领土完整和政权在国际上的合法性是中国民族主义最主要的三个方面。[3] 因此每当中国与他国政治冲突涉及这三个方面，都会引发民族主义情绪的集中爆发。

与中国的民族主义的核心相对应的是，中国网络舆论的指向也有两个鲜明的特征，就是对外呈现民族主义，对内呈现批判现实主义。[4] 根据社会学家马克思・韦伯的观点，民族主义是一种“情感共同体”，共同体情感的实质内容存在于集体记忆之中。[5] 日本作为近代历史上侵略中国程度最为严重的国家，每当两国发生摩擦碰撞，屈辱的集体记忆就会唤起公众的民族主义情绪。这种情绪反映在大众传播的视线中，就是一触即发的网络民族主义。有学者称之为近代民族危机积淀下来深层“受害意识”，这种意识会把一切现实、温和、冷静的对外态度，解读为委曲求全的“绥靖主义”、“投降主义”，进而以为一旦诉诸屈辱的民族记忆，就有压倒一切的话语优势。[6]

那么，什么是网络民族主义？主流观点普遍认为，网络民族主义是“网络”与“民族主义”的有机结合。[7] 网络媒体匿名性、参与性和互动性强的特性使民族主义的表达有了更为自由和广阔的空间，但网络民族主义的本质仍是民族主义。无论是在西方世界还是非西方世界，无论是“新”的还是“旧”的民族主义，民族主义的显著差异是随处可见的，但它们更多的是具体表现形式和个性化的差异，而不是本质上的差异。[8] 因此，网络民族主义可被认为是指受众通过互联网媒体来传播的民族主义意识形态。

网络民族主义有积极和消极之分。[9] 2008年,当别有用心的西方媒体捏造虚假新闻,借西藏问题污蔑中国的时候,中国网民们自发地建立了"anti-CNN"网站来戳穿媒体谎言,还原事实真相。通过争夺媒体话语权来维护国家尊严,与西方的话语霸权相抗衡,这是网络民族主义成熟理智的一面。可见网络民族主义并不是冲动、激进思想的代名词。不过,从当前状况来看,由于网络社会还处于发展的初级阶段,因此网络民族主义情绪中存在诸多政治冲动和不成熟的表现。如言论失之于幼稚偏激,甚至有大量伪民族主义言论充斥其中。[10] 民族主义言论通常借助网络媒体的力量在很短的时间内聚集大量支持者,形成一种压倒性的舆论气候,促成某种实际行动的发生。由于几乎不通过任何传统媒体,因而也就缺乏对言论的把关和管制。使分散的民意迅速集中起来的往往是含有仇视"敌国"的情绪、呼吁网民以某种行动来制裁"敌国"的信息。此类消息通常以中国人的身份认同来要求、煽动或胁迫受众采取实际行动,如抵制"敌国"货、支持国货、以"黑客"的方式入侵"敌方"网站并使之瘫痪,甚至支持中国对"敌国"发动战争等等。在这些信息的末尾,通常都会要求接收到信息的受众继续向其他人转发,典型表述如"是中国人就转发到三个群"、"是X国的走狗可以不转发"等含有偏激言辞和煽动性的语句,言辞中往往掺杂着偏激极端的爱国主义、非此即彼的孤立主义和盲目排外的思想。

有观点认为中国网络民族主义的表现形态主要有表达情绪、制造舆论、组织游行和黑客攻击这四种。[11] 以中日撞船事件为例,在事件发生后,以"钓鱼岛,妈妈爱你"为代表的网络民族主义活动通过网络迅速传播。从该活动所传播的信息的内容来看,它至少符合上述三种表现形态:其一,表达极端情绪——该信息称"85%的Q友都转,那么要揍一顿小日本不难,愿意把日本人当龟孙子养的人可以不转";其二,制造舆论,如该信息中提及"据最新报道,温总理在纽约发表要求日本政府无条件放人的谈话后,日本最新民意调查结果是:85%的日本人不同意放人,甚至要求把钓鱼岛事件与朝鲜核问题放在一起解决,仅8%的日本人觉得应该放人",借用媒体调查的名义列举数据;其三,号召集结网民采取相关行动,如抵制日货、以去日本旅游为耻或号召网民参加游行示威等等。虽然目前研究者没有掌握关于自该信息公开传播以来是否引起对日黑客攻击事件概率增加的确切证据,无法判断该活动是否也具有"黑客攻击"的表现形态,但该事件影响深远且引发广泛关注,故将它作为网络民族主义典型案例来探讨促成大学生采取较为偏激的反日行为的因素主要有哪些。

研究者通过网络调查了在校大学生，包括专科生、本科生和研究生。选择大学生作为研究对象，主要是因为中国长期的爱国主义教育孕育了网络民族主义的文化传统，使得学生群体、受过精英教育的网民成为网络民族主义的发动者。[12]共回收到449份问卷。经过筛选，排除无效问卷45份，最终得到有效问卷404份，有效率为89.98%。

本文中要测量的因变量有四个，分别是大学生网民在接收到“钓鱼岛，妈妈爱你”的消息之后是否会响应号召转发消息、抵制日货、拒绝去日本旅游、参加保钓游行示威活动。而自变量包括两层：第一层是人口变量，包括性别、受教育程度、政治面貌（即中共党员与非党员）；第二层是中介变量，包括网龄、政治兴趣（即对与政治有关的话题的感兴趣程度）、主观了解程度（即受访者认为自己对事件的了解程度）、接触消息的频率、与人讨论事件的频率、其他人相应行为（即受访者感知其他人会否采取相应的转发消息、抵制日货、拒绝去日本旅游和参加保钓活动）和民族主义倾向。在民族主义倾向的测量上，本文沿用了Guo、Chong与Chen的研究中所使用过的民族主义量表。[13]由于出自英文文献，研究者通过双向回译的方法确定了中文版的量表。不同之处在于，研究者将量表中的最后一个题项“对国际纠纷的归因”的具体表述做了改动，由原文献中发生于2001年的中美撞机事件改为中日撞船事件，使之更符合本文的研究主题。如表1所示，最终形成的民族主义量表的克朗巴哈阿尔法信度系数（Cronbach's α）是0.840，表明信度是比较理想的。

表1　民族主义量表统计结果（$N=404$）

题　项	平均值	标准差
1.我是一个有价值的中国公民	4.05	0.749
2.我能为国家作贡献	4.01	0.757
3.身为中国人我感到自豪	4.16	0.869
4.中国的声音在国际上越来越重要	4.20	0.849
5.在国际上，中国的声音越来越得到重视	4.05	0.939
6.为了中国加入WTO（国际贸易组织），我愿意牺牲个人利益	3.21	0.996
7.我誓死保卫国家	3.61	0.989
8.日本应该为中日撞船事件负全部责任	3.66	0.931
Cronbach's α	0.840	

研究者将所有的自变量分为两个阶层,以全部进入法(Enter)输入到回归方程中。对于不属于连续变量的性别和政治面貌这两项,事先已处理成虚拟变量,再予统计。多元回归分析的结果如表2所示。

表2 大学生反日行为影响变量的多元回归分析结果($N=404$)

自变量	转发消息	抵制日货	拒绝旅游	参加保钓
第一阶层(人口变量)				
性别	0.007	−0.020	−0.061	−0.105*
政治面貌	−0.037	−0.052	−0.054	−0.024
受教育程度	−0.099	−0.089	−0.102	−0.032
网龄	−0.119*	−0.103*	−0.117*	−0.079
$\Delta R2$	0.024	0.019	0.028	0.018
第二阶层(中介变量)				
政治兴趣	0.000	0.000	−0.009	−0.095
主观了解程度	−0.236***	−0.044	−0.065	0.070
接触频率	0.090	−0.023	0.051	−0.093
讨论事件的频率	0.245***	0.184**	0.143*	0.136*
其他人的相应行为	0.212***	0.309***	0.315***	0.317***
民族主义	0.091	0.205***	0.213***	0.106*
$\Delta R2$	0.116	0.195	0.198	0.143
校正后的 $R2$	0.117	0.194	0.207	0.140
F 值	6.364	10.674	11.488	7.566

* $p<0.05$, ** $p<0.01$, *** $p<0.001$

通过回归分析发现,在是否会响应网络信息的号召去转发消息这个问题上,与人讨论事件的频率越高($\beta=0.245, p<0.001$)、对其他人做出相应的转发消息的行为的感知越强($\beta=0.212, p<0.001$)的大学生会较倾向于去转发消息,而网龄($\beta=-0.119, p<0.05$)和主观了解程度($\beta=-0.236, p<0.001$)则是具有预测力的负向变量,即:网龄越高、越是认为自己比较了解这件事的大学生越不倾向于转发消息。对于是否会抵制日货,从回归分析的结果来看,网龄越低($\beta=-0.103, p<0.05$)、越多讨论事件($\beta=0.184, p<0.01$)、对其他人做出抵制日货行为的感知越强($\beta=0.309, p<0.001$)以及民族主义倾向程度较高($\beta=0.205, p<0.001$)的大学生往往表现出支持的态度。而在拒绝旅游这个问题上,同样得出了十分类似的结果:网龄($\beta=-0.117, p<$

0.05)、讨论事件的频率($\beta=0.143, p<0.05$)、对其他人拒绝旅游的感知越强($\beta=0.315, p<0.001$)以及民族主义倾向程度较高($\beta=0.213, p<0.001$)都表现出了显著的预测力。最后，在是否会参加保钓活动的问题上，讨论事件的频率($\beta=0.136, p<0.05$)、对其他人参加保钓的感知($\beta=0.317, p<0.001$)以及民族主义倾向程度($\beta=0.106, p<0.05$)也都是显著的预测变量，而性别($\beta=-0.105, p<0.05$)也表现出了负向的预测力，即男性大学生比女性大学生更倾向于去参加保钓游行示威等活动。

因此，从上述分析来看，对于大学生是否会响应网络信息的号召去参与反日活动，有四个自变量的预测力是比较显著的，即：网龄、讨论事件的频率、其他人的相应行为和民族主义倾向。这表明，网龄较低的大学生网民比较容易受到此类信息的影响，网龄较高的大学生可能因接触网络的时间较长，对网上传播的此类信息形成了一定的判断能力，因而较不易受其影响。另一方面，越多与人讨论事件、民族主义倾向越明显以及感知到其他人也会做出相应行为的程度越强烈的大学生也比较容易受到此类信息的影响。值得注意的是，在这三个变量中，对其他人是否会做出相应行为的感知这一变量最为显著。也就是说，大学生是否会响应网络信息的号召去参加反日活动，最重要的往往是来自同伴的影响——当感知到其他人都会去参加这些活动时，他们采取相应行为的可能性就越高。此外，其他没有进入回归方程的变量包括政治面貌、受教育程度、政治兴趣以及接触此类信息的频率。这表明是否会参加反日活动，和一个大学生是否为党员、他(她)的受教育程度高低、对与政治有关的话题的感兴趣程度以及从媒体中接触到这些信息的频率没有必然的联系。

综合上述分析，研究者认为对于大学生网络民族主义情绪和行为的引导可采取以下措施：

首先，加强大学生媒介素养教育，尤其是网络媒体素养教育。根据中国互联网络信息中心(CNNIC)发布的《第31次中国互联网络发展状况统计报告》，2012年我国网民的职业结构中，学生占到了25.1%。结合该报告中提供的网民规模已达5.64亿的数字，可估算出学生网民人口数约有1.4亿。[14]然而，相比起国外对媒介素养的重视，目前在我国各层次的教育机构中，网络媒体素养教育的开展基本上都处于空白阶段。由于高校的网络化程度普遍较高，网络设备和资源利用都较为便利，且相对于其他年龄层次的学生来说拥有更多的课余时间,大学生与网络媒体的接触更为频繁、日常使用时间也更长。但是,鱼龙混杂的网络环境往往成为滋生虚假信息、煽动性信息和黄色暴力等不良信息的温床。当面对这些负面信息时,大学生是否具备鉴别能力?本文的研究结果也证明了涉网未深的大学生比较容易受到反日活动信息的影响。因此,在高校开展大学生的网络媒体素养教育是非常必要的。通过开展媒介素养教育,目的是培养和加强大学生正确使用网络和独立思考的能力,使大学生掌握对网络负面信息的基本鉴别判断能力,学会如何去善用网络上的海量资源为己所用。

其次,要注意和防范从众效应的影响,提倡理性表达爱国情感。从本文的研究结果来看,大学生会否参加网络号召的反日活动,很大程度上与从众行为有关:当感知到其他人有所行动时,自身也比较倾向于采取同样的举动,这说明大学生比较容易受到同伴的影响——这种来自同伴的感知是非常具有行动力的,以至于在相较之下,无论其学历高低、是否党员都影响甚微。而值得一提的是,根据以往的研究结果,当大学生在评估网络民族主义信息的影响时会产生第三人效果(third-person effect),即认为其他人比自己更容易受到其负面影响。[15]也许正是因为这种对他人所受影响的错误估计使得每个人都在臆想中夸大了此类信息的影响,使之误以为这种煽动性的信息所代表的立场才是主流,从而放弃了自己的判断而盲目从众。因此,当中外矛盾激化时,为防范大学生采取过激的行为,高校应充分发挥校级媒体的舆论引导功能,积极提倡理性成熟的表达方式,推动理性爱国成为一种主流共识。此外,高校还应密切关注学生中的舆情动态,针对网上传播的煽动性信息和谣言及时进行澄清辟谣,适时对涌现出的负面的民族主义情绪进行教育,引导大学生运用理性思考来正确地认识事件,通过合理合法的途径发挥民族主义积极向上的一面。而面对网络涌现的民族主义思潮及其舆论引导,学界也应给予更多的关注和研究。

[参考文献]

[1]文峥.我国十月份外交冷暖交替,钓鱼岛风波余波未平[EB/OL]. http://news.sina.com.cn/c/sd/2010-11-09/161021441768.shtml,2012-11-9.

[2]吕新雨.中国民族主义的“内”与“外[N].21世纪经济报道,2008-5-12 (041).

[3]Lei,G. Realpolitik Nationalism:International Sources of Chinese Nationalism. Modern China [J]. 2005,31(4):487-514.

[4]闵大洪.对中国网络民族主义的观察、分析——以中日、中韩关系为对象[EB/OL]. http://academic. mediachina. net/article. php? id=6483,2010-12-16.
[5][美]莱曼等.韦伯的新教伦理[M].阎克文译.沈阳:辽宁教育出版社,2001.121.
[6]赵广平.网络民族主义对大学生影响状况的调查与分析[J],中国青年研究.2009(12):54-57.
[7]罗迪,毛玉西.争论中的"网络民族主义".中国青年研究[J].2006(5):47－51.
[8]Kohn, Hans. Nationalism[A]. Sills, David. L. International Encyclopedia of the Social Sciences[Z]. New York: The Macmillan Company & The Free Press, 1972. Volumes 11 and 12:68.
[9]王红曼,张方译.网络民族主义情绪与民族关系[J],中国社会科学院研究生院学报.2009(3):144.
[10]王红曼,张方译.网络民族主义情绪与民族关系[J],中国社会科学院研究生院学报.2009(3):144.
[11]闵大洪.对中国网络民族主义的观察、分析——以中日、中韩关系为对象[EB/OL]. http://academic. mediachina. net/article. php? id = 6483, 2010-12-16.
[12]时嵩巍.中国网络民族主义个案研究——以6·9圣战为例[EB/OL]. http://media. people. com. cn/GB/22114/150608/150616/13451284. html,2013-1-20.
[13]Guo, Z., Cheong, W. H., & Chen, H. Nationalism as Public Imagination: The Media's Routine Contribution to Latent and Manifest Nationalism in China. International Communication Gazette [J]. 2007,69(5):467-480.
[14]中国互联网络信息中心.第31次中国互联网络发展状况统计报告. http://www. cnnic. cn/hlwfzyj/hlwxzbg/hlwtjbg/201301/P020130122600399530412. pdf, 2013-1-15.
[15]杨莉明.网络传播中的第三人效果研究——以网络民族主义为例[D].上海:上海师范大学硕士学位论文.

The Communication Effect of Internet Nationalism among College Students

Abstract: This paper analyzed communication effect of internet nationalism message and found that whether college students will retransmit the message, boycott Japanese goods, refuse to go to Japan for a tour, and join an anti-Japan protest march to response the message depends mostly on their age on net, frequency that discuss the issue with others, estimation for others taking part in those activities, and their nationalism. Hence, the author suggests that in order to guide college students'emotion and behavior, we should further education on their media literacy of internet, offer proper guidance to public opinion by using media positively, avoid Band Wagon Effects and advocate for expressing patriotism rationally.

Keywords: communication effect, internet nationalism, college students

媒介经验

MEDIA EXPERIENCE

都市报微博影响力生成机制研究

王秋菊　郝丽娜

摘　要　《南方都市报》、《南方周末》和《新闻晨报》等都市报的官方微博无论是从日常的微博运营中、还是在舆论事件中，都具有较大的影响力，本文在分析都市类报纸官博影响力现状基础上，探讨了微博影响力的生成机制，揭示了媒体微博影响力与其构成要素间的关系。

关键词　都市报微博，影响力，生成机制

用户生产内容的兴起唤起了学者对个人层面政治知识生产的关注。作为一个衡量社会权力的重要指标，知识在公民决策和利益分配方面发挥着核心作用。然而，以往研究大多集中在知识获取而非知识生产的层面，正如经典的知识沟研究所探讨的。一个更为重要的鸿沟——知识生产沟，却被排除在人们的视线之外，以致人们对其成因和后果知之甚少。

传播学家麦克卢汉认为，“传媒即信息，而信息产生影响力”。在麦克卢汉看来，媒介的影响力不仅在于它所提供的具体讯息，更在于承载这种讯息的媒介本身“影响了我们理解和思考的习惯”，以及这种改变该来的社会变革。喻国明教授在《关于传媒影响力的诠释——对传媒产业本质的一种探讨》一文中指出，“传媒影响力的本质就是它作为资讯传播渠道而对其受众的社会认知、社会判断、社会决策及相关的社会行为所打上的属于自己的那种‘渠道烙印’。”[①] 他认为，这种“渠道烙印”包含两个基本的方面：一是物质技术属性；二是社会能动属性。传媒的社会能动属性是通过一种系统化、结构化的信息表现与

作者简介　王秋菊，副教授，河北大学新闻传播学院，E-mail：qj678@163.com；郝丽娜，硕士研究生，河北大学新闻传播学院。

① 喻国明.关于传媒影响力的诠释——对传媒产业本质的一种探讨[J].新闻战线，2003(06)：24-27.

解构方式影响着人们的关注重点、议题选择甚至思维模式和价值判断，这就是传媒在一定的物质技术形态基础上对于人们的社会活动所发生的能动的“影响力”。

新浪媒介策略中心总经理舒畅在《媒体影响力决定传播价值》一文中提出，“影响力是发挥媒体价值的前提，媒体影响力并不简单靠覆盖人群的多寡来体现。影响力是由影响范围和对受众的影响作用这两个层次所决定的。”[①]新华社新闻研究所所长、中国记者杂志总编辑陆小华在《传媒运作的核心问题》一文中指出，“所谓媒体的舆论影响能力，是指通过信息选择、处理、提供及分析、判断、见识等手段，影响新闻舆论的倾向、力度及构成，进而影响社会舆论场、群体舆论场、特别是人们的口头舆论场，从而实现影响人们的认识和行为的能力。”[②]

虽然学界对媒介影响力的概念没有定论，但综合以上意见，媒介影响力主要表现在以下几个层面：(1)通过特定渠道传播信息，在一定时间和空间内引起公众注意；(2)通过持续性的内容建设，对公众的认知起到一定的作用，为公众设置议程；(3)通过传播手段的运用和态度的表达，对公众舆论产生影响，这种影响有时可以通过行动表现出来。

随着媒体形态的发展和完善，媒体之间从注意力竞争转向了影响力之间的竞争，甚至有人说，“影响力是发挥媒体价值的一个前提”，其重要性可见一斑。而这种影响力是建立在媒介传播基础之上，是传受双方基于媒体接触的互动与反馈。媒体微博影响力建构是通过信息选择、发布及分析、判断等手段，影响新闻舆论的倾向、力度及构成，进而影响社会舆论、影响人们的认识和行为的能力。

一、都市类报纸官博影响力 Top10

在微博海量的信息中，一些都市类报纸官博凭借其亲和力和责任感形成了一个巨大的微博磁场，在舆论引导中发挥了微力量。《中国微博元年市场白皮书》中的调查显示，有 60.9%的微博用户表示使用过新浪微博，是用户使用率最高的主流微博产品；在各舆论事件中发

① 舒畅.媒体影响力决定传播价值[J].广告人，2010(2)：175-176.

② 陆小华.传媒运作的核心问题 [J].新闻记者，2005(1)：16-19.

出声音、发挥积极作用的也往往是新浪微博的用户。① 2012 年 5 月 12 日，新浪微博上都市类报纸官博影响力 Top10 如下表。

表 1　新浪微博上都市类报纸官博影响力 Top10②

昵称	活跃度排名	影响力排名	微博价值	评论—转发	微博数—粉丝数	综合评分	PR 值
南方都市报	70	1	1272 万	408～957	9083～178 万	76	3
南方周末	150	2	1226 万	136～425	3264～184 万	74	4
新闻晨报	41	3	538 万	185～923	12523～108 万	70	3
青年时报	17	4	235 万	44～139	17313～42 万	70	4
新京报	114	5	222 万	64～179	6012～83 万	66	2
扬子晚报	79	6	212 万	31～118	8215～98 万	66	2
羊城晚报	27	7	229 万	17～64	15200～90 万	66	3
东方早报	51	8	163 万	24～70	8794～27 万	66	5
潇湘晨报	58	9	121 万	14～37	9865～74 万	65	2
京华时报	104	10	135 万	21～71	5384～80 万	65	2

在个案的选取上，笔者选取最具影响力的三家都市类报纸官博作为研究对象，他们分别为《南方都市报》、《南方周末》和《新闻晨报》。这三家都市报的官方微博粉丝量、评论量、转发量较大，互动频率较高，无论是从日常的微博内容运营中、还是在舆论事件中，都具有较大的影响力。

二、微博影响力的生成机制

分析微博影响力的构成要素是揭示微博影响力生成机制的基础，从媒介影响力理论出发，结合微博的传播特点，有助于解析微博影响力的构成要素。

1. 微博影响力的构成

媒介影响力是在传播过程中产生的，是传者、受者、传播渠道、讯

① 新浪. 中国微博元年市场白皮书[Z]. 北京：新浪，2010-9.

② 微博风云，http://www.tfengyun.com/

息、反馈五个要素相互作用的结果。有学者认为，在传播过程中，媒介的影响力表现为五个不可或缺的要素，即规模、时间、内容、方向和效果，具体如下表：

表2　媒介影响力的构成要素

媒介影响力的构成要素	具体表现
媒介传播规模	“规模”决定着“影响力”的范围和边际。从某种意义上说，媒介的最大影响往往来自于“规模影响”，因为适当的规模往往能更有效地利用组织内部的各种资源，并实现可持续发展
媒介传播的时间	“时间”决定着“影响”的不断变化和发展所经历的过程
媒介传播的内容	“内容”是“影响”的载体，是指信息具体传播的是什么，是影响产生的最基本的因素，没有“内容”，影响无从谈起
媒介传播的方向	是影响力的基础，决定了“影响”是为哪一个社会集团服务的特有社会属性，是确保影响力正确与否的基本条件
媒介传播的效果	是指影响发生的有效性问题。是衡量“影响”水平的尺度和传播的客观结果

结合微博的传播机制和传播特点，这五个方面可理解为：

(1)微博传播的规模：微博规模性传播首先依托于其媒介集团的效应，集体开微博的媒介集团已不在少数，这有利于各种媒介资源的整合和互通，形成共鸣效应，实现影响力的最大化；其次，微博传播的规模可以借助名人效应、事件效应来实现；最后，微博传播在规模上的影响力与其覆盖率、粉丝量成正相关。

(2)微博传播的时间：微博在时间维度上的影响力表现为两个，一是在长期的、持续的微博运营中所形成的潜移默化的影响力；二是在突发性事件中，微博处于舆论前沿时所形成的爆发式的影响力。除此之外，“第一时间”原则在微博的传播中同样适用。最先发布相关消息的微博往往成为舆论的中心。

(3)微博传播的内容：在微博上，人们进行传播的目的各不相同，这就决定了微博的内容是多种多样的。作为媒体的官方微博，所传播的最主要的信息还是硬新闻，这是媒体微博影响力的最主要来源。除此之外，作为休闲和教育、互动的软性内容，也是增加媒体官博亲和力和影响力的重要组成部分。

(4)微博传播的方向：微博的传播是点对点的裂变式传播，参与传播的任何一个人都可能成为下一个舆论漩涡的缔造者，所以在微博传播过程中要重视每个粉丝的意见。在微博的活跃粉丝构成中，有认证用户和草根用户两部分，其中认证用户多为各界名人，其本身的关注度就很高、影响力较大，以其为节点，将影响更多意见的表达；另一种为草根用户，虽然草根用户自身的影响力不及认证用户，但由于基数庞大，草根群体的影响力是不容忽视的。在微博运营的过程中，还要重视草根中的舆论领袖，他们往往会成为舆论的焦点或重要的扩散节点。

(5)微博传播的效果：转发和评论是网民对微博传播效果的第一行为反应。其次表现为通过微博链接访问了传统媒体网站，增加了纸媒网站的点击率或报纸的销量。《新周刊》的主编封新城就曾表示，其微博的运营对杂志的销售有所帮助。再次，微博的传播效果还体现在微博舆论对新闻事件方向的改变。而这种改变也有三种体现，包括舆论事件的源起、推进舆论事件的发展和改变舆论事件的方向。①

2. 微博影响力的生成过程

媒介影响力的发生通过接触、保持、提升等三个环节。其中媒介以规模和特色的内容凝聚受众的注意力的环节为接触环节，是媒介影响力发生的第一个环节；保持环节是媒介通过必读性、可读性和选读性内容构筑，使受众对媒介产生忠诚度的过程；提升环节是通过选择社会主流人群提升媒介影响力的过程。② 一些学者在接触环节之后补充了接受环节，将媒介影响力的发生机制拓展为四个环节，接受环节意指受众对媒介内容的选择性注意、选择性理解和选择性记忆。

微博影响力发生的机制也不外乎这四个环节。微博影响力的发生首先表现为微博内容的建构，即微博接触环节。微博博主基于自身的社会结构、知识结构、自身体验来生成自己个性化的页面，来吸引自己的粉丝。微博是个开放的平台，微博的发布面向的是所有的用户；同时，用户之间的联结非常松散，“内容为王”在这个平台上再次被凸显出来。

在微博接受环节，受众基于自己的兴趣，对所有内容进行选择性注意、理解和记忆，在微博上表现为粉丝对博主的关注。粉丝从来都是考察微博影响力的重要指标，这是因为在微博上，粉丝能完全基于自己的意愿对内容进行选择。微博上“背对脸”式的交互方式，意味着

① 刘方志. 封新城：微博使传播生态发生改变[N]. 现代快报，2010-6-13(14).

② 喻国明. 影响力经济——对传媒产业本质的一种阐释[J]. 现代传播. 2003(1):1-3.

微博用户可以随时对其他用户选择关注或者取消关注。而主动对某人进行关注，意味着要持续不断地接受其发出的讯息。基于自主性的传受关系，其传播效果和影响力要大于推送式的传播。

微博影响力的保持环节是受众对媒介产生忠诚度的过程，这个过程也是基于微博内容的。在微博上，这种以内容为基础的忠诚度表现为微博被转发、评论的数量。如果说关注是出于对关注用户整体的选择，那么转发和评论就是对其每条微博的选择。将特定用户设为关注只是选择性注意、理解和记忆的基础，而对微博的转发评论是选择性接受或反对的过程，正是在这个过程中，才形成了粉丝对关注者的忠诚度。

微博影响力的提升环节则是微博整体影响力提升的过程，既表现为微博重大事件和话题中的舆论影响力，又表现为与其他微博共同形成的合力。

综上所述，微博影响力的发生机制表现为：

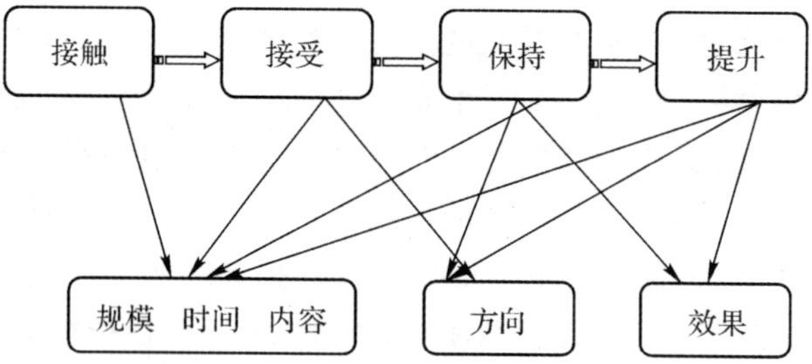

图1　微博影响力的生成

由上图可知，微博影响力的发生表现在接触、接受、保持、提升四个环节，在这个过程中，微博的影响力是递增的。其中，接触环节只是基于内容的发布，本身并不直接产生影响力，但它又是微博影响力产生的基础，同样不能忽视。

在微博传播过程中，微博影响力便表现为规模、时间、内容、方向和效果五个要素，规模、时间、内容贯穿于媒介影响力发生的整个过程中；方向要素从粉丝的接触行为开始，体现在接受、保持、提升三个环节；传播效果则从保持环节有所体现。而这个过程不是单纯的循环过程，伴随着传播的发生，微博也同时在许多个节点发挥着影响。

三、媒体微博影响力与其构成要素间的相关性分析

笔者认为，在媒体微博影响力的形成过程中，微博数、微博原创率，微博的评论、转发、粉丝数等指标都与微博的影响力相关。为了解这些指标与微博影响力的相关性，抽取了30个都市类报纸官博进行相关分析，为保证数据的有效性，这里的数据只考察了都市类报纸官博中的活跃用户。

此次抽样采取的是配比式抽样，按照粉丝指标的标准，都市类报纸官博中，有281个活跃用户，依照其活跃程度，被分为三个等级。其中，在粉丝10万以上的73家舆论领袖型用户中共随机选取了8个活跃官博作为样本；粉丝在10万以下、1万以上的意见导向型用户共有95个，按照比例随机选取了10个；粉丝数在1万以下、1千以上的意见表达型用户共113个，按照比例随机抽取了12个都市类报纸官博作为样本。同一时间段内对30个都市类报纸官博的相关数据进行采集，并利用SPSS软件对数据相关性分析(correlation analysis)，结果见下表：

表3　微博价值、原创率、转发、评论的相关性分析

		日发微博数	原创率	评论	转发	微博数	粉丝数	微博价值
日发微博数	Pearson 相关性	1	−0.103	0.118	0.075	0.288**	−0.111	−0.119
	显著性(双侧)		0.300	0.237	0.452	0.003	0.265	0.232
原创率	Pearson 相关性	−0.103	1	0.239*	0.230*	0.300**	0.307**	0.025
	显著性(双侧)	0.300		0.015	0.019	0.002	0.002	0.806
评论	Pearson 相关性	0.118	0.239*	1	0.834**	0.471**	0.701**	0.618**
	显著性(双侧)	0.237	0.015		0.000	0.000	0.000	0.000
转发	Pearson 相关性	0.075	0.230*	0.834**	1	0.313**	0.735**	0.804**
	显著性(双侧)	0.452	0.019	0.000		0.001	0.000	0.000
微博数	Pearson 相关性	0.288**	0.300**	0.471**	0.313**	1	0.082	0.014
	显著性(双侧)	0.003	0.002	0.000	0.001		0.409	0.892
粉丝数	Pearson 相关性	−0.111	0.307**	0.701**	0.735**	0.082	1	0.870**
	显著性(双侧)	0.265	0.002	0.000	0.000	0.409		0.000
微博价值	Pearson 相关性	−0.119	0.025	0.618**	0.804**	0.014	0.870**	1
	显著性(双侧)	0.232	0.806	0.000	0.000	0.892	0.000	

上述数据表明,在微博影响力形成的过程中,粉丝数、转发评论数与微博影响力呈显著性正相关,而微博数和原创率两个指标与微博影响力成正相关,日发微博数则与微博影响力成负相关。评论数与微博价值的相关系数为0.618,转发数与微博价值的相关系数的值为0.804,转发数与评论数的相关系数的值为0.834,微博价值与粉丝数的相关系数为0.87,原创率与粉丝数的相关系数为0.307,粉丝数与评论数的相关系数为0.701。微博内容的生成是媒介接触之前的环节,是都市类报纸官博影响力形成的基础。在都市类报纸官博的运营维护过程中,微博的质量要比数量重要。给用户以表达空间,在微博内容中植入互动要素并进行互动设计、组织、管理与引导,这对于激发用户互动的欲望,提高评论量、转发量至关重要。都市报微博的影响力与微博价值是由日发微博数、原创率、评论、转发数、微博数和粉丝数等因素共同决定的,不断地优化用户体验将有助于提升都市类微博的影响力。

新媒体背景下的传媒产业“全媒体”转型辨析

翁立伟

摘　要　面对日益蓬勃的全媒体热潮，本文试图以相对客观、理性的视角，对“全媒体”的概念、定位及实现路径进行梳理与思考：在概念层面，“全媒体”具有相对性；在定位层面，“全媒体”的战略意义大于战术意义；在实现路径层面，“全媒体”转型的实现路径具有复杂性和不确定性。

关键词　全媒体，媒介融合，新媒体，传统媒体，转型

随着技术的进步和新媒体的兴起，“媒介融合”日益成为传媒发展的时代趋势，并由此催生出诸多新的概念或理念，“全媒体”便是其中之一。近年来，对于“全媒体”的讨论与实践正在成为一股席卷传媒业界和学界的热潮，掀起传媒产业的深度变革。与此同时，在“全媒体”热潮下，也出现了诸多乱象，归纳起来主要表现在两个方面：一是部分媒体盲目跟风，将“全媒体”改造视作传媒发展的灵丹妙药，不顾自身条件一哄而上；二是有些媒介在进行“全媒体”转型或实验时急功近利，忽视媒介自身的发展规律，反而导致媒介发展受限。在这些乱象的背后，隐藏的是对“全媒体”从概念、定位到实现路径的理解偏差甚至误解，因此，有必要从全媒体的热潮中冷静下来，对其做一番理性的梳理和思考。

一、“全媒体”是一个相对的概念

目前，学界对“全媒体”这一概念并没有明确的界定，从不同的角

作者简介　翁立伟，中国传媒大学调查统计研究所，E-mail：wengliwei001@gmails. com。

度可以有不同的理解或诠释。但无论怎样诠释，“全媒体”都概括了媒介融合对媒介形态、信息传播、经营管理、内容生产等方面的影响和改变，它意味着多种媒介形态的融合、不同媒介管理理念的汇聚以及多种信息表现方式的整合。然而，具体到一种媒介、一个媒体而言，“全媒体”却是一个相对的概念。

一方面，从纵向发展的角度讲，“全媒体”是相对的。无论何种媒介，在完成“全媒体”转型之前，它都是相对独立和单一的；一旦实现“全媒体”运营，它就会在媒介形态、传播符号、媒介技术等各方面同其他媒体建立全方位的联系。因此，“全媒体”这一概念是相对于转型之前的“单一媒体形态”而言的。面对新旧媒体的融合互动，任何一种媒介形式或传播手段要想发挥最大效应，都无法孤立地存在，只有借助新技术实现不同媒介形态、不同信息传播方式乃至不同信息资源平台的有机整合，单个媒体才能实现信息传播效果的最大化，这也正是“全媒体”的理论立足点之一。但需要注意的是，“全媒体”对媒介形态、传播手段、传播技术、传播符号等“广而全”的整合，是建立在特定的媒介形态基础之上的，它需要这一特定媒介形态及其统领的信息传播方式、传播技术、传播符号等要素的支撑。抛开特定媒介形态去谈论“全媒体”运营，只能是空中楼阁。因此，任何一种媒介要进行“全媒体”运营，必须以媒介本体为依托，在把握媒介本体的传播特质或优势的基础上，才能进行下一步的“全媒体”整合工作。从这个意义上讲，“全媒体”与其说是“广而全”的媒介拓展或扩张行为，不如说是“专而全”的媒介整合营销方略。“全媒体”的“全”，在于其全方位的信息传播手段、全面的感官调动以及全系统的传播网络；“全媒体”的“专”，在于其立足本体的专业性与依托优势技术的专一性。“全”与“专”之间相互对立又相互统一，成为“全媒体”的题中之意。

此外，“全媒体”之所以“全”，指的是媒介形态、传播渠道、传播方式、传播符号等要素的全方位跟进，而不是传播内容的包罗万象。实际上，恰恰相反，全媒体时代的传播内容追求的是分众化或细分化，信息传播和内容生产由过去的“粗放型”转变为精耕细作的“集约型”。在全媒体时代，受众需求日益细化与多元化，全媒体传播能够实现对受众市场的“超级细分”[①]，使同一传播内容可以针对不同受众的个性

① 姚春喜、刘春娟：《“全媒体”概念辨析》，载于《当代传播》2010 年第 6 期。

化需求，选择不同的传播渠道和传播方式，从而达到最佳传播效果。因此，正确认识“全媒体”，必须明确“全”与“专”的辩证关系，避免以偏概“全”。

另一方面，从横向发展的角度看，“全媒体”这一概念也是相对的。随着互联网、手机等新媒体的迅速崛起，传统媒体受到越来越多的冲击，其生存空间日益受到挤压，在这种背景下，向全媒体集团转型，成为传统媒体应对新媒体挑战的不二法门。无论是报纸、期刊还是广播、电视，其传统的信息传播渠道和传播方式都过于单一，而网络媒体、手机媒体等新媒体所特有的多元化的传播渠道及多媒体信息传播方式，无疑能弥补传统媒体的天然不足。于是，传统媒体通过改组、投资、并购等方式同新媒体相融合，组建报业、广播电视业的“全媒体”集团，便成为传媒业发展的主流趋势，这也自然成为“全媒体”概念的主流指向，以至于现在一提到“全媒体”转型或运营，人们便理所当然地将其默认为是以传统媒体为主体的行为。而实际上，传统媒体的“全媒体”转型只能算作“全媒体”概念的一个维度，其另外一个维度，应是新媒体在媒介融合背景下所做的“全媒体”尝试。在“全媒体”时代，传统媒体需要借助新媒体实现战略转型和二次起飞，而新媒体也需要利用传统媒体完成跨越式发展。新媒体在渠道的多元性、内容的海量性、原创性及传播方式的互动性上具有传统媒体所不可比拟的优势，但它也有自身的劣势与短板，比如其信息碎片化、无深度，原创内容良莠不齐、缺少必要把关，等等。正因如此，新媒体才需要借助传统媒体在内容质量、信源权威性、受众基础等方面的优势，以弥补自身局限。

从这个意义上说，“全媒体”意味着传统媒体与新媒体之间的互动，这不仅包括传统媒体对新媒体的融合、借鉴，还包括新媒体对传统媒体的整合、吸纳。在当下的“全媒体”语境中，“全媒体”运营往往被片面地理解为传统媒体应对新媒体的策略，这导致的最直接后果便是，传统媒体在它所构建的所谓“全媒体”集团中地位逐渐式微，甚至形成对新媒体的盲目依附，最终反而失去了自身原有的特色或竞争优势。这诚然与传统媒体在当今传媒竞争格局中的相对弱势地位有关，但我们也应清醒地认识到，“全媒体”战略或理念对于新媒体来说同样有至关重要的作用，“一刀切”地将新媒体排除在“全媒体”的操作主体之外，不但影响新媒体的长远发展，而且会干扰传统媒体正确、理性地进行“全媒体”转型。

二、“全媒体”的战略意义大于战术意义

尽管全媒体热潮来势汹汹，但总体看来，目前传媒业对“全媒体”的实践才刚刚起步，尚处于探索阶段，无论是业界还是学界，对于“全媒体”运营在传媒发展中的定位问题仍不甚清晰。有学者认为，“全媒体化”并不是传媒发展的终极目标，它只是媒介融合过程的一个阶段，传媒业需要探索“由‘全媒体化’走向媒介融合的可能路径”。[①] 也有学者将“全媒体”作为融合背景下媒介进行全方位营销的一种有效手段，并由此构建出“全媒体营销”的新型营销模式。[②] 还有人将“全媒体”定位于业务形态的整合与技术体系的再造，将“全媒体”发展视作业态升级、技术变革的契机。[③] 笔者认为，“全媒体”作为媒介融合背景下的产物与应对机制，是一种兼具全局性、综合性、长远性、理念性的构想，其战略意义要远大于战术价值。

首先，“全媒体”具有宏观性和全局性，不是某个传媒企业的个体化行为，也不是某个城市、某个地区的局域化实验。“全媒体”运营是新媒体兴起后媒介融合在传媒领域的映射，是传媒产业发展的大趋势、大背景、大环境。在我国，从2008年《烟台日报》启动“全媒体数字采编发布系统”至今，大大小小的报刊、广播台、电视台都在或多或少地进行全媒体转型或实验。在诸多“全媒体”转型尝试中，有的媒体取得了巨大成功，有的却经营惨淡，究其原因，在很大程度上是由于部分媒体将全局性的发展趋势误判为个体化、局域性的既成事实。换句话说，尽管“全媒体化”是传媒发展的大趋势，但这一战略性趋势在转化为具体战术或发展策略时，需要结合操作主体的资金实力、发展规模、核心优势等现实情况，并不是所有媒体都可以随时随地地被“全媒体化”。

其次，“全媒体”运营是一种综合性、多元化、立体化的传媒产业实

---

① 彭兰：《如何从全媒体化走向媒介融合——对全媒体化业务四个关键问题的思考》，载于《新闻与写作》2009年第7期。

② 黄升民、刘珊：《三网融合下的“全媒体营销建构》，载于《现代传播》2011年第2期。

③ 吴晓东、刘建宏、尚峰：《关于全媒体的探索研究》，载于《广播与电视技术》2010年第12期。

践，并不只是单一层面的媒介变革。媒介的“全媒体”转型，涉及传媒运营的方方面面，从内容生产到平台建构，从技术创新到流程再造，从业务模式整合到管理革新，从组织机构改革到经营理念升级，各个层面不可或缺，不得偏废。“全媒体”的战略性意义，便在于它能够统筹传媒产业从微观到宏观的系统架构。任何单一层面的变革都不能称之为真正的“全媒体”转型。在我国目前的全媒体实践中，有许多媒体过于急功近利，片面追求媒介形态的多元化，投入大量资金和资源建设“全媒体平台”，却忽视或没有能力完成业务模式、组织机构、管理机制等其他配套措施的跟进，结果导致“全媒体”运营效果大打折扣，甚至流于形式。

再次，“全媒体”转型与改造是一个长期的过程，不能一蹴而就，而且从现实来看，我国绝大多数媒体的“全媒体”转型正处于起步探索阶段，距离转型完成或构建起成熟的“全媒体”体系还有很长一段路要走。从盈利角度来看，尽管新媒体的发展速度一日千里，但目前仍缺乏明晰、成熟的盈利模式，多数新媒体的盈利前景仍不明朗，由此构建的“全媒体”集团无疑也将在很长一段时间内面临不同程度的盈利困境。因此，在现阶段探讨“全媒体”，更多的是对媒介长远发展的战略性指导以及宏观布局，其次才是针对某一具体问题的战术性对策。

最后，“全媒体”与其说是一项正在展开的传媒产业实践，不如说是内化于媒体从业者头脑中的经营理念与业务思维。在全媒体视阈下，信息从采集、编辑、加工到传播、发布，都应该考虑到全媒体传播的要求，以适应媒介融合的发展趋势，使内容生产实现从“单一媒介思维”向“全媒体思维”的转变。同时，这种“全媒体”理念还作为指导思想贯穿于媒介运营的方方面面，从宏观上影响传媒发展大局。

“全媒体”的战略意义大于战术意义，这意味着至少在现阶段，并不是所有媒介都适合进行全媒体战略布局。媒介的“全媒体化”，除了需要大量资金、政策、人才等要素的支持外，还需要媒介具备较强的市场竞争力和风险承受力，这对于一些规模较小、自身发展尚不成熟的媒介来说是不现实的，如果这些媒介也盲目地进军“全媒体”，势必会遭遇挫折。因此，媒介首先需要充分考量自身发展要素和外部环境因素，然后再确定“全媒体”改造的合适时机。

从另外一个角度看，“全媒体”的战略意义大于战术意义，还意味着传统媒体与新媒体在全媒体格局中的不同地位或角色。对于许多传统媒体来说，“全媒体”转型在很大程度上是它应对新媒体挑战、寻求生存空间的“权宜之计”,“全媒体”之于传统媒体,可以说是“箭在弦上、不得不发”的战术选择;而对于新媒体来说,“全媒体”布局则是其主动整合传统媒体、促成传媒产业格局重新洗牌的战略选择。传统媒体与新媒体在全媒体格局中的地位高下、实力高低,不言自明。可以想见,当占据绝对优势地位的新媒体向“全媒体”大举进军时,以当下传统媒体的实力,能保全自身已是万幸,更不用谈什么“报业全媒体”、“电视全媒体”了。所以,尽管“全媒体”时代以各种媒介的融合、统一为基本预设,但终归存在传统媒体的“全媒体”与新媒体的“全媒体”之别,未来全媒体时代的市场竞争,将是传统媒体的“全媒体”同新媒体的“全媒体”之间的博弈,抑或是前者向后者争取市场份额与生存空间的过程。

三、“全媒体”转型路径存在不确定性

在“全媒体”还停留在实践发展初期的阶段,探讨各媒介或媒介集团实现“全媒体”转型的模式或路径,需要综合考虑包括政策、资金、人才在内的媒介内外部环境的诸多因素,而在这些因素大致明朗之前,“全媒体”的实现路径都会存在较强的不确定性。

目前来说,综观我国大大小小的媒介(集团)已付诸实践的“全媒体”转型路径,大概可以总结为以下几种:

一是“平台捆绑型”。采用这一路径的媒介,通常以媒介本体为依托,发展其他媒介平台,并将不同平台捆绑在一起,以实现形态上的“全媒体化”。比如以报纸为基础,开发网络报纸、手机报纸,达到“报网互动”、“报纸移动化”的目标。这种“全媒体”实现路径相对省事、讨巧,也是全媒体发展早期或许多中小型的传统媒介集团倾向于使用的改造模式。但这在本质上并不能算作真正的“全媒体”改造,最多只能算是“全媒体形态”建设。

二是“以点带面型”。采用这一“全媒体”实现路径的媒介,通常首先建设“全媒体业务平台”,以平台构建为契机,带动内容生产流程再造,同时完善资金、人才、管理、机构等相关配套要素或机制。南都集团的全媒体转型就基本采用这一路径,它从内容整合入手,建立起“内容平台+内容数据库+网站”这样的全媒体平台,并以此为基础,掌控更多来自社会机构、终端、互联网的信息资源,将内容提供商、企业用

户吸附到这个平台上，形成密集化的内容利益联盟。

三是“平稳推进型”。这一路径与“以点带面型”的全媒体转型路径恰好相反，它通常首先以人才引进或重新调配为基点，以组织机构整合为铺垫，以政策改革或创新为契机，在做好充分前期准备的基础上，推出全媒体业务平台，实现全媒体转型。采用这一路径的代表媒体当属最早进行“全媒体”实验的烟台日报社。早在1999年，烟台日报社就尝试将不同业务部门的职能进行整合，让文字记者也承担起摄影职责；2006年，报社开始进行人力资源改革和机构改革，建立企业化的收入分配体系和数字资产管理平台；[①]2007年，新闻出版总署启动“全媒体数字采编发布系统工程”建设，将烟台日报社作为试点单位，为其进行全媒体转型提供了良好契机；在上述一系列的准备之下，2008年，报社组建“全媒体新闻中心”，将其作为全媒体业务平台，并取得成功。

四是“全线突破型”。这一路径将媒介内部环境同外部环境结合起来，实现全媒体改革的“内外联动”，具有较强的示范意义。浙江日报报业集团的全媒体改造就采用了这一路径。浙报集团在较短时间内实现了内部发展转型与外部联合扩张的全线突破：在内部转型上，通过建立报网互动平台、加强读者数据库建设等措施，积极推出全媒体产品，为用户提供基于网络媒体和移动互联网的信息服务；在外部联合扩张上，通过联合战略伙伴，延伸产业链，一方面积极介入电影、电视、动漫、互联网等领域，完善全媒体产品布局，另一方面将资金投向与新媒体内容生产和技术创新相关的潜力型项目，完成报业集团在新媒体产品和技术支撑方面的战略布局，最终实现横向与纵向一体化的扩张。[②]

需要指出的是，以上几种全媒体转型的典型路径仍处于发展探索之中，都存在不成熟的地方，也并不是适合所有媒介。具体到单个媒介，不同的媒介根据自身情况，会有不同的全媒体转型路径，而且每一种路径都会有各自的特点。

当然，除了媒介自身情况会影响其全媒体转型的路径选择之外，媒介外部环境也是极其重要的影响因素，比如政策环境、资金环境、人才环境等。以政策环境为例，在我国，政策规制对于全媒体转型发展

① 张垒：《全媒体运作：条件、风险和挑战》，载于《中国记者》2009年第5期。

② 王纲：《报业集团全媒体转型的路径选择》，载于《传媒》2012年第2期。

的作用尤其重要。一方面，中国传统媒体尚处于转企改制的过程中，“一元体制二元运作”的体制模式使得媒介不能完全自由地参与市场竞争，也就无法充分利用市场资源进行全媒体改造；另一方面，不完全市场化的体制特点也决定了媒体在进行全媒体转型时要更多地受到政策的限制和影响，而我国针对媒介融合以及跨行业、跨区域、跨媒介经营的相关政策的不确定性，则为全媒体运营增加了重重阻力。在未来的发展过程中，如何处理好媒介自身发展同政策、资金等外部因素的关系，将是我国传媒业进行全媒体转型的又一难题。

传统媒体官方微博的信息呈现形态、内容属性与传播效果的实证分析

——以上海五家都市报的新浪微博账号为例

徐　煜

摘　要　对于传统媒体向微博平台转型的过程而言，一个比较具有现实性意义的问题就是传统媒体应如何才能提升自己在微博中的影响力或传播力。本文基于《新闻晨报》、《新闻晚报》、《I时代报》、《东方早报》、《新民晚报》官方新浪微博账号所发布的2369条信息，来具体分析传统媒体的微博信息呈现形态与内容属性及其对传播效果的影响。本研究将主要关注以下问题：(1)结合相应的频数统计与推断统计的结果来看，上海各大都市报官方微博在呈现形态与内容属性上有何异同之处？(2)结合回归分析的结果来看，具备怎样呈现形态与内容属性的微博信息将会显著提升微博的传播效果(转发数、回复数)？

关键词　传统媒体，微博，传播效果，媒介融合

一、文献回顾与问题的提出

对于报纸等传统媒体未来转型发展的探索中，比较典型的思路是以媒介融合的视角来探讨报纸的未来。媒介融合视野下的新闻报道要求传统媒体突破以往的报道方式，以内容组合式的叙事结构，利用多种传播渠道作为载体，为受众提供立体化、互动性强、注重用户体验的新闻报道，以达到信息传播和内容分享的目的。纵观全球范围内，报纸等一系列传播媒体转投以Twitter为代表的社会性媒体可以最早追溯至2007年(谢尔·以色列，2010：p.113)。而随着中国的“微博大众化”和“微博门户化”大幕的拉开，微博开始凭借其简单便捷的信息

作者简介　徐煜，新媒体研究方向硕士研究生，清华大学新闻与传播学院。

发布、及时高效的信息传播、裂变式的传播方式等特点吸引了一大批国内的传统媒体试水开博，这也使得在“报业消亡论”等唱衰论调下生存的传统报业到了新的生机。

在国内，传统媒体与微博共舞的方式主要有“自立门户”和“主动投靠”两种(周建峰，2012)。前者是指在各媒体自身网站中建立的微博平台上发布微博，包括《新民晚报》新民网的“上海滩”微博、《广州日报》的大洋微博，后者主要是指在商业门户网站开发的微博平台上发布微博，包括新浪微博、腾讯微博、网易微博、搜狐微博等。新浪微博是新浪网在2009年8月28日推出的微博产品，也是国内最大的微博服务平台。截至2012年初，新浪微博注册用户突破3亿，用户每日发博量超过1亿条。新浪微博的四大基本功能是发布、转发、关注、评论，用户可以发布140个字节以内的文字内容以及图片、文字、话题、表情、视频、音频等。在信息传播功能的设置上，新浪微博对它的被模仿者Twitter进行了必要的升级和改造，主要体现在：(1)用“评论”模式取代了Twitter的单纯“回复”模式；(2)用“评论+转发”模式升级了Twitter不能同时评论的单纯“转发”模式；(3)增添了Twitter没有的图片、音视频附载功能等。这些新浪微博所增添的功能有助于使得去中心化的社交网络技术重新中心化与威权化(王蔚，2012：p. 101)，这也更利于作为重要信息传播节点的传统媒体在微博空间中发布新闻信息、构建自身的传播力、扩张自我的影响力。

对于传统媒体向微博平台转型的过程而言，一个比较具有现实性意义的问题就是传统媒体应如何才能提升自己在微博中的影响力或传播力。现有研究认为，微博传播的信息传播模式是以聚合为特征的“核心—边缘模式”，其影响力的构建本质在于对于信息资源的凝聚力和整合力，微博不仅打通了用户原有社会关系网络的信息通路，也协同生产了作为信息服务载体所激发的内容(喻国明等，2011；郭颖，2012)。也有学者从用户使用的角度诠释了何谓影响力，李军等(2012)就认为，微博影响力的构成由粉丝数(Followers)和微博用户的用户行为构成，前者反映出该微博长期以来的“人气”与“吸引力”，后者则包括发布(Post)、回复(Posted)、跟随/被跟随(Follow/Followed)、转推/被转推(Retweet/Retweeted)、评论/被评论(Comment/Commented)等。而在对于微博传播力的评估方式上，有学者提出，媒体在微博空间输出信息的影响力效果评估可以由粉丝量、微博转发量、微博评论量、@量、微博对本媒体促销量、链接网站点击率、媒体网站信息被用户共享到微博的数量构成(张建军,2011);而在国家行政学院电子政务研究中心制定的评估体系中,衡量微博“传播力”的下级指标包括了总发布数、总被转发数、总被评论数、原创内容数、图文视频内容数量。[①] 本文认为,从信息再生产的角度而言,微博影响力或传播力最为直观的体现就是微博的“转发量”与“回复量”。目前国内对于传统媒体向微博平台转型的效果研究中,不管是针对某一种传媒业态中传媒机构微博发布现状与趋势的宏观性对策研究也好(彭兰,2011;王敏静,2011),还是针对某一具体传媒机构的微观性个案研究也好(鲁军,2012;鞠宏磊、黄琦翔,2012),尽管这些研究都或多或少共同注意到了微博的呈现形态(以什么样的方式呈现)与内容属性(选择什么类型的内容)对于传播效果(转发量、回复量)所可能带来的影响,但现有研究对它们之间的这种影响的程度和深度缺少深层次的探究。同时,这些经验性研究往往缺乏实际的数据支持,仅有的几篇实证性定量研究的分析也大多仅仅停留在描述性的而并非进一步的推论性分析上。

都市报在其诞生以后,就在各地报业结构中占据了重要位置,不仅是许多报业集团的经济支柱,也获得了极大的社会影响力(孙玮,2006:p. 33-34)。目前,都市报也已成为传统报业向微博空间转型中的主力军,其综合表现亦远胜于它的母报机关报,一方面,机关报开设微博的机构极为有限,另一方面是即使开了微博,受众对其的关注度也远逊于都市报(韦路,2012)。基于此,本文即选择中国都市报的发展重镇上海作为主要的研究地域,重点选取上海最主要的五家都市报(《新闻晨报》、《新闻晚报》、《I时代报》、《东方早报》、《新民晚报》)的新浪微博官方账号所发布的信息,来具体分析传统媒体在微博平台所发布信息的呈现形态与内容属性,及其对微博传播效果(转发数、回复数)的影响程度,而这在传统媒体新媒体转型从初始期走向成熟期的当下具有了重要的实际应用意义。本研究将主要关注以下问题:(1)结合相应的频数统计与推断统计的结果来看,上海各大都市报官方微博在呈现形态与内容属性上有何异同之处?(2)结合回归分析的结果来看,具备怎样呈现形态与内容属性的微博信息将会显著提升微博的传播效果(转发数、回复数)?

① 具体评价指标可详见国家行政院电子政务研究中心网站:http://www.chinaegov.org:9000/publicfiles/business/htmlfiles/ChinaEgovForum/s755/201202/18421.html。

二、研究设计

(一)研究对象与研究范围

为了更好地了解上海都市报在微博发布的现状,本文决定采用系统抽样(systematic sampling)的方法,选取上海两大报业集团旗下的五家都市报新浪微博官方账号在第二季度(2012年4月1日到6月30日)内发布的信息进行内容分析(content analysis),之所以选择该时间段而不是选择7月和8月,是为了避免奥运会的举办对样本所造成的干扰。本研究对此的操作方式具体为:首先,随机抽取了4月2日作为第一个单位,并以5天为抽样距离,确定本研究的分析样本。其次,让两位编码员对所抽取的18天(4月2日、7日、12日、17日、22日、27日;5月2日、7日、12日、17日、22日、27日;6月1日、6日、11日、16日、21日、27日)中五家都市报官方微博账号所发布的所有信息进行逐一分析。

(二)类目建构

本研究在彭兰(2011)、赵桂华(2011)、韦路(2012)等既有研究所设定的类目建构的基础上做了适当的修正和补充,以使变量的设定更符合本研究的实际问题导向。本文所设定的类目主要包括:(1)基本变量,包括媒体单位、微博发布日期、微博发布时间(精确到小时)、转发数、评论数;(2)呈现形态维度的变量具体可细分为以下三个方面:①信息融合性:是否插入超链接、是否插入图片、插入图片的具体类型、是否插入视频、是否插入音频;②表达互动性:@加V用户的个数、@普通用户的个数;③叙事整合性:是否设置标题、是否设置话题;(3)内容属性维度的变量可具体可分为以下两个方面:①内容分类型:内容类别、信息主题细分;②信息原创性:是否为原创内容、信息内容来源细分。对关键变量的操作化定义将在下文的对应部分中被具体提及。

本研究的编码工作主要由笔者和另一位编码员共同完成,主要方法为首先进入各媒体机构的微博主页,通过新浪微博自带的“高级搜索”工具,输入相应的微博日期,根据编码表对检索出的信息进行逐一的内容分析。维曼与多米尼克(2005)认为,媒介研究的信度检验必须抽取10%到25%的样本进行分析,按照这个要求,本研究便随机抽取了前4天的样本作为前侧样本,检验结果显示两位编码员的信度系数为0.94,符合大于0.8的最低信度要求。

三、数据结果分析

本研究运用了SPSS Statistics 17.0进行了数据分析。共获得符合条件的微博内容2369条,其中《新闻晨报》(@新闻晨报)447条,《新闻晚报》(@新闻晚报)286条,《I时代报》(@时代报)795条,《东方早报》(@东方早报)241条,《新民晚报》(@新民晚报新民网)600条。[①]

(一)呈现形态

1.信息融合性

信息融合性所考查了微博中对于超链接、图片、音频、视频等具备融合新闻特征的功能的使用程度。新浪微博允许用户在文本中嵌入多媒体形态的内容,这些功能的设置增添了新闻文本一种更为丰富、立体的表现形式的可能性。研究发现(如表1所示),上海的五家都市报整体上在多媒体功能使用的方面,近九成都插入了图片(尤其是静态型照片),超过六成插入了超链接,仅有5.7%的微博文本插入了视频,所有的五家上海都市报在微博文本中均没有使用插入音频的功能。卡方检验结果显示,上海五家都市报各自在"是否插入超链接"($x^2=166.986, df=4, p<0.001$)、"是否插入图片"($x^2=424.910, df=4, p<0.001$)、"是否插入视频"($x^2=34.440, df=4, p<0.001$)上均呈现出极为显著的差异。其中,《新闻晚报》所发布的微博文本信息融合度最低,在三项指标中均排列末席;《新民晚报》最为注重超链接的使用,它在文本所插入图片的类型上也表现得更为多元化,与此同时,在它所插入的视频中也大量使用了其全媒体平台新民网中的原创

① 《新闻晨报》的官方账号@新闻晨报中,4月27日与5月2日两日的数据缺失,因此《新闻晨报》的实际日均发布频率应为27.94条/天,其他4份报纸的官方微博的数据则依次为:《新闻晚报》15.89条/天、《I时代报》44.17条/天、《东方早报》13.39条/天、《新民晚报》33.33条/天。

内容,这是其他四家媒体所不具有的。

表1 上海五家都市报新浪微博官方账号信息发布的信息整合性情况表

	新闻晨报	新闻晚报	I时代报	东方早报	新民晚报	总体
是否插入超链接(*N*=2369)						
是	291(65.1%)	131(45.8%)	388(48.8%)	182(75.5%)	462(77.0%)	1454(61.4%)
否	156(34.9%)	155(54.2%)	407(51.2%)	59(24.5%)	138(23.0%)	915(38.6%)
是否插入图片(N=2368)						
是	425(95.1%)	157(54.9%)	777(97.7%)	198(82.5%)	546(91.0%)	2103(88.8%)
否	22(4.9%)	129(45.1%)	18(2.3%)	42(17.5%)	54(9.0%)	265(11.2%)
插入图片类型(*N*=2103)						
静态照片	300(70.6%)	103((65.6%)	528(68.0%)	100(50.5%)	334(61.2%)	1365(64.9%)
静态图文	92(21.6%)	49(31.2%)	154(19.8%)	77(38.9%)	159(29.1%)	531(25.2%)
静态漫画	26(6.1%)	5(3.2%)	70(9.0%)	7(3.5%)	42(7.7%)	150(7.1%)
文字长微博	4(0.9%)	0(0.0%)	7(0.9%)	11(5.6%)	7(1.3%)	29(1.4%)
动态图片	3(0.7%)	0(0.0%)	18(2.3%)	3(1.5%)	4(0.7%)	28(1.3%)
是否插入音频(*N*=2369)						
是	0(0.0%)	0(0.0%)	0(0.0%)	0(0.0%)	0(0.0%)	0(0.0%)
否	447(100.0%)	286(100.0%)	795(100.0%)	241(100.0%)	600(100.0%)	2369(100.0%)
是否插入视频(*N*=2369)						
是	40(8.9%)	6(2.1%)	27(3.4%)	10(4.1%)	52(8.7%)	135(5.7%)
否	407(91.1%)	280(97.9%)	768(96.6%)	231(95.9%)	549(91.3%)	2234(94.3%)

2.表达互动性

表达互动性所考察了微博账号对于 web 2.0 形态下互动性功能(如:@功能)的利用程度,本文纳入的主要变量包括@加 V 用户的个数、@普通用户的个数。研究发现(如表 2 所示),上海五家都市报整体上只有 14.7%的微博@了加 V 用户,@到的用户个数从 1 到 3 个不等,其中 92.57%的有效微博只@了 1 人;此外,仅有 9.2%的微博@了普通用户,@的用户个数从 1 到 4 不等,在这其中有 93.61%的微博只@了 1 人;被@到的加 V 用户均数(M=0.150)要略高于普通用户(*M*=0.100),而以上这些用户往往都是与相关新闻事件的具体当事人或者是重要的信息来源方。具体而言,《新闻晨报》、《I 时代报》@到的微博用户均数要远高于《东方早报》、《新民晚报》。

表 2　上海五家都市报新浪微博官方账号信息发布的表达互动性情况表

总体	新闻晨报	新闻晚报	I时代报	东方早报	新民晚报
@加V用户的平均个数(N=2369)					
0.195	0.168	0.198	0.029	0.093	0.150
@普通用户的平均个数(N=2369)					
0.100	0.103	0.025	0.211	0.004	0.027

3. 叙事整合性

叙事整合性所考查了微博对于所表达议题和主题的整合程度，本研究选取的主要变量包括“是否设置标题”与“是否设置话题”。标题的表现形式往往是“【“＋句子＋”】”，其功能类似于普通新闻报道的标题，它是微博内容更为简洁的一种意义表征。话题的表现形式“＃”＋语词、短语＋“＃”，它与普通新闻纸的版面栏目颇有相似之处。研究发现(如表3所示)，上海五家都市报整体上都较多使用标题，而仅有14.4%的微博设置了话题。卡方检验结果显示，上海五家都市报各自在“是否设置标题”($x^2=169.416$，$df=4$，$p<0.001$)、“是否设置话题”($x^2=147.625$，$df=4$，$p<0.001$)上均呈现出极为显著的差异。具体而言，几乎所有《新闻晨报》发布的微博都设置了标题，而并不设置话题；《东方早报》则在设置标题与话题的数量上明显少于其他报纸的官方微博；而《I时代报》的一大特色就是在于它最为注重微博内容的栏目化呈现，超过25.5%的微博设置了话题，常用的话题包括“＃晚安＃”、“＃星座＃”、“＃看图说话＃”等。

表 3　上海五家都市报新浪微博官方账号信息发布的叙事整合性情况表

	新闻晨报	新闻晚报	I时代报	东方早报	新民晚报	总体
是否设置标题(N=2369)						
是	445(99.6%)	225(78.7%)	615(77.4%)	156(64.7%)	520(86.7%)	1961(82.8%)
否	2(0.4%)	61(21.3%)	180(22.6%)	85(35.3%)	80(13.3%)	408(17.2%)
是否设置话题(N=2369)						
是	9(2.0%)	32(11.2%)	203(25.5%)	18(7.5%)	80(13.3%)	342(14.4%)
否	438(98.0%)	254(88.8%)	592(74.5%)	223(92.5%)	520(86.7%)	2027(85.6%)

(二) 内容属性

1. 内容类别性

本文将内容类别性分为新闻信息类、服务知识类、互动营销类这三大类别。新闻信息类主要指一般的新闻消息、通讯、评论等；服务知识类主要包括名人名言、生活小常识、美文美图赏析、励志语录等，这些内容往往没有很强的时效性；互动营销类主要是指各类软广告、品牌活动、投票等，如《新闻晚报》的在线民生访谈，《新民晚报》的在线微访谈以及《新闻晨报》与广告主合作发布的活动信息等。研究发现（如表 4 所示），上海五家都市报的微博整体上仍以新闻信息类为主，兼顾少量的服务知识类与互动营销类信息，但各大报纸的微博账号在呈现内容类别上仍出现极为显著的差异（$x^2=263.072$，$df=8$，$p<0.001$），《新闻晨报》、《新闻晚报》、《I时代报》分别在三类内容的比重排位中位居第一。在信息主题的细分上，这五家报纸的官方微博的共同特点在于都最为关注涉及社会、民生议题的信息，除此之外，《新闻晨报》、《新闻晚报》、《I时代报》分别较为侧重体育、娱乐议题，文化、教育议题，《I时代报》主打生活休闲与服务议题，《东方早报》与《新民晚报》则在其他各类议题上都涉及得较为平均，这五家报纸整体在信息主题细分上呈现出非常明显的差异（$x^2=495.878$，$df=40$，$p<0.001$）。

表 4　上海五家都市报新浪微博官方账号信息发布的信息内容属性情况表

	新闻晨报	新闻晚报	I时代报	东方早报	新民晚报	总体
内容分类（$N=2367$）						
新闻信息类	422(94.4%)	252(88.7%)	556(66.9%)	222(92.1%)	523(87.2%)	1975(83.4%)
服务知识类	14(3.1%)	12(4.2%)	232(29.2%)	17(7.1%)	69(11.5%)	344(14.5%)
互动营销类	11(2.5%)	20(7.0%)	7(0.9%)	2(0.8%)	8(1.3%)	48(2.0%)
信息主题细分（$N=2367$）						
社会、民生	222(49.7%)	151(53.2%)	293(36.9%)	44(18.3%)	269(44.8%)	979(41.4%)
生活休闲与服务	24(5.4%)	11(3.9%)	233(29.3%)	14(5.8%)	62(10.3%)	344(14.5%)
公共健康与公共安全	34(7.6%)	15(5.3%)	60(7.5%)	7(2.9%)	38(6.3%)	154(6.5%)
法治、法律	40(8.9%)	19(6.7%)	51(6.4%)	25(10.4%)	48(8.0%)	183(7.7%)
政治、军事	11(2.5%)	16(5.6%)	8(1.0%)	28(11.6%)	24(4.0%)	87(3.7%)
经济、财经	15(3.4%)	12(4.2%)	22(2.8%)	28(11.6%)	16(2.7%)	93(3.9%)
体育、娱乐	58(13.0%)	11(3.9%)	47(5.9%)	32(13.3%)	63(10.5%)	211(8.9%)
文化、教育	27(6.0%)	29(10.2%)	50(6.3%)	44(18.3%)	70(11.7%)	220(9.3%)
科学、技术	15(3.4%)	19(6.7%)	21(2.6%)	10(4.1%)	10(1.7%)	75(3.2%)
其他	1(0.2%)	1(0.4%)	10(1.3%)	9(3.7%)	0(0.0%)	21(0.9%)

2. 信息原创性

信息原创性考察了媒介机构所发布的微博信息的原创程度。本研究将原创性信息定义为本媒体记者所撰写的既有稿件或爆料的突发信息，也包括微博制作者独立撰写或对捕捉到的信息进行大规模改写、改编的内容。对来自其他信息线索来源的信息进行原封不动地直接引用发布即被认为是非原创。研究发现(如表5所示)，上海五家都市报整体上只有三分之一使用了原创内容。在信息线索的来源细分方面，超过半数的信息内容来源于其他媒体的既有稿件，本媒体既有稿件在数量上则排在第二位。卡方检验结果显示，上海五家都市报各自在“内容是否原创”这一变量上呈现出极为显著的差异($x^2=253.099$，$df=4$，$p<0.001$)。其中，《东方早报》发布的原创内容最多，《I时代报》则最少，同时，《I时代报》的信息内容有约四分之一的来源于相关个人，这一比重要远高于其他四种媒体，体现出该媒体对微博平台中个人用户信息的挖掘程度。相关分析显示，《I时代报》中来自这类内容来源的信息往往是一些生活休闲与服务类信息($r=-0.615$，$p<0.001$)，由此也可看出《I时代报》的微博运作策略。

表5　上海五家都市报新浪微博官方账号信息发布的信息原创性情况表

	新闻晨报	新闻晚报	I时代报	东方早报	新民晚报	总体
是否为原创内容($N=2362$)						
是	152(34.2%)	110(38.7%)	109(13.7%)	144(59.8%)	269(44.9%)	784(33.2%)
否	293(65.8%)	174(61.3%)	684(86.3%)	97(40.2%)	330(55.1%)	1578(66.8%)
信息内容的来源细分($N=2366$)						
本媒体既有稿件	74(16.6%)	51(18.0%)	15(1.9%)	96(39.8%)	191(31.8%)	427(18.0%)
其他媒体既有稿件	262(58.7%)	158(55.6%)	475(59.7%)	93(38.6%)	285(47.5%)	1273(53.8%)
相关组织机构发布	38(8.5%)	19(6.7%)	41(5.2%)	5(2.1%)	25(4.2%)	128(5.4%)
相关个人发布	27(6.0%)	9(3.2%)	199(25.0%)	2(0.8%)	35(5.8%)	272(11.5%)
本微博账号独立发布	45(10.1%)	47(16.5%)	65(8.2%)	45(18.7%)	64(10.7%)	266(11.2%)

3. 呈现形态、内容属性与传播效果(转发量、回复量)间的回归分析

研究引入回归分析中涉及的数据库并没有直接援引原始数据，而是对原始数据做了相应的处理，具体操作方法为：首先，结合微博风云榜(http://www.tfengyun.com/)所提供的数据，得出上海五大

都市报官方微博在被研究时间段内每天的粉丝量，由此计算出每条微博每百万粉丝中的人均转发数与评论数；其次，由于因变量人均每百万粉丝的转发数、评论数在样本中明显地偏离了正态分布，因而本研究对它们各自做了取对数的处理，以满足多元回归分析对因变量的基本前提要求。在引入回归方程的自变量选择方面，呈现形态维度使用了反映新浪微博中涉及特定形态功能使用程度的七个变量作为一层，并将@加V用户个数、@普通用户个数处理为二分变量；内容属性维度使用了内容分类、是否原创性这两个变量来衡量信息类别与信息源创度对于转发量、评论量的影响，分为两层进入回归方程。

OLS回归分析的结果显示（如表6所示），在对转发量、回复量有显著影响的基本变量"是否在高峰时段发布"①之外，微博的呈现形态与内容属性均不同程度地对转发数、评论数产生了显著影响。

在呈现形态上，相比没有使用任何特定形态功能的微博来说，插入图片、插入视频、@普通用户、设置标题与否对转发数有显著正向影响，在这其中以插入图片的贡献程度最大（$\beta=0.197$，$p<0.001$），其次为是否@普通用户。插入超链接、插入图片、@普通用户、设置标题与否对评论数有显著正影响，而是否@加V用户、是否设置话题却对评论数有较为显著负影响，但其影响程度比较弱。在这其中，以插入图片的影响力在所有自变量中最为突出（$\beta=0.138$，$p<0.001$），其次同样为是否@普通用户。

在内容属性上，首先考虑的是内容类别所带来的影响。相比新闻信息类的内容而言，服务知识类内容倾向于有更大的转发量（$\beta=0.183$，$p<0.001$）和评论量（$\beta=0.049$，$p<0.05$），而互动营销类内容则明显有更少的转发量（$\beta=-0.098$，$p<0.001$）。在内容原创性方面，原创与否对评论数与转发数有显著的负影响，越是非原创的微博，该微博就会有更大的转发量（$\beta=-0.198^{***}$，$p<0.001$）、回复量（$\beta=-0.186^{***}$，$p<0.001$）。

① 本文对于微博高峰时期的界定参考了新浪微博商务部发布的《企业运营规律发博时间分析》中的资料，把11点到13点、20点到24点间作为是微博高峰时间段，"是否在高峰时段发布"由"微博发布时间"（精确到小时）转换得来。

表 6　对影响微博转发量与回复量的 OLS 回归分析

自变量	因变量	
	转发数 （N=2348）	评论数 （N=2262）
基本变量		
是否在高峰时段发布	0.158***	0.067**
$R2$(%)	2.5***	0.4**
呈现形态（信息融合性、表达互动性、叙事整合性）		
是否插入超链接	−0.014	0.097***
是否插入图片	0.197***	0.138***
是否插入视频	0.049*	0.038
是否@加 V 用户	−0.019	−0.043*
是否@普通用户	0.173***	0.105***
是否设置标题	0.108***	0.071**
是否设置话题	−0.023	−0.060*
增加的 $R2$(%)	7.9***	5.4***
内容类别性（新闻信息类=0）		
服务知识类	0.183***	0.049*
互动营销类	−0.098***	−0.013
增加的 $R2$(%)	3.3***	0.0.3**
内容原创性		
是否为原创内容	−0.198***	−0.186***
增加的 $R2$(%)	3.6***	3.1***
调整后的 $R2$(%)总和	16.9	8.7

注：a. 此表内数字为所有自变量进入回归方程后的标准化回归系数；
b. 因变量转发数、评论数是经过原始数据处理后再取对数的赋值；
c. * $p<0.05$，** $p<0.01$，*** $p<0.001$。

四、研究结论与研究不足

研究发现，上海五家都市报新浪微博官方账号在信息发布的呈现形态和内容属性的各个维度上都呈现出较为显著的差异，体现出不同传媒机构在微博平台上不同的发布策略。今后的研究可以结合对相关机构微博运营负责人进行深度访谈的方法来了解不同媒体微博发布各自的微观机制。在呈现形态上，上海五家都市报整体上较多插入图片（88.0%）、设置标题（82.8%）、插入超链接（61.4%），较少插入视频（5.7%）、@普通用户（9.2%）、话题（14.4%）、@加V用户（14.7%），值得一提的是，没有任何一家传媒机构的官方账号在其微博信息中插入了音频。在内容属性上，上海五家都市报整体上以新闻信息类信息为主（83.4%），极少为互动营销类信息（2.0%），而互动营销类信息在凤凰卫视的新浪微博账号中被广泛应用（鞠宏磊、黄琦翔，2012），这说明上海都市报对微博衍生价值的利用开发方面还有所欠缺；此外，在信息主题的具体细分上，上海五家都市报官方微博账号中所呈现的信息则以社会、民生类居多（41.4%），其次为生活休闲与服务（14.5%），两者累计达55.9%，延续了作为平面媒体的都市报在内容上呈现世俗性和实践个人话语的特点（孙玮，2006）。在信息原创性方面，上海五家都市报整体上以发布非原创性信息为主（66.8%），在所有的原创性信息中，发布本媒体既有稿件的占54.5%，微博账号不借助其他消息来源独立发布信息的占33.9%，其余的11.6%在借鉴其他媒体、相关组织与个人所产制的信息的基础上进行了全面的整合和改写。

本研究经过OLS回归分析发现，在呈现形态上，上海都市报新浪微博官方账号整体上较多使用的插入图片与设置标题功能确实能显著提升微博的转发数、评论数，但却只有较少的媒体使用了@普通用户这一同样对转发数与评论数有显著正影响的该互动功能，这一现象尤其值得各传媒机构所关注；在内容属性上，相比于新闻信息类信息，服务知识类信息（如：名人名言、生活小常识、美文美图赏析、励志语录等）被更多地转发与评论（$p<0.001$），体现出微博作为一个聚集生活氛围的虚拟空间的特点。原创性对转发量与回复量所产生的显著负影响可被理解为，首先，官方微博发布的非原创性信息往往是通过对其他大量信息精挑细选而得来的；其次，坚持“内容为王”，提升传统媒体既有稿件的吸引力仍然具有现实意义；再次，微博账号管理者在不借助其他消息来源独立发布信息的叙事能力，及对其他信息来源所提供的素材的改写与整合能力还有待于进一步加强。

本文的主要缺陷在于，首先，呈现形态与内容属性等维度的变量是建立在一些应用性的经验研究的基础上所设定的，而它们并非是基于理论检视所提出的重要变量，这或许也从一定程度上解释了回归方程的拟合度，尤其是评论量回归方程的拟合度偏低的原因。今后的研究可以继续关注转发行为、评论行为中的微观产生机制，及其与呈现形态与内容属性的关联性，以期得到较为合理的理论建构，从而使回归方程获得更大程度上的解释力度。其次，为使因变量能满足OLS回归分析所要求的基本假设前提，本文对转发量与回复量的原始数据引入粉丝量的维度后(百万粉丝中的平均转发数、评论数)再进行了取对数的处理，这种做法的合理性及其可替代方式亦是值得进一步探讨的。再次，本研究将传播效果仅局限在转发量与回复量上，从一定程度上也忽略了表征传播效果的其他维度。

[参考文献]

[1]郭颖(2012).微博传播的影响力及其发展分析，湖北社会科学，302，191—193.

[2]金兼斌等译(2005).大众媒介研究导论.(原作者：罗杰·D.维曼、约瑟夫·R.多米尼克)，北京：清华大学出版社.

[3]鞠宏磊、黄琦翔(2012).传统媒体在微博平台上的内容传播——基于凤凰卫视微博内容的统计分析，新闻记者，147，41—45.

[4]李军、陈震、黄霁崴(2012).微博影响力评价研究.信息网络安全，135，10—13，27.

[5]鲁军(2012).财经期刊微博传播研究——以〈第一财经周刊〉新浪微博为例.湖北社会科学，306，184—187.

[6]彭兰(2011).媒体微博传播的策略选择，中国记者，290，82—84.

[7]任文科译(2010).微博力：140字推爆全世界，(原作者：谢尔·以色列)，北京：中国人民大学出版社.

[8]孙玮(2006).现代中国的大众书写——都市报的生成、发展与转折，上海：复旦大学出版社.

[9]王敏静(2011).传统媒体对微博的应用现状探析：以新浪微博为例，东南传播，83，72—74.

[10]王蔚(2012).墙内连接墙外，网络照进现实——twitter中文圈与新浪微博中的互联网社会行动比较.强萤、焦雨虹(编)，上海传媒发展报告(2012)，北京：社会科学文献出版社.

[11]韦路(2012).纸媒的微博融合程度是媒介融合的小切口，泛媒研究院网站：http://panmedia.net/pmi-watch/1303.

[12]喻国明、欧亚、张佰明、王斌(2011).微博：一种新传播形态的考察——影响力模型和社会性应用，北京：中国人民大学出版社.

[13]张建军(2011).传统媒体如何开微博？——媒体微博应用的战略和战术，新闻实践，315，16—19.

[14]赵桂华(2011).媒介融合视域中的传统媒体微博研究，郑州大学硕士学位论文.

[15]周建峰(2012).传统媒体可与微博共舞，上海新闻研究，42，76—80.

图书在版编目（CIP）数据

中国网络传播研究．2012．第6辑／巢乃鹏主编．—杭州：浙江大学出版社，2013．10
ISBN 978-7-308-12364-8

Ⅰ．①中… Ⅱ．①巢… Ⅲ．①计算机网络—传播学—中国—文集 Ⅳ．①G206．2-53

中国版本图书馆CIP数据核字(2013)第240033号

中国网络传播研究．2012．第6辑
巢乃鹏　主编

责任编辑　李苗苗 Limiaomiao@zju.edu.cn
封面设计　续设计
出版发行　浙江大学出版社
（杭州市天目山路148号　邮政编码310007）
（网址：http://www.zjupress.com）
排　　版　杭州中大图文设计有限公司
印　　刷　德清县第二印刷厂
开　　本　710mm×960mm　1/16
印　　张　17.25
字　　数　310千
版 印 次　2013年10月第1版　2013年10月第1次印刷
书　　号　ISBN 978-7-308-12364-8
定　　价　48.00元

浙江大学出版社发行部联系方式：0571－88925591；http://zjdxcbs.tmall.com

《中国网络传播研究》征稿简则

《中国网络传播研究》(China Computer-Mediated Communication Studies, CCCS)由南京大学新闻传播学院主办，主要刊登与中国互联网、新媒体传播领域有关的高水平学术性论文，计划每季度出版一期，目前每年出版一期。《中国网络传播研究》的创办旨在为研究中国网络传播的学者提供学术讨论的平台，倡导具有科学性和创新价值的传播研究，彰显网络传播研究对传播学的理论贡献，促进传播学者与其他学科的对话。

《中国网络传播研究》鼓励以经验性方法研究中国网络传播的基本问题，倡导多学科、全球化视野的传播学术研究，亦致力于为社会提供有价值的相关科学认知。

《中国网络传播研究》目前所开设的栏目包括：【专题】;【观点】;【论文】;【研究生专栏】;【关键词分析】;【媒介经验】;【文献】。计划开设的栏目为：【西方学术前沿】;【案例研究】;【研究综述】;【期刊文摘】;【随笔】;【新媒体年鉴】;【学者简介】;【学术机构与媒体简介】。欢迎学术界和业界不吝赐稿。

凡作者投稿《中国网络传播研究》之专业论文，一般以10000字至15000字为宜，其他文稿以5000字为限；有特殊学术价值的论文不限字数。来稿随到随审。投稿需同时投寄电子文本及打印稿。电子文本请发往E-mail：cmcrc@nju.edu.cn；打印稿请寄往：中国江苏省南京市汉口路22号南京大学新闻传播学院《中国网络传播研究》编辑部，邮编：210093。

来稿格式规范，请参见下文《投稿须知》。

更多信息，请参见“中国网络传播研究网”：http://www.cmcrc.com.cn，并可在该网站浏览历次出版成果要目。

凡《中国网络传播研究》刊登之来稿，均经双向匿名评审通过后刊出，以昭公信。文稿评审自寄达后3个月内奉复。作者如有发表的特殊要求，事先请阐明于稿件首页资料之“其他说明”项。评审意见及答辩说明之间的沟通时间一般为2个月。除评审、作者修改外，编辑部亦有权对来稿作文字修改。

《中国网络传播研究》一般不接受已发表的中文论文及一稿多投之论文，但依据国际学术惯例，学术会议及会议论文集所发表者视为未发表论文。稿件一经本刊决定刊登，本刊即享有刊登及出版之权利；经本刊同意后，作者方可将稿件刊登于其他出版物。本刊编辑委员会对论文是否刊登有最终审定权。本刊不设退稿服务，请自留底稿。

投稿须知

按匿名审稿要求及通行编辑规范，请作者将来稿的内容装订顺序为：封面(首页资料);中英文摘要;正文。

一、封面(首页资料)。依次包括以下各项:a. 论文题目;b. 作者信息:姓名、出生年、性别、任职机构及职称、最终学历;c. 通信方法:所在单位名称、地址、邮政编码、电话、传真、电子邮址;d. 个人学术简历(限200字以内,发表时将列为当页注)。

说明:为便于匿名送审,请勿于首页资料之外标示作者姓名。

二、摘要(第二页)。依次包括以下各项:论文中文摘要(限200~500字);中文关键词(2~6个词);论文英文摘要(限200~500字);英文关键词(2~6个词)。

三、正文。

(一)子标题(子目)

二级标题:置中,3号黑体字。

三级标题:左对齐,4号楷体字。

(二)段落

每段空两字起始,即:起始于第三格。

(三)标点

1. 标点须全角输入。

2. 使用中式标点符号:双引号“”为平常引号;单引号‘’为第二级引号(即引号内之引号);双书名号《 》用于书籍、期刊及(博士及硕士)学位论文,如《新闻学研究》;单书名号〈 〉用于第二级书名号(即书名号内之书名号),如《论〈数字化生存〉》;单篇论文及书籍之篇章,使用双引号“”,如:“中国互联网Web2.0阶段的传播与管理”。

(四)数字

1. 一般数字(如日期、页码、图表号码、注释号码、百分比等)采用阿拉伯数字。

2. 单数、题目中的数字、中国传统历法日期等采用中国数字书写。

(五)引文

1. 直接引述,须加引号,并用括号注明引文出处。

例1:“……。”(祝建华,2004)

例2:黄煜(2000a)指出:“……。”

2. 引文较长,可独立成段,无须引号,但每行要空出四格,上下各空一行。

3. 间接引述,须标明出处。

例1:柯惠新(1999)认为……。

例2:其他学者亦有类似见解(李良荣,1999;朱立,2000;汪琪、沈清松、罗文辉,2002)。

4. 引文有多个出处,一般以出版年份排列,并以“;”分隔。

(六)翻译

征引外国人名、外文书籍、专门词汇等,可沿用原名。若采用译名,则须在正文首次出现处,附上原名于括号内。

(七)注释(作者自注)

1. 注释一般指作者本人对正文中某一特定内容的进一步解释或补充说明,一般排印在该页脚注,用阿拉伯数字编号,如①、②、③……,置于所注文字的右上角。例:这种观点非常少①。

2. 注释内引文形式与正文同。

(八)图表

1. 标题置于图下方,表上方,注记置于下方。

2. 图表置于文中适当位置，超过一页者一般附录于参考文献之后。

四、参考文献

（一）仅需罗列文稿曾征引之文献。

（二）中西文书目并存时，先排中文，后排西文。

（三）中文作者（或编者）以姓氏拼音排序；英文作者（或编者）以姓氏字母次序排列。中文作者（或编者）用全名，英文作者（或编者）姓在前，名缩写于后。

（四）同一作者的著作，按出版年份排列，新著作在前，旧著作在后。若出自同一年份，在年份后标示 abc，如（2002a）、（2002b）、（2002c）。

（五）文献数据一般包括作者姓名、出版时间、标题、卷/期数、页数、出版地、出版社等。

（六）范例

1. 期刊论文

例 1：祝建华（2001），"中文传播研究之理论化与本土化：以受众及媒介效果整合理论为例"。《新闻学研究》，第 68 期，第 1～22 页。

例 2（无总期数者）：朱春阳，张国良（2004），"2003 年中国传播学研究回顾"。《新闻大学》，2004 年第 3 期。

例 3：Goffman, E. (1983). The Internation Order: American Sociological Association, 1982 Presidential Address. *American Sociological Review*, 48(1), 1-17.

例 4：（作者多于一位）Grunig, J. E., Grunig, L. A., Sriramesh, K., Huang, Y. H., & Lyra, A. (1995). Models of Public Relations in an International Setting. *Journal of Public Relations Research*, 7 (3), 163-187.

2. 研讨会论文

例 1：巢乃鹏，吕梦旦（2006 年 11 月），"互联网传播与中国西部乡村社会结构的变迁"。"2006 中国网络传播学年会"论文，香港。

例 2：Peng, B. (2003, May). Voter Cynicism, Perception of Media Negativism and Voting Behavior in Taiwan's 2001 Election. Paper presented at 2003 International Communication Association Annual Conference, San Diego.

3. 书籍

例 1：杜骏飞（2001），《网络新闻学》。北京：中国广播电视出版社。

例 2：Grunig, J. E., & Hunt, T. (1984). *Managing Public Relation*. New York: Holt, Rinehart & Winston.

例 3（修订版）：Rosenthal, R. (1987). *Meta-analytic Rrocedures for Social Research* (Rev. ed.). Newbury Park, CA: Sage.

例 4（文集）：Sheppard, B. H., Bazerman, M. H., & Lewicki, R. J. (Eds.). (1990). *Research on Negotiation in Organizations*. Greenwich, CT: JAI Press.

4. 文集篇章

例 1：汪琪（2004），"全球化与文化产品的混杂化"。郭镇之（编），《全球化与文化间传播》，第 240～254 页。北京：北京广播学院出版社。

例 2：Grunig, J. E. (1992). Communication, Public Relations, and Effective Organizations: An Overview of the Book. In J. E. Grunig (Ed.), *Excellence in Public Relations and Communication Management* (pp. 1-30). Hillsdale, NJ: Lawrence Erlbaum Associates.

5. 译著

例1：罗杰斯(2002)，《创新的扩散(第4版)》(辛欣译)，第201页。北京：中央编译出版社。

例2：斯特劳巴哈，约瑟夫；拉罗斯，罗伯特(2002)，《信息时代的传播媒介》(熊澄宇等译)，第1～22页。北京：清华大学出版社。(原书 Straubhaar, J., & LaRose, R. (2000). Media Now: *Communication Media in the Information Age* [2nd ed.]. Belmont, CA: Wadsworth.)

例3：Laplace, P.-S. (1951). *A Philosophical Essay on Probabilities* (F. W. Truscott & F. L. Emory, Trans.). New York: Dover. (Original work published 1814)

6. 学位论文

例1：彭兰(2005)，《中国网络媒体的第一个十年》。中国人民大学新闻学院博士论文。

例2：Wilfley, D. E. (1989). Interpersonal Analyses of Bulimia: Normal—weight and Obese. Unpublished doctoral dissertation, University of Missouri, Columbia.

例3：Almeida, D. M. (1990). Fathers' Participation in Family Work: Consequences for Fathers' Stress and Father-child Relations. Unpublished master's thesis, University of Victoria, Victoria, British Columbia, Canada.

7. 杂志

例1：张圭阳(2003年5月)，"香港传媒'非典'一役的总结"。《信报财经月刊》，第315期，第35～37页。

例2：Kandel, E. R., & Squire, L. R. (2000, November 10). Neuroscience: Breaking Down Scientific Barriers to the Study of Brain and Mind. Science, 290, 1113-1120.

8. 报纸

例1：杜骏飞(2007年5月10日)，"大众传媒的瓦釜时代"。《南方周末》，第D15版。

例2：Schwartz, J. (1993, September 30). Obesity Affects Economic, Social Status. The Washington Post, Al, A4.

9. 网上文章/文件

例1：闵大洪(2004年8月16日)，"中国网络媒体史分期探讨"。引自：http://www.zj ol.com.cn/gb/node2/node26108/node30205/node194934/node195050/index.html。

例2：中国互联网信息中心(2006年2月14日)，"中国互联网络信息中心域名争议解决办法"。上网日期：2006年8月18日，引自 http://www.cnnic.net.cn/html/Dir /200 6/02/14/3568.htm。

例3：Canarie, Inc. (1997, September 27). Towards a Canadian Health IWAY: Vision, Opportunities and Future Steps. Retrieved November 8, 2000, from http://www.cana rie.ca/pr ess/publications/pdf/health/healthvision.doc.

10. 其他范例请参考英文 APA 格式。

本范例部分界定参考及沿用了《传播与社会学刊》(香港)相关范例，同时亦参考了以下文献：南京大学中国社会科学研究评价中心《中文社会科学索引》(CSSCI)相关规范，中华人民共和国国家标准 GB7714-87《文后参考文献著录规则》、《中国高等学校社会科学学报编排规范(修订版)》。谨此说明。